Basiswissen Soziale Arbeit

Die richtigen Grundlagen sind essentiell für ein erfolgreiches Studium und einen guten Einstieg in die Berufspraxis. Orientiert an den Modulen der Studiengänge im Feld ‚Soziale Arbeit' bietet die Reihe in sich abgeschlossene Themenlehrbücher, die jeweils relevantes Wissen aufbereiten. In komprimierten Einführungen, die wesentliche Grundlagen in verständlichen Erläuterungen und klaren Definitionen enthalten, vermitteln kompetente Autorinnen und Autoren gesicherte Informationen, die im Kontext von Vorlesungen oder in Seminaren herangezogen werden können. Alle Bände ‚Basiswissen Soziale Arbeit' eigen sich hervorragend zur selbsttätigen Erarbeitung von Themen und zur Vorbereitung von Prüfungen: kompakt und kompetent.

Weitere Bände in dieser Reihe
http://www.springer.com/series/13171

Anselm Böhmer

Konzepte der Sozialplanung

Grundwissen für die Soziale Arbeit

Anselm Böhmer
Hochschule Ravensburg-Weingarten
Weingarten
Deutschland

ISBN 978-3-658-03444-3   ISBN 978-3-658-03445-0 (eBook)
DOI 10.1007/978-3-658-03445-0

Die Deutsche Nationalbibliothek verzeichnet diese Publikation in der Deutschen Nationalbibliografie; detaillierte bibliografische Daten sind im Internet über http://dnb.d-nb.de abrufbar.

Springer VS
© Springer Fachmedien Wiesbaden 2015
Das Werk einschließlich aller seiner Teile ist urheberrechtlich geschützt. Jede Verwertung, die nicht ausdrücklich vom Urheberrechtsgesetz zugelassen ist, bedarf der vorherigen Zustimmung des Verlags. Das gilt insbesondere für Vervielfältigungen, Bearbeitungen, Übersetzungen, Mikroverfilmungen und die Einspeicherung und Verarbeitung in elektronischen Systemen.
Die Wiedergabe von Gebrauchsnamen, Handelsnamen, Warenbezeichnungen usw. in diesem Werk berechtigt auch ohne besondere Kennzeichnung nicht zu der Annahme, dass solche Namen im Sinne der Warenzeichen- und Markenschutz-Gesetzgebung als frei zu betrachten wären und daher von jedermann benutzt werden dürften.
Der Verlag, die Autoren und die Herausgeber gehen davon aus, dass die Angaben und Informationen in diesem Werk zum Zeitpunkt der Veröffentlichung vollständig und korrekt sind. Weder der Verlag noch die Autoren oder die Herausgeber übernehmen, ausdrücklich oder implizit, Gewähr für den Inhalt des Werkes, etwaige Fehler oder Äußerungen.

Lektorat: Stefanie Laux, Stefanie Loyal

Gedruckt auf säurefreiem und chlorfrei gebleichtem Papier

Springer VS ist eine Marke von Springer DE. Springer DE ist Teil der Fachverlagsgruppe Springer Science+Business Media
www.springer-vs.de

Vorwort

Sozialplanung ist ein sehr vielschichtiges Handlungsfeld. Insofern mag für Sozialplanung mitunter gelten: „Sozialplanung ist, was SozialplanerInnen eher nicht tun." Was sich nämlich empirisch über Sozialplanung zeigen lässt (vgl. etwa Schubert 2014; Fischer et al. 2012; Adam et al. 2010), was im Gespräch mit sozialplanerischen PraktikerInnen zu erfahren ist – schlicht, wie das Praxisfeld Sozialplanung beschaffen ist, das alles unterscheidet sich je nach Ort, Institution und handelnder Person oft in einem Maß, dass es kaum möglich scheint, aus der Praxis heraus ein einziges und damit einheitliches Bild von „der" Sozialplanung zu zeichnen. Sehr wohl aber lassen sich Herausforderungen für die Praxis benennen, einzelne Arbeitsfelder beschreiben und in der Praxis Bewährtes von weniger Überzeugendem abgrenzen. Es können also Konzepte erarbeitet werden, die dem vielschichtigen Feld der Sozialplanung durchaus nahe kommen. Und genau dies ist das Ziel des vorliegenden Buches.

Dabei ist Sozialplanung mittlerweile alles andere als selbstverständlich. Schienen nämlich zu Zeiten des „social engineering" in den 70er Jahren des 20. Jahrhunderts die Steuerungsmöglichkeiten für soziale Zusammenhänge selbstverständlich, sind solche Ansprüche seit geraumer Zeit fraglich geworden (vgl. Selle 2013; Bauman 2011, S. 97 f.; Drilling und Schnur 2009, S. 12 f.). Unterschiedliche Akteure, Institutionen und ihre jeweiligen Ansprüche lassen die Planung von sozialen Strukturen und Prozessen zur hochkomplexen Jonglage von verschiedensten Vorschriften, Konkurrenzen, Aushandlungen und Solidaritäten werden. Der Ausgang dieser Jonglage aber ist recht ungewiss. Sozialplanung verfügt also nicht mehr über eindeutige Zugriffsmöglichkeiten in soziale Handlungsfelder (wenn sie diese denn je hatte), andererseits aber brauchen moderne Gesellschaften gerade mit ihrer Vielschichtigkeit und Unübersichtlichkeit belastbare Prognosen und Handlungsempfehlungen, um überhaupt handlungsfähig zu bleiben. In dieses Spannungsfeld von Unmöglichkeit und Notwendigkeit zuverlässiger Planungen, verlässlicher

Entscheidungen und auf diese Weise abgesicherter sozialpolitischer Praktiken ist Sozialplanung dabei so intensiv eingebunden wie nur wenige andere Arbeitsfelder öffentlicher Verwaltung und professioneller Sozialer Arbeit. Umso dringlicher ist ein Lehrbuch, das zumindest Anhaltspunkte für ein umsichtiges Handeln in dieser Arena anbietet.

Ist also die Anforderung an Sozialplanung an sich schon eine immense Herausforderung, wird diese nochmals gesteigert durch die spezifische Perspektive Sozialer Arbeit. Diese Profession als doppeldeutige Agentur für gesellschaftlich ermöglichte Teilhabe und zugleich auch gesellschaftlich geforderte Kontrolle von Individuen und Gruppen (vgl. bereits Böhnisch und Lösch 1973) ist ebenfalls auf die undurchsichtigen und vielfältigen Schwierigkeiten des Planens sozialer Zusammenhänge verwiesen. Soziale Arbeit nämlich ist nicht nur ausführendes Organ eines im Wandel begriffenen Sozialstaates (vgl. z. B. Lessenich 2013; Böhmer 2013a, 2014c), sondern hat auch aus den Traditionen ihrer Entstehung im 19. Jahrhundert herkommend Ambitionen auf eine kritische Position gegenüber gesellschaftlichen Ansprüchen an eben diese Individuen und Gruppen. Wie also solche unterschiedlichen Aufgabenstellungen von „Hilfe als Kontrolle" bearbeitet werden können, ist oftmals fraglich oder scheint schlicht unmöglich. Soll eine auf diese Weise eingeengte Profession Sozialer Arbeit nun auch noch besonders ihre Planungsaufgaben in den Blick nehmen, werden die bisher bereits schier unlösbaren Aufgaben überwältigend: Wie soll eine Profession verlässlich planen, wenn sie sich ihrer selbst und ihres Ortes im sozialpolitischen „Geschäft" nicht immer sicher sein kann? Auch aus diesem Grund scheint ein Lehrbuch zu den Konzepten der Sozialplanung – nun besonders: unter dem Blickwinkel der Sozialen Arbeit – dringend geboten, um Studierenden, aber auch PraktikerInnen Anhaltspunkte für die eigene kritische Auseinandersetzung mit ihrem Planungsauftrag zu bieten … und sei dies auch mit dem Mittel einer kritischen Lektüre der hier entfalteten Perspektiven.

Insofern versteht sich das vorliegende Buch nicht als Verlautbarung unumstößlicher Wahrheiten, sondern als Arbeitsbuch, dass verschiedenste Stränge des Themas Sozialplanung skizziert, Antworten auf praktische Fragen aus seiner theoretischen Positionierung heraus anbietet und sich dabei seiner fragmentarischen wie vorläufigen Sicht auf die Dinge durchaus bewusst ist. Dass dennoch ein solches Unterfangen – in der Form des Dialogangebotes mit den Lesenden – gewagt wird, ist schlicht durch die Experimentierfreude jeglicher Didaktik zu begründen: sich nämlich einen „Reim" auf die Wirklichkeit zu machen, um sie so „auf den Begriff" zu bringen und durch Dialog und kritische Reflexion zu umsichtigeren Bewegungen im Handlungsfeld zu befähigen. Wenn dies gelegentlich geschieht und dabei ein gewisser intellektueller Unterhaltungswert nicht gänzlich verloren geht, sind die Hoffnungen des Autoren hinlänglich erfüllt.

Zum Gelingen dieses Bandes haben zahlreiche KollegInnen und Studierende durch ihre Skepsis und ihre Wertschätzung gleichermaßen beigetragen. Ihnen allen gilt mein besonderer Dank.

Weingarten, im Juni 2014   Anselm Böhmer

Inhaltsverzeichnis

1 Zur Einführung 1
  1.1 Eine Fallstudie 1
  1.2 Kommunale Daseinsvorsorge 4
      1.2.1 Kommunale Allzuständigkeit 4
      1.2.2 Kommunale Räume – territoriale und soziale Profile 8
  1.3 Entwicklungspfade urbaner Räume im 21. Jh. 13
      1.3.1 Sozialräumliche Verdichtungen 13
      1.3.2 Kommunale Finanzen 21
      1.3.3 Demografischer Wandel 22
      1.3.4 Kommunale Armutspolitiken 25
  Literatur zur Vertiefung 30

2 Konzeptionelle Voraussetzungen der Sozialplanung 31
  2.1 Neues Steuerungsmodell und Bürgerkommune 32
      2.1.1 Ziele des Neuen Steuerungsmodells 33
      2.1.2 Kommunikations- und Beteiligungskultur 35
      2.1.3 KundInnenorientierung 36
  2.2 Governance 38
      2.2.1 Steuern im Governance-Modus 40
      2.2.2 Urban Governance 42
      2.2.3 Governance der Bürgerkommune 44
      2.2.4 Regieren als Governance: Programmsteuerung im Wohlfahrtsmix 45

2.3	Sozialplanung in städtischen und ländlichen Räumen	48
	2.3.1 Einige Besonderheiten städtischer Räume	49
	2.3.2 Einige Besonderheiten ländlicher Räume	50
	2.3.3 Herausforderungen für die Sozialplanung in städtischen und ländlichen Räumen	52
Literatur zur Vertiefung		53

3 Konzeptionelle Grundlagen der Sozialplanung ... 55

3.1	Formen der Sozialplanung	55
	3.1.1 Sozialplanung als methodisches Handeln	56
	3.1.2 Ein Kreislauf der Sozialplanung	59
	3.1.3 Sozialplanung in Engelsberg	64
	3.1.4 Andere Planungsformen	68
3.2	Sozialplanung als Steuerung von Effizienz	70
	3.2.1 Effizienzkriterien in der Sozialplanung	71
	3.2.2 Wirkungsorientierung Sozialer Arbeit	74
	3.2.3 Erhebungsinstrumente für Effizienz-orientiertes Controlling	78
3.3	Vorfeldarbeiten der Sozialplanung	82
	3.3.1 Ebenen kommunalen Managements	83
	3.3.2 Das kommunale Leitbild	84
3.4	Sozialberichterstattung	88
	3.4.1 Sozialberichterstattung als strategisches Instrument	89
	3.4.2 Sozialberichterstattung als operatives Projekt	93
3.5	Zirkuläre und dialogische Prozesse der Sozialplanung	99
	3.5.1 Sozialplanung als Arbeit am Raum – mit Daten – in Kommunikation	100
	3.5.2 Sozialplanung als Arbeit mit Daten	102
	3.5.3 Sozialplanung als Arbeit in Kommunikation	110
	3.5.4 Sozialplanung als Projektarbeit: Ziele, Funktionen, Praxis	114
3.6	Integrierte Sozialplanung	120
	3.6.1 Wozu integriert planen?	120
	3.6.2 Wie integriert planen?	123
	3.6.3 Herausforderungen Integrierter Sozialplanung	125
	3.6.4 Perspektiven Integrierter Sozialplanung	128
3.7	Inklusive Sozialplanung	132
	3.7.1 Inklusion als Programmatik von Sozialplanung	132
	3.7.2 Ansatzpunkte inklusiver Sozialplanung	133
Literatur zur Vertiefung		136

4 Perspektiven: Soziale Arbeit als Akteurin in kommunalpolitischen Räumen 137
    4.1   Scalar turn 137
    4.2   Hegemoniale Projekte 139
    4.3   Empowerment in kommunalpolitischen Räumen 141

Literatur 145

1 Zur Einführung

▶ Im folgenden Kapitel lernen Sie Herausforderungen für das Handlungsfeld Sozialplanung an einem Fallbeispiel kennen und sehen dessen Einordnung in aktuelle kommunale Entwicklungen.

Die ganz unterschiedlichen Felder von Sozialplanung – z. B. angesichts der Planung von Neubaugebieten, der Begleitung und Bearbeitung sozialer Prozesse in Quartieren oder auch die Mitwirkung in kommunalpolitischen Abläufen – lassen sich kaum ausschließlich in abstrakter Form darstellen und nachvollziehen. Deshalb soll eine Fallstudie vorangestellt und im Verlauf der Darstellungen in diesem Band wieder herangezogen werden, um unterschiedliche theoretische Inhalte auf praktische Zusammenhänge zu übertragen.

1.1 Eine Fallstudie

Engelsberg[1]
Engelsberg ist ein noch recht junger Stadtteil in einer Großstadt (Engelsberg: 4.462/Gesamtstadt 228.243 EinwohnerInnen; Stand 31.12.2013). Die Stadt liegt in einer Metropolregion[2] und ist mit dem ökonomischen, kulturellen und sozialen

---

[1] Fiktiver Fall.
[2] „In den elf von der Ministerkonferenz für Raumordnung im Jahre 2006 ausgewiesenen Europäischen Metropolregionen entfaltet sich eine dynamische Entwicklung der intraregionalen Kooperation. Gemeinsame Ziele sind jeweils die Aufstellung als große, wachstums- und

Umfeld eng verwoben. Der Ruf Engelsbergs ist jedoch recht ambivalent: Nach seiner Erstbesiedlung 1998 wurde rasch erkennbar, dass das Bemühen um soziale Durchmischung sehr ambitioniert war. Obgleich ein renommiertes Institut für Sozialplanung noch vor dem ersten Spatenstich mit sozialräumlicher und sozialplanerischer Expertise eingebunden wurde, stellt sich die Situation der BewohnerInnen heute vielschichtig dar.

Alles begann recht engagiert: Das Sozialplanungs-Institut wurde von Seiten der Gesamtstadt 1992 angefragt, ob es die Stadtentwicklungsplanung begleiten wolle, und sagte bereits in dieser frühen Phase zu. Ein Team des Instituts war mit einem Bauwagen bereits in der Erschließungs- und Bauphase des neuen Stadtteils mit jeweils 1–2 Personen an mehreren Tagen der Woche präsent. In dieser Zeit bot das Institut Informationen für potentielle künftige BewohnerInnen an, knüpfte erste fachliche Netzwerke, führte Maßnahmen zur (kommenden) BewohnerInnenbeteiligung durch und formulierte bau- wie sozialplanerische Konzepte passgenau für Engelsberg. Ergebnis war, dass eine Vielzahl sehr unterschiedlicher Menschen Interesse an einem Zuzug zeigte, dass sich die Trägerstrukturen bereits frühzeitig mit der Aufgabe einer sozialen Gestaltung Engelsbergs vertraut machen konnten und dass bautechnische und kommunalpolitische Weichen zeitig gestellt wurden: Die maximale Bebauungshöhe für Wohngebäude z. B. wurde auf fünf Stockwerke festgelegt, um „Hochhausschluchten" und das Klima von Trabantenstadtteilen zu vermeiden. Ein klar definierter zentraler Platz wurde vorgesehen, um dort sozialen Austausch, kulturelle Angebote und ökonomische Möglichkeiten (Einzelhandel u. a.) zu bieten. Hier siedelte sich auch ein Büro des Sozialplanungs-Instituts an. Weite Teile der Straßen wurden als verkehrsberuhigte Zone ausgewiesen, um auf diese Weise einer offenen, an Begegnung orientierten Wohnatmosphäre Raum zu geben.

Ab 1998 wurden die Wohnungen – Anlagen von Bauträgern, Häuser von Privatpersonen, Eigentumswohnungen, Mietwohnungen z. T. auch als sozialer Wohnungsbau etc. – bezogen. Schon bald hatte Engelsberg den Ruf, „ganz anders als andere neue Stadtteile" zu sein. Dieses Quartier wurde weit über die Grenzen der Stadt hinaus bekannt. Es erhielt mit der beginnenden Ansiedlung eine sozialräumlich ausgerichtete Begegnungsstätte, die nun insbesondere Angebote für lokale Initiativen, intergenerationelle Projekte und soziale Aktivitäten aller Art machte.

Eine BewohnerInnenbefragung zeigte dann 2012, dass sich viele zwar eine soziale Durchmischung ihres Stadtteiles wünschten, jedoch mehr Moderation und auch Rückzugsgebiete für Interessen der eigenen Community ins Gespräch

---

innovationsorientierte Region und die Positionierung im europäischen Kontext und dies in enger Zusammenarbeit mit der Wirtschaft, der Wissenschaft, Kommunen, den Ländern, dem Bund und letztlich auch der EU." (BBSR und IKM 2010, S. 6).

1.1 Eine Fallstudie

brachten. Genannt wurde von einigen z. B. der Wunsch nach einem eigenen Gymnasium im Stadtteil, da die im Nachbarstadtteil angesiedelte und seinerzeit für die BewohnerInnen stark propagierte Gesamtschule für diese kein überzeugendes Konzept mehr darstelle. Andere wiederum monierten, dass die Preise in den Bioläden rund um den zentralen Platz unerschwinglich seien und wünschten sich einen Ausbau des Discounters am Rand der Siedlung. Mehrfach artikuliert wurde auch die Auffassung, dass das Programm „Bunte Vielfalt der Kulturen in Engelsberg" vorangetrieben werden solle, es aber zugleich in Richtung Kulturfeste u. ä. weiterentwickelt werden müsse. Die unterschiedlichen Gewohnheiten, beispielsweise Tagesstrukturen, das Leben auf öffentlichen Plätzen und den Kontakt in offenen Gartenanlagen der Mietshäuser zu gestalten, dürfe nicht dem Belieben unterschiedlichster Minderheiten überlassen bleiben, so die mitunter vertretene Meinung einiger BewohnerInnen.

Daten zur Sozialstruktur in Engelsberg (Stand 31.12.2013):

- Bevölkerungsentwicklung 2005–2011: 5,2 % (Stadt: 1,3 %; landesweit: – 0,2 %)
- Durchschnittsalter: 37,1 Jahre (Stadt: 43,2; landesweit: 42,7)
- Anteil der unter 18jährigen: 22,1 % (Stadt: 19,3 %; landesweit: 16,4 %)
- Anteil der 65–79jährigen: 7,3 % (Stadt: 14,1 %; landesweit: 15,2 %)
- Anteil der über 80jährigen: 2,5 % (Stadt: 7,3 %; landesweit: 5,2 %)
- Anteil Haushalte mit Kindern: 39,9 % (Stadt: 28,4 %; landesweit: 30,5 %)
- Anteil an Arbeitslosen: 5,7 % (Stadt: 8,6 %; landesweit: 7,3 %)
- Anteil an Langzeitarbeitslosen: 4,9 % (Stadt: 5,3 %; landesweit: 3,2 %)
- Armut: Kinder 7,5 % (Stadt: 9,3 %; landesweit 7,2 %), Jugend 7,7 % (Stadt: 9,9 %; landesweit 5,1 %), Alter 2,5 % (Stadt: 6,3 %; landesweit 3,9 %)
- Anteil der Ausländer: 8,4 % (Stadt: 14,2 %; landesweit: 9,2 %)
- Beschäftigte:
  1. Sektor: 0 % (Stadt: 0,1 %; landesweit: 0,3 %)
  2. Sektor: 23,1 % (Stadt: 21,3 %; landesweit: 34,1 %)
  3. Sektor: 76,9 % (Stadt: 82,6 %; landesweit: 65,6 %)
- Entwicklung der Arbeitsplätze 2006–2010: 6,1 % (Stadt: 3,3 %; landesweit: 4,6 %)
- Steuereinnahmen pro EinwohnerIn und Jahr: 1071,78 € (Stadt: 1134,59 €; landesweit: 1066,55 €)

Möchte man kommunale Räume wie z. B. denjenigen in Engelsberg gestalten, sind zur Bearbeitung sozialer Gesichtspunkte Maßnahmen nötig, die finanzielle, politische und soziale Aspekte gleichermaßen berücksichtigen. Dies leistet Sozialplanung:

> **Definition Sozialplanung**
> Unter Sozialplanung werden Prozesse und Ergebnisse kommunalen oder sozialwirtschaftlichen Managements verstanden. Sie haben das Ziel, normgeleitete Analyse- und Planungsschritte in einem zumeist territorial definierten Raum zu verwirklichen. Die Beteiligung möglichst vieler Interessengruppen, der Einbezug weiterer Fachplanungen, die dialogische Begleitung der praktischen Umsetzung von Planungsvorhaben sowie die Evaluation und Fortschreibung der Planung sind ihre integralen Bestandteile. Damit leistet Sozialplanung einen Beitrag zur Entwicklung von sozialpolitisch abgestimmten, sozialarbeiterisch-fachlich reflektierten und bedarfs- wie ressourcengerechten Infrastrukturen innerhalb politischer, sozialer u. a. Rahmenbedingungen sowie der vielschichtig herrschenden Machtverhältnisse. Zugleich begleitet sie die Kommunikation der Planungsabsichten, -schritte und -ergebnisse in die Öffentlichkeit.

1.2 Kommunale Daseinsvorsorge

▶ Im folgenden Abschnitt erfahren Sie, warum gerade Kommunen für die Gestaltung des Alltags so wichtig sind. Daraus leitet sich auch die besondere Bedeutung der Landkreise, Städte und Gemeinden für die Einrichtung der Sozialplanung ab.

1.2.1 Kommunale Allzuständigkeit

Spricht man von Gemeinden, sind damit ganz unterschiedliche soziale und politische Verbünde gemeint: Einerseits sind Gemeinden diejenigen Zusammenschlüsse, in denen sich Menschen aufgrund der gleichen räumlichen, weltanschaulichen oder auch religiösen Lage verbinden (z. B. Orts- oder auch Kirchengemeinden). Andererseits sind damit diejenigen politisch geformten Zusammenschlüsse angesprochen, die als politische Größen die staatliche Verwaltung im Nahraum abdecken. Unter Kommunen werden im Folgenden politische Gemeinden, Städte und Landkreise in Deutschland verstanden. Sie haben in der Mehrebenen-Struktur der Bundesrepublik Deutschland, also neben der Bundes- und der Landesebene, eine eigene Rolle. Ihnen kommt nach dem Grundgesetz die Selbstverwaltung der örtlichen Belange zu.

1.2 Kommunale Daseinsvorsorge

> **Kommunale Selbstverwaltung im Grundgesetz**
> „Den Gemeinden muß das Recht gewährleistet sein, alle Angelegenheiten der örtlichen Gemeinschaft im Rahmen der Gesetze in eigener Verantwortung zu regeln. Auch die Gemeindeverbände haben im Rahmen ihres gesetzlichen Aufgabenbereiches nach Maßgabe der Gesetze das Recht der Selbstverwaltung. Die Gewährleistung der Selbstverwaltung umfaßt auch die Grundlagen der finanziellen Eigenverantwortung; zu diesen Grundlagen gehört eine den Gemeinden mit Hebesatzrecht zustehende wirtschaftskraftbezogene Steuerquelle." (Art. 28 Abs. 2 GG)

Durch die damit einhergehende Allzuständigkeit („alle Angelegenheiten der örtlichen Gemeinschaft") tragen Kommunen die *Daseinsvorsorge* ihrer BürgerInnen (vgl. auch § 2 Abs. 2 ROG). Damit verwirklichen die Gemeinden gerade im Hinblick auf die Sozialstaatlichkeit (vgl. Art. 20 Abs. 1 sowie Art. 28 GG) grundlegende staatliche Funktionen im föderalen System der Bundesrepublik Deutschland. Welche Inhalte sich für die Sozialstaatlichkeit ergeben, kann dem ersten Sozialgesetzbuch entnommen werden:

> **Aufgaben des Sozialgesetzbuches**
> „(1) Das Recht des Sozialgesetzbuchs soll zur Verwirklichung sozialer Gerechtigkeit und sozialer Sicherheit Sozialleistungen einschließlich sozialer und erzieherischer Hilfen gestalten. Es soll dazu beitragen,
> ein menschenwürdiges Dasein zu sichern,
> gleiche Voraussetzungen für die freie Entfaltung der Persönlichkeit, insbesondere auch für junge Menschen, zu schaffen,
> die Familie zu schützen und zu fördern,
> den Erwerb des Lebensunterhalts durch eine frei gewählte Tätigkeit zu ermöglichen und
> besondere Belastungen des Lebens, auch durch Hilfe zur Selbsthilfe, abzuwenden oder auszugleichen.
> (2) Das Recht des Sozialgesetzbuchs soll auch dazu beitragen, daß die zur Erfüllung der in Absatz 1 genannten Aufgaben erforderlichen sozialen Dienste und Einrichtungen rechtzeitig und ausreichend zur Verfügung stehen." (§ 1 SGB I)

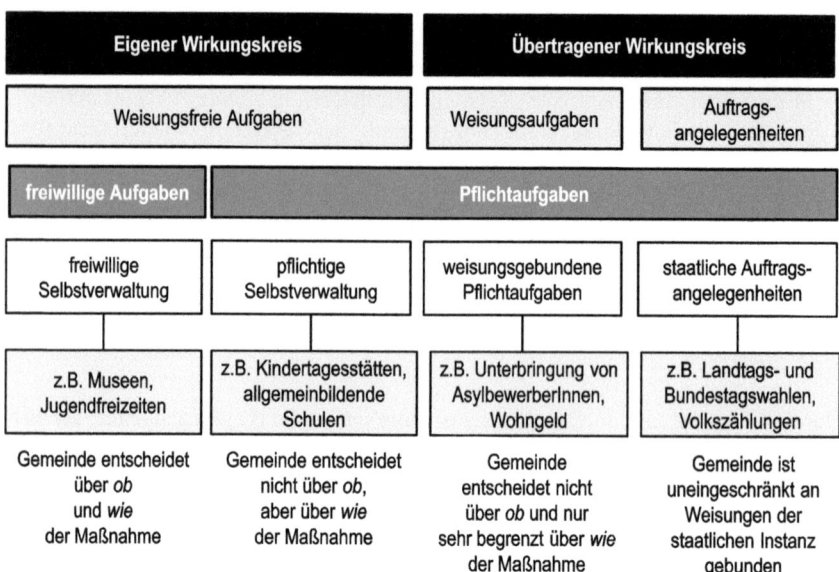

Abb. 1.1 Kommunale Aufgaben. (Quelle: Eigene Darstellung © A. Böhmer)

Um diesen Aufgaben entsprechen zu können, haben Kommunen das Recht der Selbstverwaltung. Die kommunale Selbstverwaltung umfasst neben der erwähnten Allzuständigkeit für die örtlichen Angelegenheiten das Recht auf eigene rechtliche Satzungen, die Erhebung eigener Finanzabgaben, auf eigenes Personal sowie die Organisation und Planung der örtlichen Zusammenhänge. Im Wechselspiel der verschiedenen Ebenen im Gefüge der Bundesrepublik gilt, dass die Gemeinden Aufgaben im sog. „eigenen Wirkungskreis" erfüllen, der sich aus der Allzuständigkeit der Kommunen für die Daseinsvorsorge ergibt. Ferner erfüllen sie solche Aufgaben, die ihnen von anderen Ebenen übertragen und bei denen den Kommunen unterschiedliche Handlungsspielräume gewährt werden. Üblicherweise (vgl. Bieker 2006, S. 35 ff.; Bossong 2010, S. 37 ff.; Dahme und Wohlfahrt 2013, S. 44 ff.) werden in diesem Zusammenhang unterschieden (siehe Abb. 1.1[3])

---

[3] In Anlehnung an Dahme und Wohlfahrt 2013, S. 45 f., Müller 2011, S. 9 ff., Bieker 2006, S. 36. Die Unterteilung in Eigenen und Übertragenen Wirkungskreis differiert mit Blick auf die weisungsgebundenen Pflichtaufgaben; vgl. etwa Bieker 2006, S. 36 sowie Dahme und Wohlfahrt 2013, S. 45 f..

1.2 Kommunale Daseinsvorsorge

- Aufgaben der freiwilligen Selbstverwaltung: die Kommune entscheidet, *ob* und *wie* etwas getan werden soll, etwa das Angebot von kulturellen Veranstaltungen und Jugendfreizeiten,
- weisungsfreie, pflichtige Selbstverwaltungsaufgaben: die Kommune entscheidet nicht, *ob*, aber *wie* etwas getan werden soll, z. B. Einrichtung von Kindertagesstätten oder allgemeinbildende Schulen,
- weisungsgebundene Pflichtaufgaben: die Kommune entscheidet nicht, *ob* und auch nur sehr eingeschränkt *wie* etwas getan werden soll (da ein Interesse an einer möglichst einheitlichen Erledigung dieser Aufgaben besteht), beispielsweise die Unterbringung von AsylbewerberInnen oder auch Beantragung von Wohngeld,
- staatliche Auftragsangelegenheiten: ob und wie entscheidet hier nicht die Kommunalverwaltung, sondern die staatliche Behörde, in deren Auftrag eine bestimmte Verwaltungsmaßnahme durchgeführt wird, hierzu zählen etwa Landtags- und Bundestagswahlen oder auch Volkszählungen.

Zudem ist noch die sog. „Organleihe" von Bedeutung, in deren Rahmen einem Organ der Kommunalverwaltung, z. B. der OberbürgermeisterIn, eine staatliche Aufgabe übertragen wird; dies gilt beispielsweise für die Optionsregelungen nach dem SGB II (vgl. Dahme und Wohlfahrt 2013, S. 22).

Grundlage dieser Zuordnungen und Aufgaben ist die demokratische Verfassung der Gemeindestrukturen. Um nämlich die Teilhabe aller BürgerInnen politisch sicher stellen zu können, ist neben einer wirtschaftlich auskömmlichen Situation am Ort und der Verwirklichung von angemessenen ökologischen Standards auch die Sicherstellung sozialer Qualitäten wie der Ausgleich von materiellen Unterschieden oder den verschiedenen Gruppen angemessenen Bildungsangeboten erforderlich (vgl. auch MAIS NRW 2011, S. 36).

Gerade mit Blick auf die sozialen Aufgaben von Kommunen werden sehr unterschiedliche Grundlagen angenommen: Häufig sieht das Leitbild eine sozialen Durchmischung vor, so dass unterschiedliche soziale Gruppen und Milieus in örtlicher Nähe leben oder doch die verschiedenen Lebensräume über ähnliche Ressourcen und Teilhabemöglichkeiten verfügen (vgl. Hanesch 2011, S. 240). Inwiefern die unterschiedlichen Orte auch unterschiedliche Chancen zur Verwirklichung individueller Interessen und gruppenbezogener Teilhabe mit sich bringen, ist keineswegs eindeutig entschieden. Der Stadtsoziologe Hartmut Häußermann verdichtete seine Position mit den Worten: „Quartiere der Benachteiligten sind zu benachteiligenden Quartieren geworden." (Häußermann 2009, S. 151) Der Sozialpädagoge Holger Ziegler hingegen stellt die Fragen: „Gibt es die unterstellten Ortseffekte, die unabhängig von bzw. über soziale ‚Lageeffekte' hinaus wirksam sind? Würde es von Armut Betroffenen wirklich besser gehen, wenn sie [...] sich nicht in

‚Brennpunkten' konzentrieren würden, sondern in homöopathischen Dosen über die Stadt verteilt wären?" (Ziegler 2011, S. 335)

Insofern muss eine Gemeinde zunächst klären, ob sie dem gebräuchlichen Leitbild sozialer Durchmischung entsprechen möchte, um beispielsweise die unterschiedlichen Ansprüche der BewohnerInnen so zu bearbeiten, dass möglichst viele Erwartungen zugleich, insbesondere im selben Territorium und unter der Maßgabe von Prävention oder Kompensation sozialer Benachteiligungen berücksichtigt werden. Wird jedoch angenommen, dass soziale Lagen sich zwar in ihren Konsequenzen und den daraus resultierenden Ansprüchen unterscheiden, nicht aber zwingend im Hinblick auf die „Ortseffekte, die [...] über soziale ‚Lageeffekte' hinaus wirksam" sind, so kann sehr viel differenzierter hinsichtlich der territorialen Maßnahmen – und eventuell sehr viel politischer hinsichtlich makrosozial bedingter ‚sozialer Lageeffekte' wie Arbeitslosigkeit oder auch Exklusion von Menschen aus Familien mit Migrationserfahrungen – agiert werden.

1.2.2 Kommunale Räume – territoriale und soziale Profile

Kommunale Räume wandeln sich. Dieser Sachverhalt hat zum einen seinen Grund in den sich wandelnden Lebensentwürfen und -möglichkeiten von Menschen. Wirksam sind dabei individuelle wie gesellschaftliche Entwicklungen. Dazu zählen der demografische Wandel, die veränderten Sozialstrukturen und -prozesse gerade in kommunalen Nahräumen, Migrationsbewegungen, veränderte und ganz unterschiedliche Ansprüche an Infrastruktur und damit auch die gewandelten und teilweise neuen sozialen Räume. Zugleich ist zu beobachten, dass soziale Ungleichheit, zu messen etwa an der Ausstattung mit ökonomischem Kapital oder auch den Möglichkeiten zur Beteiligung an unterschiedlichen Formen von Bildung, zunimmt (vgl. dazu jüngst Hartmann 2013; Wehler 2013) und dass häufig eine räumliche Konzentration von Armut in den Städten und Gemeinden wahrzunehmen ist (vgl. etwa Farwick 2009; Friedrichs und Triemer 2009; Kessl und Reutlinger 2010a, S. 123; Mardorf 2006, S. 110 ff.; Nightingale 2012; Schäfers 2010).

Somit wird deutlich, dass dem territorialen Raum im Zusammenleben von Menschen eine ganz besondere Bedeutung zukommt. In diesem Raum treffen sich Menschen, führen aber auch Grenzen ein, beanspruchen unterschiedliche Positionen oder entwickeln womöglich neue Nutzungen von bestehenden oder erst noch zu schaffenden Räumen. Räume sind dabei entweder als territoriale zu verstehen – hier, an diesem Ort – oder als soziale – wir, die wir zusammen sind oder uns konflikthaft gegeneinander abgrenzen. Beide Bedeutungen können kaum scharf voneinander abgegrenzt werden, wenn es um die Ausgestaltung kommunaler Prozesse des Zusammenlebens geht. Es zeigt sich, dass sich Raum als soziale Praxis verstehen lässt (vgl. Bourdieu 1997, S. 160), in der durch räumliche Prozesse soziale Regeln transportiert und verwirklicht werden (vgl. Schreiber 2009, S. 202). Eine solche „Raumproduktion" ermöglicht, „durch Territorisieren und Zonieren menschliches Handeln und gesellschaftliche Teilhabe" (Schreiber 2009, S. 202) zu steuern – etwa im Rahmen der alltäglichen Auseinandersetzung um individuelle oder gruppenbezogene Ansprüche auf die Nutzung von Räumen oder auch mittels des Bebauungsplanes sowie ästhetischer Gestaltungsmaßnahmen von Quartieren. Jüngere Untersuchungen haben gezeigt, dass sich diese sozialen Produktionsformen von Raum bis hinein in das Alltagsverhalten von Menschen auswirken, etwa wenn es um die Erreichbarkeit innerstädtischer Angebote oder das Verkehrsverhalten sozialer Gruppierungen geht (vgl. BMVBS 2012a).

Sozialer Raum
Als sozialer Raum wird das zeitlich befristete Produkt sozialer Beziehungsgeflechte verstanden, in denen durch soziale Prozesse von Ästhetik, Ethik und Politik, durch infrastrukturelle Rahmenbedingungen und durch diskursive Praktiken soziale Nähe und Distanz zum Ausdruck kommen, soziale Hierarchien abgebildet und geschaffen, Machtunterschiede formuliert und materielle wie immaterielle Ressourcen unterschiedlich verteilt werden. In der Regel zeigt sich die Struktur eines sozialen im angeeigneten physischen Raum (Bourdieu). Ein sozialer Raum muss aber keineswegs immer ein territorialer sein.

Damit lässt sich Raum zugleich als *soziale Herausforderung* verstehen:
„Die zunehmende Ausdifferenzierung der Stadtquartiere, Funktions- oder Entwicklungsschwächen einzelner Stadträume zeigen den Integrationsbedarf auf Quartiersebene. [...] Zusätzlich zu vernachlässigter Gebäudesubstanz verschlechtern Umwelt- und gesellschaftliche Probleme die Wohn- und Lebensbedingungen: hohes Verkehrsaufkommen, wenig Freiräume und Grünflächen, eine Kumulation aus Arbeitslosigkeit, Bildungsferne, niedrigen Einkommen und Kriminalität." (Adam 2010, S. 1f.) Ein solches Statement setzt also bestimmte sozialstatistische Daten mit Kriminalität und geringer Lebensqualität gleich. Dass diese Gleichung keineswegs die einzige „kommunalpolitische Rechenweise" darstellt, wird noch thematisiert werden.

Kommunaler Raum kann darüber hinaus als *politische Aufgabe* verstanden werden. Denn wie die von Adam erwähnten Herausforderungen verstanden und bewältigt werden sollen, ist immer (auch) davon abhängig, welche politische Einschätzung kommunal Verantwortliche vornehmen und welche politischen Konsequenzen sie zu ziehen bereit sind. Die Tendenz in einigen Kommunen, früher privatisierte Teile der kommunalen Daseinsvorsorge wie etwa die Energieversorgung oder auch den Wohnungsbau nunmehr stärker zurück in kommunale Verantwortung zu führen, belegt diese Einschätzung (als Beispiel für die Müllwirtschaft in Bergkamen vgl. Broß und Engartner 2013, S. 93).

Es zeigt sich: Kommunale Räume sind einerseits soziale Herausforderungen, die angemessen wahrzunehmen und zu beantworten sind. Andererseits sind diese Räume hoch komplexe Gefüge, die in ihren vielfältig unterschiedlichen Eigenlogiken ebenso wie in den differenzierten Strukturgefügen gesehen und verstanden werden müssen, wenn eine angemessene politische Steuerung kommunaler Prozesse möglich werden soll.

„Es geht in der Planung also zunächst um drei wesentliche Faktoren:

1. Raum – als Bedingung und Ergebnis sozialen Handelns,
2. öffentliche Akteure und
3. den Kontext bzw. die Rahmenbedingungen, in Form demografischer, sozialer, ökonomischer Entwicklungen, Strukturen des politisch-administrativen Systems, gesetzliche Grundlagen, kulturelle und politische Orientierungen, Werthaltungen und Macht." (Alisch 2007, S. 307)

In diese oft recht unübersichtliche Gemengelage von Räumen, Akteuren, Strukturen und Machtverhältnissen soll durch Planungsprozesse Steuerungssicherheit gebracht werden. Zugleich ist bereits ersichtlich, dass solche Steuerungsabsichten unterschiedlich konkretisiert werden können. Dennoch kann ein freies Spiel der sozialen Kräfte wohl kaum den Ausgleich erbringen, den die sozialen Differenzen in ihren eigenen Dynamiken erfordern, wenn die Herstellung qualitativ ‚ausgeglichener Lebensverhältnisse' (vgl. § 2 Abs. 2 Nr. 1 ROG) Ziel von Sozialpolitik ist. Der Auffassung folgend, dass Planung häufig durch die Komplexität der sozialen Sachverhalte außer Kraft gesetzt werden kann, erscheint aufgrund der normativen Maßgaben – etwa der sozialen Durchmischung, aber auch der sozialen Gerechtigkeit oder der Teilhabechancen möglichst vieler Bevölkerungsteile – eine andere als die planerische Herangehensweise kaum sinnvoller. Insofern ist Sozialplanung notwendig, kann aber nicht allen Steuerungsabsicherungen entsprechen.

Zur Bewältigung kommunaler Aufgaben bedarf es insofern umso mehr eines klar beschriebenen Konzeptes von Sozialplanung, um dessen Grenzen berücksichtigen, aber auch dessen Chancen nutzen zu können. Das hier vorgestellte Konzept von Sozialplanung gliedert sich in folgende Schritte (siehe Abb. 1.2):

1.2 Kommunale Daseinsvorsorge

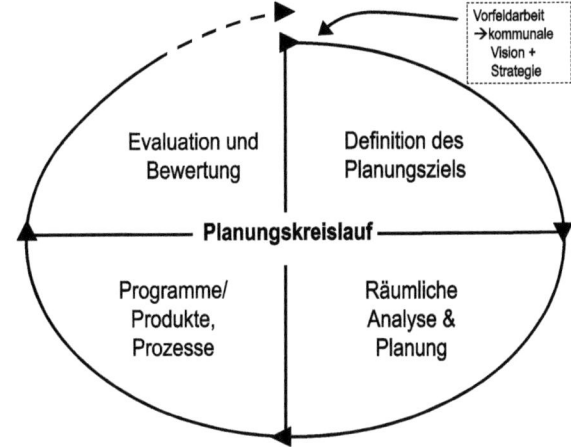

Abb. 1.2 Grundstruktur.
(Quelle: Eigene Darstellung
© A. Böhmer)

1. Analyse sozialer Lagen und Entwicklungen sowie Vorschläge zur Definition von Zielen: gemeinsam mit Betroffenen und Interessengruppen (*stakeholdern*),
2. Räumliche Analyse und Planung von Maßnahmen und Projekten,
3. Begleitung der Programme, ihrer Produkte und der einzelnen Prozesse
4. Evaluation der Ergebnisse und Vorschläge für weiteres Vorgehen

Mit diesem Konzept[4] wird keine statische Struktur entworfen, sondern ein flexibel zu verstehendes Modell für insbesondere partizipative und inklusive Vorgehensweisen. Zugleich lässt sich damit auch ein Qualitätskriterium für die Verwirklichung eines Planungsprozesses beschreiben: Die Struktur muss im beschriebenen Sinne die vielfältigen Planungsaufgaben berücksichtigen, kann dies jedoch nur in Form von jeweiligen Nachsteuerungen und einem neuerlichen Herleiten von bisherigen Planungsschritten, um die Planungs(zwischen)ergebnisse während des Prozesses transparent werden zu lassen, und muss mitunter auch Planungsschritte wiederholen, um neue Erkenntnisse oder erst jetzt erkannte Bedarfe angemessen berücksichtigen zu können. Die Linearität der Skizze sollte also nicht die Komplexität der Wirklichkeit und die daraus resultierenden komplexen Planungsabläufe überdecken.

Gerade für die Soziale Arbeit ist mit diesem konzeptionellen Grobentwurf wichtig, ihre eigenen Praxisebenen zu klären und gegeneinander abzugrenzen. Die

---

[4] Eingeflossen sind in dieses Konzept mitsamt seiner Ausdifferenzierung (vgl. 3.1.2) unterschiedlichste Aspekte zahlreicher Fachpublikationen. Genannt seien hier beispielhaft Kilb 2000, VSOP 2008 sowie MAIS NRW 2011. Sollten sich hier oder in den differenzierteren Versionen dieser Graphik andere AutorInnen mit ihren Arbeiten wiederfinden, ohne von mir benannt zu sein, bitte ich um einen kurzen Hinweis.

Planungsaspekte Praxisebenen	Analyse	Zielklärung	Bearbeitung	Evaluation
Sozialplanung	Sozialstruktur-analysen	fachl. Empfehlung, polit. Beschluss	Projektarbeit, Umsetzungsbegleitung	Controlling, SROI, Monitoringberichte
Management	Geschäftsfeld-analysen	ethische und strategische Festlegungen	Realisierung operativer Geschäftsprozesse	Unternehmens-bilanz, SROI, NutzerInnenbefrag.
Fallarbeit	Situations- und Systemanalyse	Dialog mit NutzerIn	Assistenz	NutzerInnen-befragung

Abb. 1.3 Praxisebenen. (Quelle: Eigene Darstellung © A. Böhmer)

folgende Grafik (siehe Abb. 1.3) leistet dies anhand der drei Ebenen Fallarbeit, Management und Sozialplanung. Während dabei für die Fallarbeit die einzelnen Fälle, aber auch soziale Gruppen oder Räume analysiert werden müssen und das Management sozialwirtschaftlicher Unternehmen das Geschäftsfeld zu analysieren hat, zielt die analytische Fragerichtung der Sozialplanung auf die Sozialstruktur. Hier sind je nach Planungsfeld (Jugend- oder Altenhilfeplanung etwa) unterschiedliche wichtige Fragestellungen zu definieren und in der Analyse abzubilden. Die Zielklärung ist, anders als in der Fallarbeit oder dem Management, dabei nicht mehr der jeweils zuständigen Fachkraft zugewiesen, sondern wird auf der Grundlage einer von ihr formulierten fachlichen Empfehlung von der jeweiligen Entscheidungsinstanz (z. B. Gemeinderat der Stadt mit dem Quartier Engelsberg oder Kreistag) beschlossen. Damit aber ist die „Definitionsmacht" der SozialplanerIn deutlich eingeschränkt. Anders als im Feld praktischer Fallarbeit oder der Steuerung von Teilbereichen der Organisation erhält hier die operative Ebene deutlich weniger an eigener Entscheidungs- und strategischer Ausgestaltungskompetenz.

Anders hingegen die Umsetzung: Die Fallarbeit und das Management bearbeiten die jeweils anstehenden Aufgaben ebenso wenig selbst wie die Sozialplanung. Während die Fallarbeit eher nicht „Arbeit am Fall", sondern bestenfalls „Assistenz für den Fall" leistet, die Entwicklungs-, Bildungs- oder anderweitige Aufgabe jedoch von den jeweils Betroffenen im Rahmen ihrer Leistungsfähigkeit erbracht und gegebenenfalls durch besondere Infrastrukturen kompensiert wird, muss Sozialplanung in der operativen Phase nicht die Verwirklichung übernehmen und zumeist auch nicht dabei assistieren. Sie strukturiert vielmehr Dialog- oder auch Qualitätsprozesse zwischen den Akteuren, etwa den AuftraggeberInnen und den -nehmerInnen im Hinblick auf die soziale Weiterentwicklung Engelsbergs. In der Evaluation schließlich bedient sich Sozialplanung mitunter derselben Erhebungsverfahren und -instrumente wie die anderen Ebenen (etwa des Social Return on Investment, SROI, einer Maßzahl zur Ermittlung sozial wirksamer Erträge aus finanziellen Investitionen in soziale Organisationen). Das Unterscheidungskriterium für die drei Praxisebenen ist hier das Ziel der Evaluation. Werden die NutzerInnen für die Fallarbeit und das Management befragt, um deren subjektive Einschätzung der Ergebnisse zu erfassen, und sollen Kennzahlen (Bilanz, SROI u. a. m.) objektive Einschätzungen über den Unternehmenserfolg möglich machen, versucht die Sozialplanung mit Hilfe von ähnlichen objektivierbaren Daten die Bedingungen für NutzerInnen und Organisationen zu erheben. Auf diese Weise kann die Sozialplanung für Engelsberg beispielsweise die weitere soziale Durchmischung und deren Unterstützung (oder eben auch eine diesbezügliche Zurückhaltung) in den Blick nehmen, an der Klärung über die Ausstattung mit Infrastruktur (Beratungsstellen, Bildungseinrichtungen?) weiter beteiligt sein und die einzelnen Schritte konzeptionell mit den weiteren Planungsressorts für Engelsberg (Finanzen, Verkehr, Bau etc.) abstimmen.

1.3 Entwicklungspfade urbaner Räume im 21. Jh.

▶ In diesem Abschnitt finden Sie einige Hinweise zu aktuellen Entwicklungen in den Städten. Weil viele – und zunehmend mehr – Menschen in städtischen Ballungsräumen leben, lassen sich aus dieser Darstellung wichtige Informationen für die Aufgaben der Sozialplanung allgemein gewinnen.

Sozialplanung ist der Entwurf von, die Prozessbegleitung in und die Erhebung der sozial-strukturellen Entwicklungen. Dabei lassen sich, wie zuvor skizziert, die planerischen Ebenen Kommune, Organisation sowie Individuum unterscheiden. Alle drei Planungsebenen sind jeweils miteinander verflochten (vgl. Herrmann 2011, S. 1090 f.), doch liegt der Schwerpunkt von Sozialplanung – im Unterschied zur Hilfeplanungen etwa des § 36 SGB VIII (Hilfeplan in der Jugendhilfe) oder z. B. des § 58 SGB XII (Gesamtplan der Hilfen für Menschen mit Behinderung) – nicht auf der individuellen und weniger auf der organisationalen, sondern vor allem auf der strukturellen Ebene von Kommunen, größeren Territorien oder auch Trägerstrukturen. Insofern hat Sozialplanung die Aufgabe, Infrastrukturplanung zu leisten, die es dann möglich macht, individuelle Hilfen umso einfacher, fachlich angemessener oder auch kostengünstiger zu verwirklichen.

1.3.1 Sozialräumliche Verdichtungen

Städtische Räume sind der Veränderung unterworfen. Denn wie kaum eine andere territoriale Struktur sind es die Städte in modernen Gesellschaften, die wirtschaftliche und soziale Veränderungen möglich, aber häufig genug auch nötig machen (vgl. die Überblicksdarstellung von Berking 2013). Gerade in Städten ereignen sich jene Entwicklungen, die für die Sozialformen der Moderne maßgeblich sind. Hier wird in der stärker gegebenen Anonymität Individualisierung möglich; ein höheres Maß an Pluralisierung der Lebensentwürfe ist die nicht seltene Folge. In urbanen Räumen werden aber auch die Mängel an ökonomischen Mitteln und sozialen Ressourcen leichter kenntlich. Lange Zeit waren in der zweiten Hälfte des 20. Jahrhunderts damit die Städte die Räume wirtschaftlichen Fortschritts und Arenen sozialen Ausgleichs – mit sehr unterschiedlichen stadtplanerischen Zielvorstellungen (vgl. Alisch 2007).

„Am Ende des 20. Jahrhunderts erlebte dieses Modell den Beginn einer Erosion, die zu tiefgreifenden Veränderungen in den Formen des Zusammenlebens und in der sozialräumlichen Struktur der Städte führte." (Häußermann 2009, S. 147) Treiber dieser Entwicklungen waren zum einen demografische Prozesse, die das Zusammenleben in urbanen Ballungsräumen vor neue Anforderungen stellten. Zum anderen wandelten sich, gerade in Deutschland, die Einkommensverhältnisse unterschiedlicher Schichten merklich (vgl. für die jüngsten Entwicklungen Grabka et al. 2012). Daraus wiederum ergaben sich verstärkte Entwicklungen der Segregation, der Trennung also von sozialen Schichten und Gruppen in unterschiedlichen städtischen Quartieren. Die Trennlinien verliefen dabei entlang verschiedener Bruchkanten – Arm und Reich, Angestammt oder Zugewandert, Alt und Jung, um nur einige wenige anzuführen. Soziale Ungleichheiten wiederum werfen Fragen nach dem Umgang mit ihnen auf: Sollen sie beseitigt werden? Sollen die einzelnen Betroffenen in ihren Aktivitäten gefördert werden, um sich „am eigenen Schopf aus dem Sumpf zu ziehen"? Sind es gar Quartiere, die als „Sozialräume" bezeichnet, in besonderer Weise bearbeitet werden müssen? Müssen nationale Politiken verändert werden, um lokale Umbrüche umgestalten zu können? Je nach Beantwortung dieser Fragen wird Sozialplanung eher politisch, individuell oder auch quartiersbezogen nach Lösungen suchen – und manchmal gar mit mehreren dieser Herangehensweisen zugleich aufwarten.

Insofern ist Sozialplanung eine Frage von Politik und Steuerung kommunaler Räume. Angesichts von Individualisierung, Pluralisierung, aber auch Verwerfungen und neuen Herausforderungen auf dem Arbeitsmarkt und schließlich angesichts der Finanzkrisen, die in manchen Kommunen mittlerweile zum Dauerzustand geworden zu sein scheinen (vgl. die Hinweise in KfW Bankengruppe 2014), sind urbane Veränderungsprozesse vielerorts im Gange. Die Folge solcher Tendenzen, aber auch eines Politikwechsels hin zum „schlanken Staat" und seiner Garantenfunktion, ist nicht selten, dass Stadtverwaltungen moderieren statt dirigieren. „Private Investoren und zivilgesellschaftliche Akteure übernehmen hingegen in stärkerem Maße Steuerungsfunktionen." (Häußermann 2009, S. 147) Auch der Wandel hin zur Dienstleistungsgesellschaft zeigt Wirkungen im städtischen Sozialgefüge.

Denn einerseits nehmen gut entlohnte wissensbasierten und kreativen Tätigkeiten – mitsamt ihren z. T. instabilen Lebensstilen – deutlich zu (vgl. Häußermann 2009, S. 148; ferner als „Klassiker der kreativen Klassen" Florida 2012). Zum anderen sind auch – durchaus schlechter honorierte – personenbezogene Dienstleistungen ebenfalls im Vormarsch, wie manche sozialen und pflegerischen Arbeitsmärkte erkennen lassen (vgl. Bundesagentur für Arbeit 2011).

Damit sind einige derjenigen Prozesse benannt, die maßgeblich für die benannten räumlichen Veränderungen sind. Denn Quartiere werden ohne eine allgemein gesellschaftlich an Ausgleich orientierte „steuernde Hand" sozial stärker vereinheitlicht, Haushalte mit niedrigerem Einkommen aus bestimmten Stadtteilen abgedrängt. Insofern werden nicht zuletzt wegen des Rückzugs dieser dem Gemeinwohl und eben nicht dem ökonomischen Nutzen einzelner (privater) Akteure verpflichteten Steuerungslogik (für das Bildungswesen vgl. Wippermann et al. 2013) die verschiedenen Milieus stärker als im 20. Jh. getrennt (segregiert). Diese sozialen Tendenzen in urbanen Räumen sollen im Folgenden noch genauer in ihrer Bedeutung für die Sozialplanung herausgearbeitet werden.

Segregation
„Unter räumlicher Segregation wird eine ‚disproportionale Verteilung von Elementarten über Teilgebiete eines Gebietes' verstanden. *Disproportional*, weil die räumliche Verteilung einer Gruppe (oder einer Nutzung) nicht derjenigen einer anderen Gruppe entspricht, *Elementarten*, weil es sich hierbei um soziale Schichten, ethnische Gruppen, religiöse Gruppen, aber auch um Nutzungen oder Ärzte unterschiedlicher Spezialisierung oder unterschiedliche Typen von Wohnungen handeln kann." (Friedrichs in ARL 2005, S. 1021)

Aus dieser zunächst noch recht allgemeinen Beschreibung wird deutlich, dass Segregation eine *Frage von Verteilung* nach unterschiedlichen Kriterien bedeutet. Soziale, religiöse, berufliche und viele weitere Gesichtspunkte können die Unterschiedlichkeit von Verteilung beschreiben. Wie eine solche Unterschiedlichkeit wiederum einzuschätzen ist – und deshalb sozialplanerisch zu beantworten – sei, bedarf einer eigenen Klärung. Dabei sind insbesondere politische Abwägungen von Bedeutung, welche Ungleichheiten in welcher Weise zu bewerten sind: Sind unterschiedliche Lebensbedingungen, etwa in unterschiedlichen Stadtteilen, akzeptabel? Wie weit reicht eine solche Akzeptanz – evtl. auch noch so weit, dass sich daraus unterschiedliche Möglichkeiten und Chancen für das Aufwachsen der jüngeren Generation ergeben? Oder ist es besser, möglichst gleiche Lebensverhältnisse in allen Quartieren eines Planungsraumes herzustellen? Lässt sich das überhaupt verwirklichen? Und: Was heißt hier „gleiche Lebensverhältnisse", wenn die individuellen, sozialen und strukturellen Gegebenheiten oft ja doch recht unterschiedlich sind? Auf diese und sicher viele weitere Fragen muss Sozialplanung konzeptionell eine Antwort formulieren, um Aussagen darüber machen zu können, wo und in welcher Weise eine Intervention von Seiten der Verantwortlichen sinnvoll oder gar geboten ist und wo warum nicht.

„Die planerische Bedeutung von Analysen der Segregation besteht in den Hinweisen, die sie für planerische Eingriffe geben" (Friedrichs in ARL 2005, S. 1024). Insofern müssen die zuvor erwähnten normativen Fragestellungen geklärt sein, so dass im sozialplanerischen Prozess diejenigen „Hinweise […] für planerische Eingriffe" aufgespürt werden können, die eine Veränderung der Gegebenheiten nach sich ziehen. Auch in solchen wert- und praxisbezogenen Zusammenhängen ist es von Bedeutung, auf die Expertise Sozialer Arbeit zurückgreifen zu können. Denn gerade mit ihrer Sachkenntnis lassen sich soziale Prozesse im Hinblick auf „Bedarfe der KlientInnen Sozialer Arbeit […] für eine angemessene professionelle, subjektorientierte Erbringung von Leistungen" (Ziegler 2011, S. 341) verstehen, bewerten und gegebenenfalls bearbeiten.

Die *Ursachen von Segregation* sind dabei recht unterschiedlich. Zunächst ist an den kulturgeschichtlichen Wandel zu erinnern, der spätestens ab dem Ende des 18. Jahrhunderts Tendenzen von Individualisierung, Pluralisierung und schließlich Tertiarisierung (die verstärkte Entwicklung des dritten Sektors der Produktionsformen, der Dienstleistungen nämlich) hervorbrachte. Dies hatte – und hat – erhebliche Folgen für die Verteilung ökonomischen Kapitals, das sich nun stärker an den Scheidelinien individueller Voraussetzungen und kollektiver Nutzungen der vielfältig gegebenen Möglichkeiten ökonomischer Produktion orientiert. Die Individuen müssen also mehr als in ständisch organisierten oder doch zumindest statischer verfassten Gesellschaften persönlich dafür sorgen, dass sie Zugänge zu und Erträge aus ökonomisch bedeutenden Märkten erhalten. Dass dabei zugleich überindividuelle und strukturelle Rahmenbedingungen (wie z. B. wirtschaftliche Konjunkturen, politische Steuerungen oder eben auch die Wohn- und Lebenssituationen zumindest als Etikettierungsbezug) ebenso eine gewichtige Rolle spielen, soll nicht verschwiegen werden.

Für die Sozialplanung ergibt sich damit die Herausforderung, dass die Ungleichheiten in der deutschen Bevölkerung in den zurückliegenden Jahren gewachsen sind. Damit muss sie unterscheiden solche gesellschaftliche Bereiche, in denen *Nachsteuerung* dringender ist, und solche, in denen Interventionen weniger notwendig erscheinen. Außerdem ist es nun verstärkt ihre Aufgabe, auch noch die vielfältig individuellen Interessen und Möglichkeiten im Zusammenhang mit strukturellen und politischen Rahmenbedingungen zu bearbeiten – gewissermaßen individuell und allgemein zugleich zu planen. Dass sich daraus nicht selten paradoxe, also in ihrer Widersprüchlichkeit (zunächst) nicht auflösbare Situationen und damit Konflikte ergeben, dürfte nachvollziehbar sein.

Für die Sozialplanung lassen sich einige dieser *Herausforderungen* genauer fassen: So werden immer wieder Hinweise formuliert bezüglich der Tendenzen von Vertreibung bestimmter Milieus aus ihren angestammten Wohngebieten. Ursache sind die steigende Attraktivität bestimmter Wohngebiete, der Zuzug einkommensstärkerer Haushalte und damit ein Anstieg der Mieten, den einkommensschwächere Haushalte nicht mehr bezahlen können (*Gentrification*).

Ein weiteres Phänomen der Veränderung von Siedlungsstrukturen ist die *Entmischung* der unterschiedlichen Milieus aufgrund infrastruktureller Kontexteffekte. So ist ein familienfreundlicheres Umland z. B. Grund für viele Haushalte mit jüngeren Kindern, städtische Ballungsräume zu verlassen und in das suburbane Umland zu ziehen – in Gebiete also, die im weiteren Einzugsgebiet der großen Städte liegen, insofern gute Anbindung für Erwerbsarbeit, Konsum und Freizeit bieten, aber auch die Vorteile des weniger verdichteten Wohnens, guter Ausstattung mit Bildungseinrichtungen u. ä. m. bieten (vgl. zu den allgemeinen Aspekten der Vergesellschaftung in ländlichen Strukturen Auernheimer 2011 sowie Hanhörster und Weck 2011).

Ein weiterer Aspekt, der Bedeutung von Sozialplanung und ihren Aufgaben mehr Aufmerksamkeit zu schenken, ist die Tendenz einer stärkeren *Vermarktlichung des Wohnungssektors* bei gleichzeitigem Rückzug der Kommunen. Zumindest lange Zeit schien es geboten, dass sich die Kommunen aus dem Wohnungsbau und -markt zurückzogen, um Finanzen zu sparen und dem „freien Spiel des Marktes" die Ausgestaltung auch der Wohnraumversorgung der Bevölkerung anzuvertrauen. Damit werden die Tauschverhältnisse von räumlichem Angebot und monetär ausgestatteter Nachfrage stärker relevant. Wie vielfache Beispiele etwa aus Berlin, Dresden oder Freiburg (vgl. Holm 2008) zeigen können, hat sich damit aber die Wohnsituation jener Haushalte verschärft, deren ökonomische Situation sie in die Lage manövrierte, sich nur noch die niedrigsten Mieten – und damit: die schlechteren Wohnungen – leisten zu können. Da sich solche günstigen Wohnungen oft in räumlicher Nähe befinden, z. B. weil dort der Wohnbestand in derselben Zeit geschaffen und seitdem kaum modernisiert wurde oder weil dort besonders einschränkende Faktoren (Bahnlinie, vielbefahrene Straße, Industrieanlagen o. a.) wirken, führen solche „freien Marktspiele" häufig zu stärkerer Segregation.

Effekte von Segregation
Territoriale Segregation führt nicht selten zu einer verstärkten Koppelung von verschiedenen Aspekten der Segregation: ethnische (Gruppen mit unterschiedlichen nationalen Herkünften), demografische (verstärkte Überalterung oder auch ein überdurchschnittliches Maß an Kindern und Jugendlichen) und soziale Kategorien

(Menschen im Transferbezug, mit erhöhtem sozialen Status o. ä.) werden somit stärker bedeutsam. Daraus ergibt sich dann häufig die Vermutung, dass sich sozialräumliche Kontexteffekte einstellten: „Innerhalb eines Gebietes kommt es wegen der Zusammensetzung seiner Bewohnerschaft zu bestimmten Effekten – im vorliegenden Fall bestehen diese in einer zusätzlichen Benachteiligung der Benachteiligten." (Häußermann 2006, S. 15) Wie noch eigens zu zeigen sein wird, sollte diese Vermutung allerdings nicht vorschnell übernommen werden. Zumindest als gegenläufige Hypothese lässt sich nämlich ebenso anführen, dass mitunter lediglich Etikettierung der BewohnerInnen stattfinden, ohne dass es hinreichende Belege für die Kontexteffekten-Theorie gäbe. So argwöhnt Holger Ziegler: „Menschen sind ‚nicht arbeitslos oder arm, weil sie in einem bestimmten Stadtviertel leben, sondern leben in einem bestimmten Stadtviertel, weil sie arbeitslos und arm sind. Wenn diese Bürger in ein anderes ‚besseres' Viertel umziehen würden, wären sie immer noch arbeitslos und arm'." (Ziegler 2011, S. 336; zitiert van der Pennen)

Allgemein aber kann man sagen, dass Segregationsprozesse unterschiedlich eingeschätzt werden können. Entweder bezieht man sich positiv darauf, dass sich beispielsweise die *ethnic community* vortrefflich dazu eigne, zur kulturellen und wirtschaftlichen Etablierung von MigrantInnen beizutragen, indem sie ihnen Identifizierungsmöglichkeiten, Heimat und aus ihrem Heimatland bekannte Gesellungsformen anbieten (für die Deutschen im Chicago des 19. Jahrhunderts beschreibt dies z. B. Schnurmann 2006, S. 35 f.). Zumeist aber wird darauf aufmerksam gemacht, dass Segregation ungleiche Sozialisationsbedingungen und Lebenschancen bedeute (so ja auch Häußermann im vorstehenden Zitat) und gerade die *ethnic communities* sich allzu häufig abschotteten. Wie dem zunächst auch sei: Segregation ist offenkundig nicht gerade leicht zu bewerten – und ist doch in vielen Kommunen ein mehr oder minder deutliches Faktum.

Residualisierung
Unter diesem Begriff wird „die Konzentration einkommens-schwacher Haushalte in ‚benachteiligten' Quartieren" verstanden (Häußermann 2009, S. 149). Der „Rest" (= lat. residuum) einer Bevölkerung, unter ökonomischer Hinsicht also die erwähnten „einkommens-schwache[n] Haushalte", muss dabei mit denjenigen Quartieren und Unterkünften vorlieb nehmen, die andere – und gerade jene, die es sich ökonomisch leisten können, – nicht mehr für eigene Wohnzwecke nutzen wollen. In bestimmten Städten, „wie beispielsweise in Berlin, ergibt sich eine Konzentration der untersten Einkommensgruppen an den Rändern der City, in der Innenstadt, aber auch in den Großsiedlungen am Stadtrand." (Häußermann 2009, S. 149) Damit ist Residualisierung die „Rückseite" der Segregation – der Begriff beschreibt die Situation der Benachteiligten, die nunmehr konzentriert in segre-

gierten Quartieren leben müssen. Ob sich damit jedoch Quartierseffekte nachweisen lassen, wie etwa Hartmut Häußermann meinte, als er über die solcherart benachteiligenden Quartiere schrieb (vgl. Häußermann 2009, S. 151), muss zunächst noch offen bleiben. Wie bereits unter dem Blickwinkel der Segregation angedeutet, werden hier immer wieder Zweifel angemeldet.

Die enge Koppelung von territorialer Herkunft und sozialen Chancen nämlich ist nicht unwidersprochen geblieben. Sekundäranalysen früherer Untersuchungen machen deutlich: „Von einer generellen Übereinstimmung von Sozialraum und Quartier kann aufgrund der analysierten Studien jedenfalls nicht ausgegangen werden. Damit sind zentrale Annahmen der Quartierspolitik über die Wirkung, Struktur und Potentiale von sozialräumlicher Nachbarschaft stark in Frage gestellt." (Volkmann 2012, S. 78) Einzig für Umfang und Beschaffenheit von sozialen Netzwerken der BewohnerInnen in residualisierten Quartieren lässt die Autorin solche Auffassungen gelten.

Gentrification
Gentrification bezeichnet die nicht selten auch politisch geförderte ökonomische Aufwertung bestimmter Stadtteile, wie z. B. die HafenCity Hamburg oder der Prenzlauer Berg in Berlin (vgl. Dörfler 2010, S. 49), infolge des Zuzugs sog. „kreativer Milieus" (vgl. allgemein die – auch auf deutsche Verhältnisse bezogenen – Studien in Atkinson und Bridge 2005 sowie Bridge et al. 2012; ferner Florida 2012 sowie die skeptische Einschätzung zur Stadtentwicklung über Anreize für eine „Kreative Klasse" bei Glasauer 2008). Die Aufwertung hat zur Folge, dass solche Stadtteile dann bald „besonders angesagt" sind und einkommensstärkere Milieus mit entsprechenden Ansprüchen an das Wohnambiente anlocken. Damit aber werden Konflikte mit den alteingesessenen – und häufig residualisierten – MieterInnen wahrscheinlich. Nicht selten werden diese aufgrund steigender Mietpreise aus ihren angestammten Wohnungen verdrängt und der „Geldadel" (gentry = engl. niederer Adel) kann das Quartier für sich beanspruchen. Gerade auf die damit verbundenen ökonomischen Aspekte wird bereits seit geraumer Zeit verwiesen (vgl. Wacquant 2008, S. 203).

Mit recht „griffigen Worten" beschreibt Wingenfeld eine „neue Gentrification: der Stadtentzug für ökonomisch Benachteiligte – nicht mehr wie früher zugunsten von Büros oder als ‚Pöseldorf[5]-Effekt' = vagabundierende vorübergehende Karrieren von ‚In'-Vierteln, moderate Umwertung von absinkenden Vierteln durch Paradiesvögel – sondern der mehr oder weniger stadtweite Rausschmiss durch Geldadel, ohne dass da noch eine starke öffentliche Hand da wäre, die die Folgen

---

[5] Nobler Stadtteil Hamburgs; Anm. A.B.

abmildern könnte und dies überhaupt wollte. Denn sie freut sich vielmehr über das privat finanzierte Investment, das die klammen Kassen entlastet." (Wingenfeld 2013, S. 4) Damit stellt er die „neue" Variante von Gentrification in den Entwicklungsverlauf von Kommunen, deren Haushalte so knapp sind, dass sie eine eigene ökonomische Handlungsfähigkeit nahezu oder gänzlich vermissen lassen. Der „Stadtentzug" verweist auf neuere Verdrängungen, nun nicht mehr in marginalisierte(re) Quartiere im urbanen Raum, sondern dort heraus in die umliegenden Orte und Dörfer. Daraus resultiert nach Auffassung Wingenfelds der Zwang zu einer überteuerten Mobilität von den suburbanen und ruralen Marginalisierungsräumen hinein in die gentrifizierten Stadtteile oder aber das mobile wie soziale Abgehängt-Werden der Verdrängten.

Fazit: Soziale Tendenzen in urbanen Räumen
Die vorherigen Darstellungen haben gezeigt, wie sich politisch, wirtschaftlich und sozial beeinflusste Veränderungen auf die Siedlungsstruktur von Städten auswirken und damit den Alltag der dort lebenden Menschen merklich beeinflussen. Aus solchen urbanen Wandlungen wiederum ergeben sich verschiedene Konstellationen, die für die Sozialplanung ebenso wie für die Soziale Arbeit erhebliche Konsequenzen haben:

- die Konzentration von Haushalten mit mehrfachen sozialen Problemen in einigen wenigen Quartieren,
- daraus resultierende, mindestens sekundäre Kontexteffekte[6], wie sie z. B. bzgl. Bildung unter dem Stichwort der Koppelung von sozialer Herkunft und Bildungschancen beschrieben werden,
- sodann soziales Auseinanderdriften der Stadtteile im Sinne einer „sozialräumliche[n] Polarisierung" (Häußermann).

Allerdings liegen die Probleme zumeist gerade nicht „im Stadtteil": „Es spricht viel dafür, dass aus der sozialräumlichen Perspektive Ungleichheits- bzw. ‚Klasseneffekte' irrigerweise als ‚Raum-' oder ‚Gebietseffekte' in den Blick genommen werden." Damit „gerät der größte Teil von Deprivations- und Unterdrückungsverhältnissen aus dem Blick." (Ziegler 2011, S. 338 f.) Empirische Belege (vgl. Ziegler 2011, S. 338 f.) zeigen für Deutschland vielmehr, dass auch in „Brenn-

---

[6] Von „sekundären Kontexteffekten" spreche ich, weil meine eigenen Forschungen u. a. gezeigt haben, dass unmittelbare Effekte des Wohnquartiers kaum deutlich wurden, sehr wohl aber Labeling-Prozesse durch andere. Sekundäre Kontexteffekte thematisieren also den unterstellten und damit praktizierten Zusammenhang zwischen Quartier und Sozialisation, ohne dass dieser Konnex von den auf diese Weise Diskriminierenden überprüft wurde.

punkten" i. a. mehr Menschen der Mittelschicht als aus „Problemgruppen" leben. Die Mehrheit der Menschen in benachteiligten Lebenslagen lebt gerade nicht in „Brennpunkten".

Hinzu kommt: „Wie Berthold Vogel [...] nachzeichnet, ist gerade ‚nicht die Homogenität sozialen Elends das Kennzeichen ‚benachteiligter' oder ‚problembeladener' Stadtquartiere, sondern [wenn überhaupt] die Heterogenität der Lebensweisen marginalisierter Stadtbewohner'. Diese Heterogenität wird nahezu zwangsläufig ausgeblendet, wenn sich der Blick auf ‚die Probleme' ‚des Stadtteils' richtet." (Ziegler 2011, S. 339) Damit zeigt sich, dass Sozialplanung gut beraten ist, nicht „Quartiersmanagement" zum ersten Mittel der Wahl zu erheben, sondern zunächst eine gründliche Sozialstrukturanalyse mitsamt deren Bedingungsfaktoren vorzunehmen. Ansonsten nämlich liefe sie Gefahr, soziale Probleme dort bearbeiten zu wollen, wo sie in erster Linie gar nicht entstehen – nämlich im Territorium –, und Möglichkeiten dort zu übersehen, wo zumindest wichtige Weichen für ihre Bearbeitung gestellt werden können – nämlich im (kommunal- und wirtschafts-) politischen Feld.

1.3.2 Kommunale Finanzen

Das Thema Finanzen ist ein zentrales für die Kommunen in Deutschland. Auf diesem Feld nämlich wird entschieden, welche Spielräume eine Gemeinde hat, um neben allen Pflichtaufgaben (vgl. Abschn. 1.3.1) auch noch weitere Projekte angehen zu können. Und nicht selten ist die Haushaltslage einiger Städte und Gemeinden so angespannt, dass selbst das „Regelgeschäft" kaum noch verwirklicht werden kann. Insofern ist ein sachkundiges und umsichtiges Wirtschaften für die Kommunen von großer Bedeutung – natürlich auch, um die finanziellen Spielräume für Sozialplanungsvorhaben gewährleisten zu können.

Eine maßgebliche Veränderung kommunalen Wirtschaftens war in der jüngeren Zeit die Einführung der sog. „Doppik", einer Form ökonomischer Verwaltung, die stark an die „doppelte Buchführung" der allgemeinen Betriebswirtschaft angelehnt ist. Konkret bedeutet dies „die Abkehr vom Geldverbrauchskonzept zu Gunsten des Ressourcenverbrauchskonzepts." (BMVBS 2011, S. 17) Anders als die vorherige Buchhaltung der Gemeinden, die sog. „Kameralistik", wird also nicht nur ein bestimmter Haushaltsposten in seinem monetären Umfang definiert und dann zum zweckgebundenen Verbrauch freigegeben, sondern zugleich wird der vollständige Werteverzehr einer Periode (etwa des Haushaltsjahres; vgl. § 79 Abs. 4 GemO BW) berücksichtigt, auch wenn bestimmte Summen erst deutlich später zahlungswirksam werden: „Ausgaben, die heute verursacht werden, aber erst in der Zukunft anfallen, sind nach diesem Konzept bereits in der laufenden Haushaltsperiode als Aufwand zu planen und auszuweisen." (BMVBS 2011, S. 17) Ein übliches Beispiel für diese Art des Haushaltens ist die Abschreibung von Immobilien: Deren Werteverlust tritt nicht erst dann zutage, wenn etwa eine Renovation ansteht, sondern die Doppik dokumentiert die Abnutzung bereits während des gesamten Zeitverlaufs. Damit ist ein vorausschauenderes Haushalten sehr viel einfacher möglich und zugleich wird deutlich, welche Kosten mitberücksichtigt werden, auch wenn sie noch nicht in derselben Abrechnungsperiode anfallen.[7] Ähnliches gilt für Pensionsrückstellungen.

1.3.3 Demografischer Wandel

Ein weiterer wichtiger Faktor für die Entwicklung deutscher Kommunen ist nach Einschätzung zahlreicher ExpertInnen der demografische Wandel. Dieser Veränderungsprozess ist Teil gesellschaftlicher Entwicklungen, die bereits seit geraumer Zeit wirksam sind und vielfältige Auswirkungen auf die individuelle Lebensführung, aber auch die kommunalen Strukturen und Prozesse haben wird.

Allgemein wird bundesweit bis 2025 ein Rückgang der Bevölkerung um 2 % erwartet. Dabei zeigt sich:

- wir werden älter,
- es werden weniger Kinder geboren,
- der Anteil der MigrantInnen wird zunehmen (vgl. Bertelsmann Stiftung 2010).

Erwartet werden allgemein mehr hochbetagte, dabei „multimorbide" und (auch) von Demenz geprägte Menschen, die der besonderen Pflege bedürfen. Dass diese Entwicklungen nicht flächendeckend gleich ablaufen, sondern in manchen Regionen stärkere Auswirkungen haben, in anderen hingegen kaum oder sogar im Gegenteil eine Konzentration anderer Bevölkerungsgruppen, womöglich Jüngerer, junger Familien o. a. bedeuten können, macht die Prognose und die erforderlichen Konsequenzen aus Sicht der kommunalen Steuerung und damit auch der Sozialplanung nicht gerade einfacher. Gerade deshalb ist dieser „Megatrend" mit einiger Aufmerksamkeit zu betrachten und im Hinblick auf die Sozialplanung umsichtig anzugehen.

---

[7] Vgl. dazu auch Kap. 2.1 zum Neuen Steuerungsmodell.

1.3 Entwicklungspfade urbaner Räume im 21. Jh.

Aus den gesundheitlichen und pflegerischen Notwendigkeiten einer älter werdenden Bevölkerung folgt: „Der steigende Anteil von pflegebedürftigen alten Menschen verlangt nach innovativen Betreuungs- und Pflegekonzepten (ambulant, WG, stationär, Zwischenformen)." (Rehling et al. 2011, S. 269) Damit stehen die Städte und Gemeinden vor der Notwendigkeit, infrastrukturelle Weiterentwicklungen in großem Umfang einzuleiten. Denn zunehmend notwendig werden Angebote wie:

- diejenigen zur Stärkung und Erhaltung der körperlichen Vitalität – sozialräumlich und angesichts der Heterogenität von potentiellen Entwicklungspfaden möglichst generationenübergreifend,
- Versorgung mit mobilen Präventions-, Therapie- und Pflegedienstleistungen,
- Lösungen für Akutfälle (Hausnotruf, freiwillige Unterstützungskräfte für den Alltag etc.)
- und vieles mehr.

Einige der besonders für die Entwicklung der Sozialstrukturen in den Kommunen maßgeblichen Themenbereiche sollen im Folgenden kurz angerissen werden, um auf diese Weise die Aufgaben der Sozialplanung näher skizzieren zu können.

Wohnen
Zumindest gegenwärtig sind die Trends im Hinblick auf die Wohnansprüche und -situationen älterer Menschen noch recht deutlich: „Für das Wohnen im Alter ist das zunehmende Alleinwohnen von hochbetagten Frauen in Privatwohnungen charakteristisch. Das resultiert aus der nach wie vor längeren Lebenserwartung von Frauen und dem immer stärkeren und besser zu realisierenden Wunsch, möglichst lange in den eigenen vier Wänden zu leben. [...] Traditionelle Altenheime entsprechen nicht dem vorherrschenden Wunsch nach Beibehaltung der gewohnten, selbständigen Lebensführung." (Hannemann 2010, S. 16) Damit stehen nicht allein die Kommunen, sondern sämtliche Träger stationären SeniorInnenwohnens vor der Aufgabe, ihre Sozialplanung so auszurichten, dass die Wohnformen für Ältere und deren sehr deutliche Erwartungen angemessen gestaltet sind. Zugleich gilt – gerade in Zeiten des demografischen Wandels – Ähnliches für andere Personengruppen, die nun stärker in den Mittelpunkt des kommunalen Interesses rücken könnten: Familien benötigen Wohnformen und Infrastruktur, die ihren speziellen (nahräumlichen, ökonomischen oder auch bildungsbezogenen) Ansprüchen genügen. Ebenso werden nach der zuvor erwähnten Studie der Bertelsmann-Stiftung Menschen mit Migrationserfahrungen größere Bedeutung erlangen; auch deren Ansprüche und Gewohnheiten wird mit veränderten Wohnangeboten, veränderter

kommunaler Infrastruktur (und nicht allein im Hinblick auf „kultursensibles und pflegegemäßes Wohnen") u. v. m. entsprochen werden müssen.

Damit ergeben sich einige Anforderungen an die Wohnformen und -möglichkeiten in den vom demografischen Wandel betroffenen Städten und Gemeinden:

- Notwendig wird die leichtere „Erreichbarkeit von Dienstleistungen und Gütern des täglichen Lebens" (Rehling et al. 2011, S. 272).
- Barrierefreiheit der Infrastruktur (mit Blick auf räumliche, kulturelle und soziale Aspekte z. B.) muss mehr Beachtung finden.
- Kinderbetreuung für Familien und Bildungsangebote für die unterschiedlichen Generationen werden nötiger.
- Mehr Einrichtungen für Pflege sowie haushaltsnahe Dienstleistungen werden gebraucht.
- Partizipative Gestaltung des Sozialraums durch möglichst viele BewohnerInnen-Gruppen ist schließlich die Konsequenz dieser und weiterer Entwicklungen.

Mobilität

Mit diesen gesellschaftlichen Wandlungen einer geht der gestiegene und oft auch veränderte Anspruch an Mobilität und Dienstleistungen, die diese ermöglichen: „Angesichts der steigenden Lebenserwartung suchen ältere Menschen Komfort und (perspektivisch) auch Betreuungsangebote in fußläufiger Wohnortnähe. Eine autounabhängige Lebensweise wird für Hochbetagte lebensweltliche Überzeugung oder pure Notwendigkeit." (Hannemann 2010, S. 20) Ähnliche Erfordernisse stellen sich etwa für Familien mit kleinen Kindern, Menschen mit einer Gehbehinderung u. a. m. ein. Sie alle benötigen also andere Formen der Mobilität, um ihre Grundbedürfnisse des Alltags mit Blick auf die notwendig zurückzulegenden Wegstrecken erledigen zu können.

Zugleich machen Energie- und Umweltkrise, Fragen der Nachhaltigkeit, aber auch gewandelte Lebensformen in städtischen Großräumen und bei (z. T. damit verbundenen) neueren Milieus eine „Mobilität 2.0" (Vallée) erforderlich, die unterschiedliche Mobilitätsformen (zu Fuß, per (Leih-)Fahrrad, E-Bike, Öffentlicher Personennahverkehr, Fernzug und -bus, privaten oder Leih-PKW u. v. m.) so zu kombinieren erlaubt, dass Mobilitätswünsche, -notwendigkeiten und -ansprüche erfüllt werden können.

In diesem Zusammenhang ist also die Frage, wie soziale Lagen mit aktuellen Trends sowie modernen Lifestyle-Entwicklungen kombiniert und in ihren Ausgestaltungsformen wie -notwendigkeiten berücksichtigt werden können. Bereits an dieser Stelle dürfte deutlich werden, dass sich Sozialplanung mit anderen Planungsressorts (Verkehr, Finanzen, Bildung, Gesundheit u. a. m.) „kurzschließen" muss, um die unterschiedlichen Erwartungen, Notwendigkeiten, aber auch Planungsverständnisformen integrieren zu können (vgl. auch 3.6).

1.3.4 Kommunale Armutspolitiken

Armut sieht in Deutschland sehr unterschiedlich aus, bekommt aber insbesondere in den sozialen Nahräumen ihr unverwechselbares „Gesicht". Hier nämlich werden die ökonomischen Behinderungen von Menschen recht schnell sichtbar (etwa wenn Kinder regelmäßig beim Schulausflug fehlen oder wenn ihre Eltern sie oft bei Geburtstagsfeiern anderer Kinder entschuldigen), wenn ihre Chancen auf Verwirklichung persönlicher Fähigkeiten, strukturell (eigentlich) gegebener Möglichkeiten o. a. m. eingeschränkt werden oder wenn ältere Menschen ihre Teilhabe am öffentlichen Leben einschränken müssen, um die damit nicht selten ebenfalls verbundenen Konsumansprüche nicht erfüllen zu müssen.

> **Relative Armut**
> Armut soll hier verstanden werden im Sinne des 4. Armuts- und Reichtumsberichtes der Bundesregierung, die – wie auch in anderen statistischen Definitionen EU-weit üblich – vom sog. Nettoäquivalenzeinkommen ausgeht, um relative Armut zu definieren: „Um das Wohlstandsniveau von Personen unabhängig von Größe und Zusammensetzung ihres Haushalts zu beschreiben, wird das Haushaltsnettoeinkommen durch Bedarfsgewichte geteilt. Damit werden sowohl altersspezifische Bedarfe als auch Einsparungen gegenüber einem Einpersonenhaushalt berücksichtigt." (BMAS 2013, S. 324 f.) Um nun die Gefährdung durch Armut zu bestimmen, wird wie folgt verfahren: „Die Armutsrisikoquote ist eine Kennziffer für eine relativ niedrige Position in der Einkommensverteilung. Sie misst den Anteil der Personen, deren bedarfsgewichtetes Nettoeinkommen weniger als 60 % des mittleren Einkommens beträgt." (BMAS 2013, S. VIII)[8]

Dies hat dann nicht allein individuelle und soziale Konsequenzen, sondern betrifft auch das gesamte politische System, wie der jüngste Armuts- und Reichtumsbericht

---

[8] Für einen Ein-Personen-Haushalt betrug die Armutsrisikoschwelle im Jahr 2010 nach EU-SILC 952 € und nach dem Mikrozensus (hier ohne Berücksichtigung selbstgenutzten Wohneigentums) 826 € (vgl. BMAS 2013, S. 461).
Zu weiteren Konzepten im Themenfeld Armut vgl. Otto und Ziegler 2010a, b (Capability Approach), Walzer und Knöpfel 2007 (Lebenslagenansatz), Hradil 2001 (Milieu-Ansatz).

der Bundesregierung beschrieb, sofern nämlich „Ungleichheiten vorrangig nicht auf persönlichen Fähigkeiten und individuellen Leistungen basieren." (BMAS 2013, S. II) Dementsprechend kommt der kommunalen Armutsarbeit eine besondere Bedeutung zu – um von Armut betroffenen Menschen gesellschaftliche Solidarität angedeihen zu lassen (vgl. Art. 20 und 28 GG), um strukturelle Benachteiligung genauso strukturell zu beheben und auch, um wirtschaftliche Ressourcen, die in Deutschland angesichts seiner geringen Vorkommen etwa an Bodenschätzen recht stark über individuelle Kompetenzen und Möglichkeiten der erwerbsfähigen Menschen eröffnet werden, sicher zu stellen. Dabei hat gerade die Sozialplanung als strukturrelevantes Planungsressort der Kommune eine besondere Verantwortung für die Behebung struktureller Armutsrisiken – zumindest für jene, die überwiegend auf kommunaler Ebene verursacht werden.

Urbane Tendenzen
Doch nicht allein die Verantwortlichkeit kommunaler Planung ist in den Blick zu nehmen, wenn es um lokale und regionale Armutsfaktoren geht, sondern zugleich werden auch gesellschaftliche Tendenzen, nicht zuletzt im Hinblick auf urbane Änderungen, wirksam. Einige davon sollen im Folgenden kurz gelistet werden:

- Eine Transformation postfordistischer Arbeitsgesellschaften, also solcher Gesellschaften, die nicht mehr auf eine standardisierte industrielle Produktion (Fordismus) von Gütern hin orientiert sind, zeichnet sich ab. Die in diesem Sinne nach-industriellen Arbeitsgesellschaften brauchen andere Arbeitskräfte, die u. a. bestimmt sind durch Individualisierung, Pluralisierung und Tertiarisierung. Damit beschrieben wird zum einen die individuelle Selbststeuerung anstelle eines vorgegebenen und von Vorgesetzten kontrollierten Arbeitsablaufes (Taylorismus). Zum anderen ergibt sich damit die Vervielfältigung von Lebensentwürfen, weil größere Freiheitsräume, aber auch größere Unsicherheitsfaktoren für die Ausgestaltung von Biografien entstehen. Und schließlich ergibt sich durch den gesellschaftlich-ökonomischen Strukturwandel die Orientierung am „dritten Sektor" der Produktion, nämlich den Dienstleistungen, die weniger standardisierte Arbeitsabläufe kennen, sondern der persönlichen „Beziehung" zwischen DienstleisterIn und KundIn sowie dem flexiblen und individuellen Entsprechen der KundInnenwünsche Bedeutung zumessen (vgl. dazu auch Böhmer 2013c).
- Die bereits thematisierten Entwicklungen von Segregation, Residualisierung und Gentrification (vgl. auch Dangschat und Hamedinger 2007).
- Polyzentrale Stadtregionen (vgl. Growe und Lamker 2012, S. 5), die größere urbane Räume mit verschiedenen Zentren und somit verschiedenen Anforde-

rungen an Planung und Steuerung, aber mehr noch an die alltägliche Lebensführung der hier lebenden Menschen, ergeben. In solchen Räumen sind Menschen mit eingeschränkten (ökonomischen) Ressourcen schneller als andere von Mobilitäts- und Teilhabeformen ausgeschlossen.
- Transformation von Infrastruktur, wie z. B. die auf EU-, aber auch anderen öffentlichen Ebenen immer wieder diskutierte Frage von Privatisierungen etwa in den Bereichen Wohnen, Mobilität oder auch Energie.

Aus diesen und vielen weiteren Entwicklungen ergeben sich insbesondere in Städten, aber durchaus auch in Landgemeinden Formen der Marginalisierung, die v. a. als „spatial concentration and stigmatisation of poverty" (Wacquant 1999, S. 1639) aufgefasst werden können. Solche Konzentrationen zu beheben, ist sicherlich eine herausragende, allerdings auch erheblich aufwändige Aufgabe der Sozialplanung. Derartige Tendenzen überhaupt erst in ihrer Wirkung zu verhindern, ist hingegen der Sozialplanung als Verwaltungsressort kaum gegeben, sondern kommt zunächst der Politik zu. Sozialplanung kann in den damit verbundenen Diskursen sicher wertvolle Expertise beisteuern, letztlich aber ist es Aufgabe der politisch Verantwortlichen, hier entsprechende Entscheidungen zu treffen und durchzutragen (für die Rekommunalisierung unterschiedlichster öffentlicher Dienstleistungen vgl. das bereits erwähnte instruktive Beispiel der Stadt Bergkamen nach Broß und Engartner 2013, S. 93 f.).

Armutsräume
Ob sich solche kommunalen Armutsräume hingegen lokal bearbeiten oder gar „beheben" lassen, darf mit einiger Skepsis betrachtet werden:

Quartiersübergreifende Armutspolitik
„Quartierserfahrung und Ausgrenzungserfahrung sind in einem erheblichen Maße voneinander unabhängig. Die Lebensbedingungen im Quartier können unter Umständen die Erfahrung von sozialer Ausgrenzung verschärfen, aber nur in seltenen Fällen kompensieren. Denn Armut und Langzeitarbeitslosigkeit, die wesentlichen Quellen von Ausgrenzungserfahrungen, haben ihre Ursachen außerhalb des Quartiers. Nur in einer quartiersübergreifenden Politik können sie deshalb auch angegangen werden." (Kronauer 2007, S. 89)

Somit zeigt sich auch für die Sozialplanung, dass ihre Aufgaben kaum in der vollumfänglichen Behebung von – überkommunal verantworteten – Problemlagen zu sehen sind. Ähnliches gilt dementsprechend auch für die betroffenen Individuen. Vielmehr kommt es in der kommunalen Armutsbearbeitung von Seiten der Sozialplanung darauf an, die Diskrepanz von Quartier, sozialem Raum und Armut theoretisch aufzuarbeiten, um nicht Wohnort, soziale Netzwerke der einzelnen, individuellen Ressourcenmangel und Ausgrenzungserfahrungen vorschnell „in einen Topf" zu werfen. Auf der praktischen Ebene sind die unterschiedlichen Ursprünge, Folgen und politischen Strategien von Armutsphänomenen so zu bearbeiten, dass die Individuen sehr wohl eine Erleichterung für ihre alltägliche Lebensführung erfahren, und zugleich die politischen Kausalitätsketten aufzuzeigen, um im – damit berufspraktisch wohl kaum immer angenehmen – kommunalen Gestaltungsprozess Möglichkeiten wie Grenzen des eigenen Handelns angemessen ausloten und darstellen zu können. Letztlich führt dies zu Konsequenzen wie Prozessorientierung der Planung, politischen Aushandlungen von fachlich wie politisch gebotenen und realistischen Zielen sowie Moderation und Assistenz für die unterschiedlichen in der Planung eingebundenen Akteure (Kommunalpolitik, -verwaltung, BewohnerInnen u. v. m.).

Mitunter wird sich auch die „Voice-Funktion" (Böhnisch 2012, S. 41; vgl. auch Böhnisch und Schröer 2011, S. 65)[9] Sozialer Arbeit in einer von dieser Profession her verstandenen Sozialplanung zumindest insofern ergeben, als die Stimmen der von Planungsprozessen Betroffenen möglichst im O-Ton zur Geltung oder doch durch angemessene Verfahren (vgl. Böhmer 2014a) zur Sprache kommen können.

Ferner kann Sozialplanung ihre Beteiligung an der kommunalen Armutsarbeit dadurch wahrnehmen, dass sie eine armutssensible Wohnungspolitik durch verwaltungsinterne Kooperation fördert, dass sie eine sozialräumliche Orientierung von Maßnahmen etwa außerschulischer Bildung sowie der Teilhabe von Jugendlichen oder Marginalisierten in kommunalen Zusammenhängen voranbringt, indem sie Netzwerke sozialer Akteure schafft oder doch unterstützt, und dass sie die kommunale Verwaltungsstruktur und deren lokale Angebote unter sozialplanerischer Hinsicht fördert. Durch solche (und sicher zahlreiche weitere) Möglichkeiten wirkt Sozialplanung als Querschnittsresort innerhalb der kommunalen Verwaltung und deren Erbringung öffentlicher Güter und Dienstleistungen in die Prävention von und Intervention in Armutslagen.

---

[9] Bogumil et al. (2007, S. 12) verweisen auf den ökonomischen Ansatz von A.O. Hirschman, der die „voice option" von Individuen als Widerspruchsvariante bei Nichtpassung von Anspruch und Angebot formulierte. Eine Alternative dazu ist nach Hirschman die „exit option", das Ausscheren also aus dem nicht zufriedenstellenden Markt.

Abschließende Einschätzungen: Was macht kommunale Sozialplanung aus?
Die Darstellungen im ersten Kapitel haben deutlich gemacht, dass Sozialplanung ein sehr differenziertes und auf vielen unterschiedlichen Ebenen tätiges Ressort ist. Dabei kommen ihr innerhalb der Kommune zunächst die Aufgaben kommunaler Verwaltung zu, nämlich unter sozialer Hinsicht die „Angelegenheiten der örtlichen Gemeinschaft" (Art. 28 Abs. 2 GG) nach Rechtslage und der Maßgabe der politischen Entscheidungen zu verwirklichen. Dass hierbei große Handlungsspielräume entstehen können, ist deutlich geworden und wurde am Beispiel der kommunalen Armutsarbeit in ihren Möglichkeiten wie Grenzen dargelegt. Es werden immer wieder normative Einschätzungen der Ziele kommunaler Entwicklung beschrieben: Was muss getan werden, um von Armut betroffenen Personengruppen Unterstützung für ihre alltägliche Lebensführung zu bieten? Welche Rolle spielen von Armut Bedrohte, wenn sie nun in einer vergleichsweise geringen Zahl – und dabei individuell eben doch erheblich behindernden Situation leben? Was soll das Ziel eines Planungsprozesses sein? Solche und vergleichbare normativen Maßgaben müssen in einer Demokratie abgestimmt und deren Ergebnisse öffentlich erörtert werden. Hier erhält die Sozialplanung auch Aufgaben öffentlicher Kommunikation, bei denen sie insbesondere eine sachgerechte und allgemein verständliche Darstellungsweise entwickeln muss.

Sozialplanung ist mehr als nur eine Verwaltungsaufgabe neben anderen. Sie kann, angemessen eingesetzt, ein wichtiges Instrument für die kommunal verantwortete Daseinsvorsorge der BürgerInnen sein. Dazu bedarf es, so viel ist deutlich geworden, der Einbeziehung möglichst vieler relevanter lokaler Akteure (nicht nur aus Politik und Verwaltung) sowie eines hohen Maßes an professioneller Expertise für soziale und soziostrukturelle Sachverhalte. Insofern ist Sozialplanung ein Feld, in dem gerade auch Fachkräfte der Sozialen Arbeit ein entscheidendes Betätigungsfeld finden.

Perspektiven und Reflexionen
Bitte bedenken Sie, wie Sie aktuelle urbane Entwicklungen wahrnehmen:

- Welche Herausforderungen stellen sich etwa durch neue Mobilitätskonzepte für die Menschen in Engelsberg?
- Wie lässt sich dort innerstädtisch eine Antwort auf den Klimawandel formulieren?
- Welche Konsequenzen hat dies für sozial marginalisierte Gruppen der Stadtbevölkerung – Arme, von institutioneller Bildung Ausgegrenzte, für Ältere oder andere mehr?
- Worin sehen Sie diesbezüglich die Aufgaben der Sozialplanung, die ja weder auf Mobilitäts- noch auf Klimafragen unmittelbar eingeht?

Literatur zur Vertiefung

Alisch, M. (2007). Empowerment und Governance: Interdisziplinäre Gestaltung in der sozialen Stadtentwicklung. In D. Baum (Hrsg.), *Die Stadt in der Sozialen Arbeit. Ein Handbuch für soziale und planende Berufe* (S. 305–315). Wiesbaden: Springer VS.
Die Autorin zeigt die Verbindung von Planung und Sozialem im historischen Rückblick, die fachlichen Herausforderungen bei der Definition des Planungsverständnisses und ein Planungskonzept, das die Ko-Produktion der Beteiligten in den Mittelpunkt stellt.

Dahme, H.-J., & Wohlfahrt, N. (2013). *Lehrbuch Kommunale Sozialverwaltung und Soziale Dienste. Grundlagen, aktuelle Praxis und Entwicklungsperspektiven* (2. Aufl., S. 76–93). Weinheim: Beltz Juventa.
In diesem Abschnitt werden finanzielle Steuerungs- und Verteilungsfragen der Kommunen dargestellt und in ihre aktuellen Entwicklungen eingeordnet.

Kessl, F., & Otto, H.-U. (Hrsg.). (2007). *Territorialisierung des Sozialen. Regieren über soziale Nahräume*. Opladen: Barbara Budrich.
Die verschiedenen Beiträge in diesem Sammelband machen die Doppeldeutigkeit sozialer Räume zum Thema: Einerseits lassen sich damit soziale Nahräume in ihrer alltäglichen Bedeutung für die Menschen verstehen, für die Sozialplanung ihre Arbeit leistet. Andererseits lässt sich auch erkennen, dass auf diese Weise politisch motivierte Eingriffe in die alltägliche Lebensführung erfolgen können.

Otto, H., & Ziegler, H. (2006). Managerielle Wirkungsorientierung und der demokratische Nutzwert professioneller Sozialer Arbeit. In T. Badawia, H. Luckas, & H. Müller (Hrsg.), *Das Soziale gestalten. Über Mögliches und Unmögliches der Sozialpädagogik* (S. 95–112). Wiesbaden: Springer VS.
Die Profession Sozialer Arbeit gibt sich mitunter den Anschein, Management-ähnlich zu handeln; dies tut sie z. B. durch den Ausweis auf Wirkungsorientierung ihrer Prozesse. Die beiden Verfasser stellen dieses Konzept dar und nehmen kritisch dazu Stellung.

Wacquant, L. (2008). Relocating gentrification: The working class, science and the state in recent urban research. *International Journal of Urban and Regional Research, 32*(1), 198–205.
Am Beispiel der Gentrification macht einer der maßgeblichen Soziologen der Gegenwart deutlich, wie sich das Bild von Stadt und die sich wandelnde Rolle des Staates darin auswirken – gewandelte Politiken als Ausdrucksformen eines Staates, der sozialräumliche Unterschiede zum Zweck ökonomischer Nutzung befördert.

Ziegler, H. (2011). Gemeinwesenarbeit. In H.-J. Dahme & N. Wohlfahrt (Hrsg.), *Handbuch Kommunale Sozialpolitik* (S. 330–344). Wiesbaden: Springer VS.
Der Autor erläutert die Konjunktur eines fachlichen Konzeptes, das räumliche Aspekte bearbeitet und sich dabei von der Orientierung an individuellen Lebenslagen löse. Kritisch zeigt er auf, wie auf Stadtteile bezogene Problemanalysen den dort lebenden Individuen geradezu „in die Schuhe geschoben" werden.

Konzeptionelle Voraussetzungen der Sozialplanung

2

▶ Der folgende Teil informiert Sie über neuere Entwicklungen im kommunalen Management, das sich seinerseits auf Grundauftrag, Selbstverständnis und Praxis der Sozialplanung auswirkt.

Moderne Gesellschaften sind durch besondere soziale Herausforderungen gekennzeichnet: So sind die in europäischen vormodernen Gesellschaften ständisch und damit einheitlich geregelten beruflichen und sozialen Positionen durch die Auflösung einer solchen Ständegesellschaft im Zuge der Modernisierung in Bewegung gekommen – und werden dies in der Gesellschaft, die solche Prozesse als „reflexiv-moderne" (Beck) noch weiter vorantreibt, umso mehr. Damit differenzieren sich die Lebensentwürfe ebenso wie die Lebenslagen der Menschen weiter aus. Besonders Aspekte von Markt- und Wettbewerbsorientierung betreffen die Lebensführung der Individuen ebenso wie kommunale Steuerungsprozesse in vermehrtem Maß. Denn die Individuen müssen sich stärker selbst vermarkten (vgl. dazu klassisch Pongratz und Voß 2001; ferner Böhmer 2013b, c, 2014c). Kommunen wiederum finden sich stärker in unterschiedliche Wettbewerbe – um Standortvorteile für Unternehmen, um „Best Ager", „kreative Klassen" oder was auch immer – sowie in die Bewirtschaftung tendenziell stets zu knapper finanzieller Mittel eingebunden. Damit ist Kommune nicht gleich Kommune – die Konkurrenzen unter den verschiedenen Gemeinden werden im Zuge der dargestellten Entwicklungen größer und damit auch die Einflussmöglichkeiten lokaler Akteure im Hinblick auf kommunale Planungsprozesse.

Die Steuerung kommunaler Prozesse geschieht allgemein auf der Basis von Planung. Zugleich aber prägt gerade die Sozialplanung eine doppelte Ungewissheit. Denn einerseits ist die Zukunft stets unsicher – was geschehen wird, lässt sich bei aller Berechenbarkeit von Bedingungsfaktoren jeweils nur bedingt vorhersagen. Zum anderen besteht Unsicherheit hinsichtlich der Effektivität des Geplanten. Nicht nur die Zukunft allgemein, sondern auch das für die Zukunft im Besonderen Entwickelte ist in seinen Abläufen und Erreichung von Zielvorgaben nicht absolut sicher. Insofern lässt sich mit den Erfahrungen gerade aus der oft sehr dynamischen Jugendhilfeplanung feststellen, dass sich Planung zunächst eher auf die Absicht und weniger auf die exakt voraussagbaren Wirkungen bezieht (vgl. Merchel in Herrmann 2011, S. 1089). Angesichts der Tatsache, dass es jedoch außerhalb der Jugendhilfe keine ähnlich ausgearbeiteten Planungsansatz hinsichtlich Bestandsfeststellung, Bedarfsermittlung und Bestandsbewertung (vgl. § 80 SGB VIII) gibt, lassen sich zwar diese Aspekte als Elemente einer Teilplanung auch auf die gesamte Sozialplanung übertragen (vgl. Burmester 2011, S. 306). Wie hingegen diese drei Elemente von Sozialplanung in ein umfängliches Konzept eingebettet werden, um insbesondere künftige Ziele zuverlässiger erreichen zu können, bedarf der ausführlicheren Fachdiskussion (vgl. 3.1.2).

2.1 Neues Steuerungsmodell und Bürgerkommune

Weitere Veränderungen betreffen die Aufbau- und Ablaufstrukturen der Gemeinden bereits seit einigen Jahren. Lange Zeit galt die – gerade deutsche – Verwaltung als „gekennzeichnet durch fachmäßige Schulung, feste Kompetenzen, Arbeitsteilung und hierarchische Unterordnung" (Bogumil und Holtkamp 2010, S. 385). Detaillierter beschreibt Max Weber „[d]ie legale Herrschaft mit bureaukratischem Verwaltungsstab" in ihrer idealtypischen Form durch folgende Gesichtspunkte:

> „1. ein kontinuierlicher regelgebundener Betrieb von Amtsgeschäften, innerhalb:
> 2. einer *Kompetenz* (Zuständigkeit) […]
> 3. das Prinzip der *Amtshierarchie*, d. h. die Ordnung fester Kontroll- und Aufsichtsbehörden für jede Behörde […].
> 4. Die ‚Regeln', nach denen verfahren wird, können
>   a. technische Regeln, –
>   b. Normen sein.
>   Für deren Anwendung ist in beiden Fällen, zur vollen Rationalität, *Fachschulung* nötig. […]

2.1 Neues Steuerungsmodell und Bürgerkommune

> 5. Es gilt (im Rationalitätsfall) das Prinzip der vollen Trennung des Verwaltungsstabs von den Verwaltungs- und Beschaffungsmitteln. [...]
> 6. Es fehlt im vollen Rationalitätsfall jede Appropriation der Amtsstelle an den Inhaber. [...]
> 7. Es gilt das Prinzip der *Aktenmäßigkeit* der Verwaltung [...]. Akten *und* kontinuierlicher Betrieb durch *Beamte* zusammen ergeben: das *Bureau*, als *den* Kernpunkt jedes modernen Verbandshandelns.
> 8. [... Hier] wird zunächst absichtlich nur die am meisten rein *herrschaftliche* Struktur des *Verwaltungs*stabes: des ‚Beamtentums', der ‚Bureaukratie', idealtypisch analysiert." (Weber 1980, S. 124 ff.)

Deutlich dürften aus Webers Listung werden, in welcher Form öffentliche Verwaltung als Ausdruck bürokratiegestützter legaler Herrschaft üblicherweise fungiert: durch rational strukturierte Abläufe und bürokratisch organisierte Hierarchien.

Ab etwa 1993 wurde die öffentliche Verwaltung, maßgeblich geleitet durch die Expertise der Kommunalen Gemeinschaftsstelle für Verwaltungsvereinfachung (seit 2005: für Verwaltungsmanagement), KGSt, jedoch umstrukturiert: „Den klassischen Prinzipien der Steuerung über Verfahren (Regelsteuerung) und der funktionalen Arbeitsteilung nach dem Verrichtungsprinzip bei starker Hierarchisierung wurde als neues ‚rationales Paradigma' die Steuerung durch ergebnisorientierte Verfahren, organisatorische Dezentralisierung und Kontraktmanagement, die Auslagerung von Aufgaben auf private Unternehmen und Non-Profit-Organisationen und die Verstärkung von Wettbewerbselementen gegenübergestellt" (Bogumil 2004, S. 312). Das diesen Veränderungen zugrunde liegende Steuerungsverständnis verabschiedet sich mehr oder weniger von der althergebrachten bürokratischen Verwaltungsauffassung, um stattdessen Managementmethoden und -konzepten in der öffentlichen Verwaltung zum Durchbruch zu verhelfen. Wie die Details dieses Umstrukturierungsprozesses aussehen, wie weit sie tatsächlich vorangeschritten sind und wie sie vor dem Hintergrund der Anforderungen in der Sozialplanung einzuschätzen sind, soll im nun folgenden Abschnitt dargestellt werden.

2.1.1 Ziele des Neuen Steuerungsmodells

Mit dem Neuen Steuerungsmodell wurde gleich ein ganzes Bündel unterschiedlicher Ziele verfolgt (vgl. Bogumil 2004, S. 314). Zunächst sollte die Hinwendung zu einer an Produkten bemessenen *Outputsteuerung* die bisherige Orientierung an den einzusetzenden Mitteln abgelöst werden. Zu diesem Zweck wurde die *Kosten-Leistungs-Rechnung* der betrieblichen Steuerung auch für kommunale Prozesse nutzbar gemacht (vgl. bereits die Hinweise zur Doppik in 1.3.2). Damit einher ging die Zusammenlegung der Verantwortung für bestimmte Aufgaben und deren Finanzen bis schließlich hin zum *Produkthaushalt*. *Kontraktmanagement* als Steuerung über vertragliche Regelungen mit z. T. kleinteiligen Zielvorgaben und Durchführungsbestimmungen sollten fortan das Verhältnis von Politik, Verwaltung und externen AuftragsnehmerInnen bestimmen. Zentrale Einheiten übernehmen *Controllingaufgaben*, um auf diese Weise Kennzahlen-gestützte Entwicklung, unternehmerische Steuerung und statistischen Service in der Breite der kommunalen Verwaltungseinheiten verwirklichen zu können. Dem bereits erwähnten Konkurrenzdenken zwischen den Kommunen wurde Ausdruck verliehen durch *Leistungsvergleiche* zwischen ihnen, auch um auf diese Weise „best practice" ermitteln und ein „Lernen von den Besten" ermöglichen zu können.

In einem erweiterten Modell Neuer Steuerung (vgl. Bogumil et al. 2006, S. 152) entwickelten die Kommunen zudem Anreizsysteme für ihr Personal, die mitunter als „leistungsbezogene Entgeltbestandteile" diskutiert werden, sowie die verstärkte Vermittlung von betriebswirtschaftlichem Knowhow, um auf diese Weise durch das unmittelbare Handeln der Mitarbeitenden die verstärkte Orientierung an betriebswirtschaftlichen Modellen sicherstellen zu können. Nach außen wurden sog. „One-Stop-Agencies" (Bogumil et al. 2006, S. 152) etabliert – Anlauf- und Servicestellen, mit deren Hilfe Grund- und Lotsenfunktionen etwa in Form der bereits seit den 80er Jahren etablierten „Bürgerämter" (vgl. Bogumil 2004, S. 317) bzw. Bürgerbüros sichergestellt werden sollten.

Eine Studie nach zehn Jahren der Umsetzung hat allerdings einige Ernüchterung verbreitet (vgl. Bogumil et al. 2006). In allen befragten Kommunen wurden nur Teile des Neuen Steuerungsmodells umgesetzt, und zum Teil noch nicht einmal besonders umfängliche. So verfügten lediglich 10,9 % der befragten insgesamt 870 Kommunen über dezentrale Controllingstellen in der ganzen Verwaltung; 13,6 % wiesen diese zumindest in Teilbereichen der Verwaltung auf (vgl. hier und im Folgenden Bogumil et al. 2006, S. 158). Die Budgetierung ihrer Arbeit nahmen 33,1 % in der gesamten und 34,4 % in bestimmten Teilbereichen vor. Das Produktkonzept wandten für die Erarbeitung ihrer Dienstleistung wiederum bloß 29 % in der gesamten und 9,9 % in manchen ihrer Verwaltungsteile an. Ein Ergebnis, das auf die Notwendigkeit verweist, tradierte Strukturen und Prozesse über den – mitunter sehr – langen Weg umsteuern zu müssen. Dass es dennoch gelingt, machen hingegen die positiven Rückmeldungen ebenso deutlich.

Mit Blick auf die Rolle der Sozialplanung ist in solchen Zusammenhängen darauf zu verweisen: „Sozialplanung erarbeitet die Grundlagen für die Formulierung von Zielen, sie stimmt sie vielleicht auch noch mit anderen ab, sie setzt diese Ziele aber nicht. Das bleibt dem Prozess der Steuerung überlassen, an der auch andere Akteure maßgeblich und entscheidend beteiligt sind." (VSOP 2008, S. 8) Insofern sind sozialplanerische Prozesse für die Vorbereitung, die Umsetzungsbegleitung und auch die Evaluation kommunaler Sozialpolitik von Belang, die Zieldefinition und die Ressourcenausstattung für die Erledigung dieser Aufgaben hingegen kann die Sozialplanung nicht mehr selbst festlegen. Hier ist die Sozialpolitik der Kommunen, aber auch die der freien Träger, der gewerblichen Unternehmen und nicht zuletzt durch die BürgerInnen selbst (vgl. die anschließenden Abschnitte sowie 2.2) gefordert.

2.1.2 Kommunikations- und Beteiligungskultur

Insbesondere den BürgerInnen kommt in der kommunalen Sozialplanung eine zunehmend wichtigere Rolle zu. Denn Planungsprozesse werden in jüngerer Zeit öffentlich anders wahrgenommen und bekommen insbesondere im kommunalen Nahraum politischer Prozesse mehr diskursive Aufmerksamkeit, wie sich am Beispiel der verschiedenen Großprojekte, gerade in der Verkehrsplanung (etwa Stuttgart 21 oder Flughafen BER), zeigen ließe. Mit Bogumil können diese Ansprüche *an* öffentliche Verwaltung mit den Umgestaltungen *innerhalb* der Verwaltung in Bezug gesetzt werden: „Zum einen geht es um institutionelle, also organisatorische, personelle und instrumentelle, Veränderungen. Zum zweiten stehen Veränderungen im Verwaltungshandeln (Performanzveränderungen: Leistungsfähigkeit, Bearbeitungsdauer, Kosteneffizienz, Qualität, Kunden- und Mitarbeiterorientierung) im Vordergrund. Und zum dritten geht es darum, ob die im Reformprozess angestrebten Veränderungen von Institutionen und deren Performanz bestimmte (politikfeldspezifische, gesamtwirtschaftliche, verteilungspolitische) Effekte im Wirkungsfeld des politisch-administrativen Systems (,outcomes') mit sich bringen" (Bogumil 2004, S. 313).

Unter dem Blickwinkel von Beteiligung und Kommunikation ist also danach zu fragen, wie sich kommunale Verwaltungen organisieren und ihre Arbeit darstellen, um Abläufe zu straffen, in ihren Abläufen wie Ergebnissen außerhalb ihrer Organisation transparenter zu werden und die Anschlussmöglichkeiten für den Diskurs mit den BürgerInnen in einer ebenso kritischen wie konstruktiven Weise zu ermöglichen. Damit einher geht selbstverständlich ein Kulturwandel in und mit der Kommunalverwaltung, die sich nun nicht mehr allein hierarchisch gebärden kann, sondern zugleich dialogisch organisieren muss und sich nicht selten in einem unübersichtlichen Feld verschiedener (Markt-, Politik- u. a.) Interessen wiederfindet.

Die dazu notwendigen Foren und Formen des ergebnisorientierten öffentlichen Dialogs liegen vielerorts noch nicht vollumfänglich vor und müssen insofern weiter entwickelt werden (vgl. BMVBS 2009).

Die erwähnten „Performanzveränderungen" lassen sich unter der hier diskutierten Perspektive ebenfalls danach bemessen, inwiefern das Mitwirken von BürgerInnen, aber auch anderen Akteuren wie den Trägern sozialer Dienstleistungen oder zivilgesellschaftlichen Bewegungen (Erwerbsloseninitiativen, nachbarschaftliche Interessenvertretungen o. a.) insbesondere strukturell mitgedacht und -praktiziert wird. Weit bedeutsamer als Kostenersparnisse sind für die Fragen nach einer systematischen Beteiligungskultur die Fragen der „Kunden- und Mitarbeiterorientierung" zu sehen. Dies gilt umso mehr, als damit auch spezifische Formen von „Qualität" des Verwaltungshandelns gekoppelt werden können. „Geeignet" ist insofern ein Verwaltungsablauf nicht schon dann, wenn er sparsam definierte Ziele erreicht (Effizienz), sondern erst, sofern die so erreichten Ziele durch Transparenz der Planungsabläufe und -schritte sowie durch deren diskursives Zustandekommen geprägt werden. Sozialplanung und Verwaltung allgemein sehen sich hier vor der Herausforderung, weitere dialogische Kompetenzen einzubringen und nicht zuletzt moderierende Funktionen zu erfüllen (für die Jugendhilfeplanung vgl. Adam et al. 2010; Jordan und Schone 2010). Ein solcher Politikstil ist mit einem gewandelten Politikverständnis verbunden, wie noch gezeigt werden soll (vgl. 2.2).

Dabei sind die *outcomes* als „Effekte im Wirkungsfeld" im Rahmen einer dialogischen Sozialplanung danach zu bemessen, wie sich Beteiligungskulturen nicht allein auf die Erträge von Planung auswirken (z. B. indem sie differenzierter und den verschiedenen NutzerInnengruppen angemessener sind), sondern bereits im Erbringungsprozess strukturbildend auswirken. Insofern ist es als ein Erfolg von Verwaltungsmodernisierung zu bewerten, wenn tatsächlich mehr und verschiedene Akteure am Zustandekommen von Planungsergebnissen beteiligt sowie die dazu erforderlichen Prozessverläufe geklärt und abgesichert sind.[1]

2.1.3 KundInnenorientierung

Mit der Modernisierung öffentlicher Verwaltung verbunden ist ein allgemeines KundInnendenken, das den BürgerInnen eine stärkere Marktmacht inklusive der damit einhergehenden Rechte zuspricht (vgl. Bogumil et al. 2007). Deutlich wird

---

[1] Dass weitere Erfolgsdimensionen neben dem *outcome* berücksichtigt werden können, machen z. B. Walter und Schellberg 2010, Schellberg 2010, Wasel 2011 deutlich. Diese Dimensionen werden mit Blick auf den „Social Return on Investment" (SROI) noch vorgestellt; vgl. 3.5.2.

2.1 Neues Steuerungsmodell und Bürgerkommune

dies u. a. an den auf die KundInnenperspektive zugeschnittenen Verwaltungsstrukturen (die schon erwähnten One-Stop-Agencies etwa oder auch dezentrale Bürgerbüros und allgemein eine angestrebte gewisse Beschleunigung von Verwaltungsprozessen). Daraus ergibt sich eine eigene Zielperspektive der Neuen Steuerung, die allerdings bereits vor der Etablierung dieses Konzeptes in Ansätzen gegeben war: „Zwar wurden einzelne Elemente einer kundenorientierten Strategie schon vor dem Neuen Steuerungsmodell entwickelt, wie z. B. die Bürgerämter oder veränderte Baugenehmigungsverfahren, aber (erst) durch die intensive Diskussion über Verwaltungsmodernisierung verbreiteten sich diese Modelle so umfassend, dass sie in vielen Kommunen mittlerweile zur Selbstverständlichkeit geworden sind" (Bogumil et al. 2007, S. 11).

Diese Orientierung am Dienstleistungsdenken spiegelt sich in Maßnahmen wie dem aktiven Beschwerdemanagement, ferner Wettbewerbsstrukturen, die den BürgerInnen vermehrt KundInnensouveränität vermitteln, Qualitätsmanagement und – die eher seltenen – Servicegarantien (vgl. Bogumil et al. 2007, S. 12 ff.). Durch diese und weitere Maßnahmen erhalten die BürgerInnen tatsächlich größere Spielräume für ihre Nutzung von und Interaktion mit der kommunalen Verwaltung, wenngleich nicht vergessen werden sollte, dass die Verwaltungen der Gemeinden in vielerlei Hinsicht den „Markt" kommunal wirksamer Prozesse beherrschen und häufig das Monopol für die Erbringung kommunaler Dienstleistungen der Daseinsvorsorge innehaben.

Als Fortführung der Orientierung an (vermeintlichen, weil monopolistisch eingeschränkten, oder tatsächlichen, weil wettbewerblich und/oder kulturell dazu freigesetzten) KundInnen lässt sich das Konzept der Bürgerkommune verstehen. Hierbei wurden etwa ab dem Jahr 2000 zusätzliche und je nach AutorIn sehr unterschiedliche Perspektiven auf die BürgerInnen als AuftraggeberInnen, KoplanerInnen (vgl. Plamper 2000, S. 45 f.), MitgestalterInnen und TeilhaberInnen von Wissen eröffnet sowie strukturell abgesichert (vgl. allgemein Roß 2012, S. 248 ff. sowie S. 261). Diese Konzeption agiert insbesondere über vermehrtes bürgerschaftliches Engagement und die Betonung von Beteiligungsformen, um nach Darlegung von Bogumil und Holtkamp (vgl. 2010, S. 389) Akzeptanz, Demokratisierung, Solidarität, Effektivität und Effizienz des Verwaltungshandelns im neu abzustimmenden Verhältnis von Politik, Verwaltung und BürgerInnen zu erreichen. Ebenso normativ wie idealisierend wurde daher formuliert: „In einer Bürgerkommune wirken Menschen, private und öffentliche Institutionen, darunter die Kommune, bezogen auf ein kommunales oder regionales Territorium freiwillig, zur Förderung des Gemeinwohls gleichberechtigt, kooperativ und sich ergänzend (Koplanung und Koproduktion) zusammen. Niemand ist ausgeschlossen" (Plamper 2000, S. 27).

Dabei werden die Begriffe Behörde, Dienstleistungskommune, Bürgerkommune „gerne im Dreierpack verwendet" (Plamper 2000, S. 6). Auf diese Weise nämlich kann zum Ausdruck gebracht werden, dass das frühere hierarchisch und arbeitsteilig organisierte Konzept der kommunalen Behörde keineswegs abgeschafft, sondern insbesondere ergänzt und im Zuge von Neuem Steuerungsmodell (Dienstleistungskommune) sowie der beteiligungsorientierte(re)n Bürgerkommune weiter entwickelt wurde. Für die Sozialplanung ergibt sich damit ebenfalls eine Konzeption „im Dreierpack" aus behördlichem Ordnen, dienstleistungsbezogenem Konzipieren sowie nunmehr beteiligungsgestütztem Mitdiskutieren und -gestalten durch die BürgerInnen. Die Folge ist spätestens mit dieser Trilogie der Planungskonzepte eine Ausweitung diskursiver Foren wie Runder Tische, BürgerInnenwerkstätten, Zukunftskonferenzen und vieler weiterer Maßnahmen in den Kommunen. Dass diese keineswegs durchgängig mit Harmonie und trauter Einigkeit aller Beteiligten einhergehen kann, dürfte auf der Hand liegen (vgl. die Übersicht in Roß 2012, S. 276 ff.).

Perspektiven und Reflexionen
Kommunalverwaltungen, aber auch die Organisationen Sozialer Arbeit, sind durch das vom Neuen Steuerungsmodell zum Ausdruck gebrachte gewandelte Verständnis von Verwaltung herausgefordert. Klären Sie daher bitte:

- Wie unterscheidet sich die Außendarstellung einer behördlich organisierten Verwaltungseinheit im Unterschied zu der einer auf Dienstleistungserbringung fokussierten?
- Wie zeigt sich die KundInnenorientierung in Aufbau- und Ablauforganisation der Verwaltung?
- Wie verändert sich die Führung von kommunalen MitarbeiterInnen?
- Gibt es durch das Neue Steuerungsmodell, aber auch durch die Bürgerkommune neue Anforderungen speziell für die Verwaltungseinheiten sozialer Dienstleistungen?

2.2 Governance

▶ Die Steuerung kommunaler Prozesse und Räume wird mittlerweile von einer Vielzahl unterschiedlicher Akteure und Interessen bestimmt. Der folgende Abschnitt zeigt Ihnen, welche dies typischerweise sind und welche Konsequenzen sich daraus für die Umsetzung der Sozialplanung ergeben.

2.2 Governance

Bereits aus dem vorhergehenden Abschnitt wurde ersichtlich, dass sich behördliche Hierarchien ergänzenden politischen Strukturen gegenüber sehen, die durch Dienstleistungsorientierung den Markt als Stichwortgeber haben und als Bürgerkommune vermehrt zivilgesellschaftliche Ordnungen, die aus Verbänden, Vereinen und unterschiedlichen Interessengruppen gespeist werden. Dies verändert einerseits das staatliche Handeln: „Die klassischen Organisationsstrukturen der bürokratischen Herrschaftsausübung mittels ordnungsbehördlicher Eingriffsverwaltung (z. B. Grundsicherung) verlieren weiterhin an Wirksamkeit gegenüber den gestaltenden, zweck-setzenden und sich selbst programmierenden Administrationen (z. B. personenbezogene Soziale Dienste)." (Marquard 2011, S. 806) Damit wird zum einen die produktive Interaktionen von Professionellen und NutzerInnen (vgl. Marquard 2011, S. 806) nochmals weiter entwickelt, zum anderen aber finden sich damit neue Anforderungen an die kommunale Politik, ihre Prozesse und Beteiligungsformen auf der kommunalpolitischen Agenda. Das analytische Konzept, mit dem diese Weiterentwicklung von „Politikmachen" geordnet und kritisiert werden kann, ist mit dem Begriff *Governance* verbunden.[2]

Governance lässt sich verstehen als Mix verschiedener Akteure:

- Staat,
- Markt,
- Zivilgesellschaft,
- Familien und informelle Netzwerke (vgl. Riedel 2009, S. 20).

Damit verbunden sind ebenfalls unterschiedliche Steuerungs- und Regelungskonzepte (vgl. Grunwald und Roß 2014, S. 19 ff.). So folgen *staatliche* Stellen (trotz aller Weiterentwicklungen, s. o., insbesondere) den funktionalen Logiken von Hierarchie und Legalität. Der *Markt* wird geregelt durch Konkurrenz sowie das Verhältnis von Angebot und Nachfrage. Solidarität und Verhandeln regeln in *zivilgesellschaftlichen* Zusammenhängen die Prozesse. Im familiären und *informellen* Bereich wiederum prägen die zwischenmenschliche Verbundenheit und persönliche Zugehörigkeit die Beziehungen.

Infolgedessen verschiebt sich die bisherige Form staatlichen Handelns; aus Government wird Governance (vgl. BBSR 2011a, S. 75). Nunmehr sind es weit weni-

---

[2] Dass Governance neben analytischen auch strategische und normative Aspekte umfassen kann, machen jüngst Grunwald und Roß (2014) deutlich. Aus Gründen der Lehrbuchkonzeption soll es im hier Folgenden jedoch maßgeblich um die Vermittlung einer analytisch verwendbaren Kategorie gehen, so dass der Fokus insbesondere darauf gerichtet wird. Historische Entwicklungen insbesondere bezüglich der Wechselwirkungen von erstem und zweitem Sektor stellt Wollmann (2014) in einem 5-Stadien-Konzept vor.

ger Mehrheitsbeschlüsse, die demokratischer Legitimation dienen, sondern häufiger führen auch Wettbewerb und Verhandlungen zu Vereinbarungen, die sich dann ebenso politisch auswirken. Dabei agiert nicht mehr eine staatliche Zentralinstanz als Auftraggeberin und Kontrolleurin, sondern unterschiedliche Akteure aus den benannten Sektoren konzipieren, fordern, verhandeln und entscheiden zumindest teilweise aus ihrer jeweiligen „Eigenlogik" und Funktionalität heraus. Die sich damit ergebende Mischung von vielfältigen Perspektiven und Begründungsformen wird in aller Regel zu eher komplexen Ausgangs- und Ergebnislagen führen. Nicht selten bekommen dabei die Logiken und Begründungsformate des ökonomischen Sektors maßgebende Bedeutung zuerkannt. Bei alledem besteht durchaus die Hoffnung, dass Betroffene maßgeblich mitbestimmen (vgl. BBSR 2011a, S. 75). Weit häufiger aber dürften auch in diesen Beschlussverfahren Ausgrenzungen derjenigen Milieus erfolgen, die der Orientierung an Effektivität und habitueller Inklusion nicht hinreichend genügen (vgl. für das Feld des bürgerschaftlichen Engagements Munsch 2011, 2005).

2.2.1 Steuern im Governance-Modus

„Governance im umfassenden Sinne meint [...] alle Formen der sozialen Koordination, unabhängig davon, ob sie im staatlichen, ökonomischen oder zivilgesellschaftlichen Sektor stattfindet. [...] Hierarchie, Markt und Politiknetzwerke gelten als Governance-Typen, die in unterschiedlichen Kombinationen genutzt werden." (Holtkamp 2007, S. 368) Damit aber wird politisches Steuern insgesamt – und die darin enthaltene Sozialplanung im Besonderen – vor neue praktische Herausforderungen gestellt. Die Frage, die dabei mitschwingt, lautet: Wer bekommt an welchen Stellen und auf welche Weise Entscheidungskompetenz zugesprochen oder kann sie zumindest für sich erringen, auch wenn solche Vereinbarungsformen zunächst einmal gar nicht vorgesehen sind?

Mit einer solchen Multiperspektivität der Produktion sozialer Dienstleistungen treten die Nähen, aber auch Bruchlinien von Sozialplanung und Sozialpolitik im kommunalen Raum zu Tage. Die Multiskalarität (vgl. Kessl und Reutlinger 2009) kommunaler Räume, also die unterschiedlichen Maßstäbe, mit denen die Prozesse in Städten und Gemeinden eingeschätzt werden, machen es zunächst einmal erforderlich, dass die Kommunalpolitik ihre Maßstäbe definiert und kommuniziert, so dass Sozialplanung mit diesen und ihrer eigenen – hier: sozialarbeiterischen – Professionalität handeln kann. Dabei muss ein Strategie-, Planungs- und Steuerungs-Mix (vgl. Holtkamp 2007) von der Politik mit bedacht von der Sozialplanung aber umgesetzt werden, um die verschiedenen Akteure, Logiken, Ansprüche

2.2 Governance

und Räume sowie Raumdimensionen angemessen berücksichtigen und moderieren zu können. Im Zuge solcher von Unterschiedlichkeit und Komplexität geprägter sozialpolitischer Prozesse entstehen mitunter hybride Räume durch eben jene differenten Formate der Raumproduktion. Insbesondere sind dabei unterschiedliche soziale Hierarchien, Reproduktionsmuster und -prozesse, Kulturen, ferner Wissensfelder, Strategien, Taktiken, in Anschlag gebrachten Zeiträume, Geltungsbereiche etc. (vgl. auch Bröckling 2004, S. 67 f.) zu berücksichtigen. Daraus ergibt sich nunmehr für die Sozialplanung, dass sie keineswegs lineare Planungspfade entwickeln kann.[3] Hier besteht ihre Aufgabe nicht selten in der Schaffung – und moderierenden Offenhaltung – von Diskursfeldern, in denen sich die verschiedenen Akteure austauschen, konsensuell abstimmen, aber auch mit den politischen Leitvorgaben vertraut machen können.

Wie komplex solche Prozesse einer Urban Governance, eine auf städtische Räume ausgerichteten Steuerung unterschiedlichster Akteure und Logiken, aussehen kann, lässt sich folgendermaßen deutlich machen: „Nur in [einem] analytischen Sinn ist Urban Governance durch kooperative Aushandlungen statt Hierarchie gekennzeichnet und treten marktförmige Steuerungsinstrumente an die Stelle von obrigkeitsstaatlichen Ge- und Verboten. In der Praxis entstehen die neuen Formen neben den traditionellen hierarchischen Strukturen oder sind in diese eingebettet." (Einig et al. 2005, S. II) Solche Einbettung marktlicher, zivilgesellschaftlicher oder informeller Netzwerklogiken in staatliches Agieren kann als nicht-lineare Kontextformation verstanden werden. Dabei greifen die verschiedenen Strategien insbesondere auf die Rahmenbedingungen von Sozialplanung zu (politische Leitbilder, Masterpläne, Finanzen etc.). Üblicherweise werden solche Zugriffe als Kontextsteuerung bezeichnet, doch scheint dieser Blickwinkel in Zeiten hybrider Wohlfahrtsproduktion nicht mehr zureichend zu sein. Denn Steuerung im Vollsinn des Wortes gelingt kaum noch, Formationen im Sinne von abgestimmten Gestaltungen der momentanen Verhältnisse und Ordnungen in der kommunalen Sozialpolitik hingegen könnten des Öfteren gelingen.

Die besonderen Herausforderungen für einen solchen Governance-Mix entstehen mithin durch die Koproduktion der verschiedenen Akteure. Eine besondere Herausforderung ist u. a. deren unterschiedlicher Sprachgebrauch, wobei sie teil-

---

[3] Insofern ist auch der Planungskreislauf (vgl. 3.1.2) lediglich idealtypisch zu lesen. Die Unterschiede der Beteiligten, die unterschiedlichsten Handlungs- und Verhandlungsebenen u. v. m. lassen Sozialplanung im kommunalen Alltag, aber genauso auch bei freien Trägern sehr bald zum „Jonglieren" mit einer großen Vielzahl von Gegenständen und auf verschiedenen Ebenen werden, ohne dass damit ein standardisierter Entwicklungspfad durchgängig verfolgt werden könnte.

weise dieselben Termini verwenden (vgl. Alisch 2007, S. 308 f.). Insofern ist „Sozialraum" nicht gleich „Sozialraum", „Infrastruktur" nicht gleich „Infrastruktur", sondern es muss jeweils geklärt werden, welche Profession den Begriff wie versteht und welche Gemeinsamkeiten, aber auch Differenzen die verschiedenen Beteiligten ausmachen können. In diesem Zusammenhang ist es wohl kaum möglich (und auch zunächst einmal nicht nötig), sich auf denselben Inhalt eines Begriffes zu verständigen. Vielmehr dürfte es für das zielführende Aushandeln in der Governance-Arena hinreichend sein, die Begriffsverwendungen der anderen Beteiligten als „fachliche Fremdsprachen" aufzufassen, um deren semantische Reichweiten und Grenzen zu wissen sich lohnt.

Da „heute in Kooperation und Auseinandersetzung mit einer Vielfalt von Akteuren und *stakeholdern* regiert, verwaltet, koordiniert und gesteuert wird" (Riedel 2009, S. 24), kann diese Vielfalt wohl weniger beherrscht, sondern viel eher mitgedacht und operativ nutzbringend umgesetzt werden. Was nämlich der einen Profession nicht einsichtig ist, kann ja durchaus von einer anderen benannt und verwirklicht werden. Gerade in diesem Bezug kann sich Soziale Arbeit in der „Governance-Performance" und deren mitunter sehr eigenen „Choreographie" (Böhmer 2014a) so bewegen, dass die Fachlichkeit Sozialer Arbeit erkennbar zum Ausdruck kommt.

2.2.2 Urban Governance

Soll Sozialplanung besonders unter kommunaler Hinsicht dargestellt werden, sind auch die Perspektiven auf städtische Steuerungs- und Aushandlungsprozesse, *Urban Governance*, von besonderem Interesse. Denn gerade in Städten zeigen sich bestimmte Entwicklungsstränge, die kommunale Entwicklungen insgesamt beeinflussen: „Städtische Politiken zeigen eine Reihe international ähnlicher Merkmale, vermutlich als Reflex der ‚Globalisierungs-Agenda'. Es gibt Hinweise auf einen wachsenden *urban entrepreneurialism*, den verschärften Wettbewerb zwischen Städten um externe – private und öffentliche – Ressourcen, die selektive Stärkung dezentraler städtischer/regionaler Institutionen, die sektor-übergreifende Mobilisierung für wirtschaftliches Wachstum und die Schaffung neuer, hybrider Modelle für die Durchführung wirtschaftlicher Projekte und Programme" (Bahn et al. 2003, S. 22). Hier wird wiederum deutlich, wie „hybride" Formen der Durchführung, aber in deren Vorfeld eben auch Aushandlungen und Steuerungsbemühungen die Politiken der Städte prägen. Dabei ist die „unternehmerische Stadt" eine Chiffre für kommunalpolitisches Handeln unter Konkurrenzgesichtspunkten; eine Perspektive, die nicht immer problemlos an das kommunale Grundgebot der Daseins-

2.2 Governance

vorsorge anschließt, wie die – häufiger problematischen – Versuche von Privatisierungen des sozialen Wohnungsbaus, der Wasser- oder auch der Energieversorgung von Metropolen in den zurückliegenden Jahren belegen. Dass der Trend zum „*urban entrepreneuralism*" trotz aller Problemanzeigen maßgeblich weiter fungiert, ist aber dennoch festzustellen und muss sozialplanerisch berücksichtigt werden.

Urban Governance wird durch verschieden Aspekte konzeptionell gefasst (vgl. Drilling und Schnur 2009, S. 17 f.). Zunächst ist hier der „*Netzwerkcharakter ('Heterarchie') mit hierarchischem Backbone*" (Drilling und Schnur 2009, S. 17) zu erwähnen, der durch die beschriebenen vier Sektoren von Governance geprägt ist und doch auch immer wieder auf staatliche hierarchische Maßnahmen (Gesetze, Verordnungen, Interventionen) bezogen bleibt. *Intermediarität* gerade als qualifizierte Mittelposition zwischen Staat, Markt und Zivilgesellschaft hätte die Chance, der Bürgerkommune (vgl. 2.1) weitere Begründungsmöglichkeiten und Umsetzungsformen zu bieten. Denn gerade zwischen den unterschiedlichen Eigenlogiken können sich BürgerInnen als KoproduzentInnen kommunaler Sozialpolitik erweisen, indem sie ihre sozialen Initiativen zwischen staatlichen Vorgaben, marktlichen Konkurrenzen und zivilgesellschaftlichen Aushandlungsformen verorten. *Informalität* beschreibt die Vereinbarungsformate zwischen unterschiedlichen Akteuren, die damit zu einer Beschleunigung von Entscheidungsprozessen beitragen können, mitunter aber auch zu einer Entdemokratisierung der Konsensfindung. *Temporalität* und *Projektorientierung* sind weitere Aspekte einer Urban Governance, die in fluiden Ordnungen Verabredungen trifft und zeitlich befristete Maßnahmen umsetzt. Sodann wird auf eine transformierte *Territorialität* aufmerksam gemacht, die soziale Prozesse mit einer Veränderung der Maßstabsebenen verbindet. Gerade soziale Herausforderungen – oder gar sog. „Brennpunkte" – werden in kleinräumigen Zuordnungen eng umgrenzten Wohnbevölkerungen zugeschrieben, ohne allerdings empirisch belastbare Begründungen dafür anführen zu können, dass nunmehr Menschen in Territorien und weniger Strukturen in politischen Ordnungen als Problem-auslösend begründet angenommen werden können (vgl. bereits 1.2.1 und 1.3.1). Damit wird die Steuerung von und mittels Territorien fraglich. Urban Governance kann sich insofern auf solche räumlichen Politiken fokussieren, muss dabei aber die unterstellte Kausalität von Raum und Marginalisierung bzw. Kriminalisierung nachweisen (vgl. differenzierend Böhmer 2014e). Zu klären bleibt, ob das häufiger möglich ist.

Governance findet neben der städtischen auch auf weiteren Ebenen statt – als Regional oder gar Global Governance etwa (vgl. Benz et al. 2007). Dabei ist jeweils danach zu fragen, ob und wie die verschiedenen Governance-Sektoren in der Planung und Steuerung zum Einsatz kommen und wie – unter der Perspektive von Sozialplanung – insbesondere deren Verhältnis analytisch zu fassen ist.

2.2.3 Governance der Bürgerkommune

Das Konzept der Bürgerkommune wurde bereits angesprochen und als jüngere Entwicklung in der Fortschreibung gesellschaftspolitischer Optionen öffentlicher Verwaltung vorgestellt. Im Hinblick auf das Governance-Modell einer hybriden Steuerung sowie des damit einhergehenden Welfare-Mix soll sie hier nun nochmals eigens in ihrer Bedeutung für die Perspektiven der Sozialplanung dargestellt werden. Mit Holtkamp und Bogumil lässt sich sagen, dass sie fünf Ziele verfolgt:

- „höhere Bürgerzufriedenheit mit kommunalen Dienstleistungen und Planungsprojekten (Akzeptanz)
- stärkere Teilnahme der Bürger an der demokratischen Willensbildung und Revitalisierung der kommunalen Demokratie (Demokratisierung)
- Stärkung der Unterstützungsnetzwerke der Bürger (Solidarität)
- Entlastung der kommunalen Haushalte (Effizienz)
- bessere Politikergebnisse im Sinne der politischen Zielsetzungen (Effektivität)." (Holtkamp und Bogumil 2007, S. 236)

Dabei ist offenkundig, dass auch diese Ziele nicht einfach gemeinsam verwirklicht werden können. Denn es gibt zahlreiche Hinweise darauf, dass eine Demokratisierung über vermehrte BürgerInnenbeteiligung auch deren – heterogene – Interessen zum Tragen bringt. Damit aber sind nicht selten Mehrausgaben für mehr Aufgaben und deren Wahrnehmung verbunden. Gerade vor diesem Hintergrund ist die Bürgerkommune „als Zusammenspiel von kooperativer, direkter und repräsentativer Demokratie" (Holtkamp und Bogumil 2007, S. 235) zu verstehen. Findet Meinungs- und Willensbildung im kommunalen Nahraum tatsächlich statt (vgl. skeptisch Holtkamp und Bogumil 2007, S. 246; Roß 2012, S. 276 ff.), ist das Ergebnis solcher Prozesse die mehrfache Komplexitätssteigerung durch Governance-spezifische Mischungen der funktionalen Logiken, durch beteiligungsinduzierte Ausweitung der Artikulation von BürgerInnen-Interessen sowie die Verkoppelung und Überlagerung verschiedener demokratischer Politik-Versionen.

Die BürgerInnen als KundInnen, KoplanerInnen (vgl. Roß 2012, S. 261), KoproduzentInnen und AuftraggeberInnen bewegen sich in einem Feld mehrfacher Zunahmen von Komplexität, das sie in seiner inneren Dynamik zugleich mit „befeuern". Sozialplanung bekommt im Zuge solcher Entwicklungen sehr viel eher die Aufgabe der Moderation Unterschiedlich(st)er und weniger die Möglichkeiten, top-down zu steuern. Bringt man zudem die kommunalen Finanzlagen (vgl. KfW 2014) ins Spiel, tut sich – zumindest bei einigen Kommunen – neben der gesteigerten Unübersichtlichkeit aufgrund der wechselseitigen Bedingungsverhältnisse zusätzlich das Problem der örtlichen Finanzkrise auf. Damit sind aber zusätzliche, unübersichtliche, zunehmend häufiger auch in ihren Wechselwirkungen und möglichen „Kollateralschäden" kaum zu durchschauende Aufgaben mit gegebenenfalls prekär werdenden Finanzmitteln zu verfolgen. Insofern hat Sozialplanung ein nicht nur weites, sondern oft genug recht steiniges Feld zu bearbeiten, um die Möglichkeiten angesichts faktischer Verflechtungen und Begrenzungen sichten, gestalten und wahren zu können.

2.2.4 Regieren als Governance: Programmsteuerung im Wohlfahrtsmix

Riedel (vgl. 2009, S. 21) beschreibt soziale Wandlungsprozesse, die den Wohlfahrtsmix ebenso betreffen wie die Systemlogik öffentlicher Angebote der Daseinsvorsorge. Hintergrund dafür sind u. a. die Individualisierung und Pluralisierung der Lebensläufe sowie die Ökonomisierung sozialer Dienstleistungen. Insofern zeigt sich ein umfängliches Maß an Hybridisierung von Strukturen und Prozessen der Daseinsvorsorge, der daraus ableitbaren Programme und Produkte sowie der diese erbringenden kommunalen und freien Dienstleister. Daraus ergibt sich häufig ein „hybrider Charakter von Organisationen und Angeboten, die sich immer weniger eindeutig dem Markt, dem Staat usw. zuordnen lassen" (Riedel 2009, S. 21). In diesem Zusammenhang aber wird die Frage nach dem Selbstverständnis der jeweiligen Institutionen aufgeworfen. Inwiefern zeigen kommunale Träger staatliche Interaktionsformen, oder sind sie – zumal wenn sie aus der allgemeinen Verwaltung der Kommune ausgegliedert wurden – nicht sehr viel stärker von ihrer „Präsenz am Markt" gekennzeichnet? Ähnliches gilt auch für zivilgesellschaftliche Erbringer sozialer Dienstleistungen, die in verstärktem Maß von marktlichen Aspekten geprägt werden, andererseits jedoch – als Reminiszenz vielleicht an die Zeiten engerer Beziehungen zwischen Staat und Wohlfahrtspflege (Korporatismus) – auch noch in behördlichem Gewand erscheinen, etwa im Hinblick auf ihre Aufbau- und Ablauforganisationen.

Aus solchen voranschreitenden Umformungen bisheriger Sektoren und Zuständigkeiten ergeben sich verschiedene Möglichkeiten strategischer wie operativer Folgen, die allerdings in die Entscheidungen zu spezifischen politische Positionen eingebettet sein müssen, um politische Zufälligkeiten der jeweils gegebenen Machtkonstellationen möglichst zu vermeiden und im Gegenzug sozialpolitische Ausgewogenheit zu ermöglichen (vgl. Roß 2012, S. 281 f.; verweist auf Novy und Schröer). Neben die hybriden Erscheinungsbilder der vormals voneinander abgegrenzten Akteure gesellt sich nun noch die Berücksichtigung von fremden und eigenen Steuerungsinteressen. Denn im Governance-spezifischen Aushandlungsmodus sollen eigene und müssen dann auch fremde Interessen – der Steuerung, der Gestaltungshoheit oder andere mehr – berücksichtigt werden, um zu einer weitestgehend im Konsens zu treffenden Entscheidung zu führen. Auch die Bezugnahme auf die je nach gesellschaftlichem Sektor unterschiedlichen Akteure und der damit gegebenen verschiedenen Leitlogiken zieht unterschiedliche Positionen und Umgangsformen damit nach sich. Mitunter ist auch die Maßgabe einer „Rekonfiguration des Regierungsterritoriums in Form sozialer Nahräume – oder […] in Form von ‚Communities'" (Kessl und Otto 2007, S. 10) zu bemerken, wenn es um die Neugestaltung der politischen Agenda und ihrer Prozesse durch die verschiedenen Sektoren und die in ihnen vornehmlich verankerten Akteure geht. Unter allen diesen Hinsichten zeigt sich, dass eine inhaltliche Positionierung von Sozialpolitik ebenso wie -planung vor allen Aushandlungsverfahren notwendig ist, um der Gefahr einer politischen Zufälligkeit oder auch undemokratischen Abstimmungsprozessen durch die Transparenz solcher Positionierungen entgegen zu wirken.

Regieren im Mix der verschiedenen Governance-Logiken benötigt daher eine Form von Sozialplanung, die diesen differenten und komplexen Ansprüchen gerecht werden kann und zugleich eine eigene Position einzunehmen versteht, die weder zufällig noch statisch ist. Insofern ist eine Sozialplanung sinnvoll, die sich mit anderen Fachplanungen (Finanzen, Bauen, Wohnen, Verkehr etc.) abstimmt, um gerade über den Weg einer – die eigenen Fachplanungen, andere Fachressorts sowie weitere Interessengruppen (*stakeholder*) – integrierenden Sozialplanung die sozial relevanten Gesichtspunkte aus den unterschiedlichen Feldern bündeln und in deren sozialer Bedeutung fokussiert verwirklichen zu können (vgl. ausführlicher 3.6).

Dabei ist gerade für die Sozialplanung von Bedeutung, dass Governance-orientierte Steuerung keineswegs durchgängig eine größere Breite an Gesichtspunkten vereint, sondern unterschiedliche Gesichtspunkte stärker betont, andere hingegen an deren Stelle ausschließt: „Die Frage nach den Interessen, denen vorfindliche Governance-Institutionen dienen, ist verknüpft mit der Frage, welche Probleme von den verschiedenen Governance-Institutionen tatsächlich aufgegriffen und welche anderen vernachlässigt werden." (Mayntz 2008, S. 56) Insofern muss Sozialplanung als Programmsteuerung im Wohlfahrtsmix danach fragen, welche Programmaspekte „tatsächlich aufgegriffen" werden sollen und wie sie bislang „von den verschiedenen Governance-Institutionen" angegangen werden. Kommunale Sozialplanung bekommt eine Garantenfunktion in dem Sinne, dass sie die durch Governance-Institutionen nicht hinreichend berücksichtigte Aspekte aufgreift und solche, die durch die Beteiligten überbetont werden, in den Planungsdiskursen zurückzuführen versteht. Sozialplanung hat, so lässt sich die Perspektive von Gover-

2.2 Governance

nance in der hybriden Erbringung sozialer und für die Daseinsvorsorge bestimmter Dienstleistungen resümieren, neben *initiierenden* und *gestaltenden* nunmehr auch *moderierende* und *koordinierende* Funktionen, ohne sich dabei jemals auf eine planerische Neutralität zurückziehen zu können. Vielmehr ist Sozialplanung aufgerufen, eine – sozialpolitisch mehr oder minder eindeutig umschriebene – „Interdependenzgestaltung" (Klemme und Selle 2008, S. 28) im kommunalen Welfare-Mix zu erbringen.

Eine solche sozialpolitisch definierte Interdependenzgestaltung der Governance-Sektoren, -Logiken und -Akteure lässt sich besonders durch den Bezug auf das Vorfeld des Planungsgeschehens gewährleisten: die Berücksichtigen des kommunalen Leitbildes (vgl. 3.3). Mit dieser dezidiert normativen Maßgabe nämlich ergeben sich die strategischen und die operativen Folgen der Sozialplanung in der Kommune (für betriebswirtschaftliches Management vgl. Bleicher 2011). Daraus folgen einige spezifische Aufgaben der Sozialplanung in der Governance des Wohlfahrtsmix. So gilt es zunächst, die *Verschränkung sozialwissenschaftlichen, politischen und ökonomischen Handlungswissens* der Verantwortlichen zu gewährleisten, um den maßgeblichen sektoriellen Wissensbeständen des Governance-Regimes Rechnung zu tragen. Sodann ist ein ausgeprägtes *Methodenrepertoire zur BürgerInnen-Beteiligung* vonnöten, um zivilgesellschaftlichen Akteuren angemessene Möglichkeiten aktiver Teilhabe zu eröffnen. Die *Berücksichtigung materieller Voraussetzungen* von Teilhabe und von gesellschaftlicher Integration richtet den planerischen Fokus auf den dazu notwendigen Ausgleich der verschiedenen verfügbaren materiellen Ressourcen. Um den Aushandlungsprozessen in den verschiedenen, sich wechselseitig überlagernden Governance-Feldern entsprechen zu können, bedarf es ferner einer angemessenen *Planungs-Gesamt-Konzeption*, um den Überblick zu behalten (vgl. 3.1.2). Schließlich sind *Steuerungs-, Kommunikations- und Konfliktkompetenz* – auch im Sinne selbstkritischer Reflexionsfähigkeit – vonnöten, um den mitunter hochgradig verästelten Entscheidungspfaden entsprechen, die Beteiligten in möglichst großem Umfang „mitnehmen" und schlussendlich ein konsensuell tragfähiges Planungsergebnis vorlegen zu können. Dementsprechend sind die Anforderungen an Sozialplanung um ein Vielfaches größer, aber sicher auch perspektivenreicher als in einer Government-bezogenen Regierungsweise top-down.

Perspektiven und Reflexionen
Governance als Regierungsform bringt eine Vielzahl von Veränderungen sozialplanerischer Konzepte und Praktiken mit sich.

- Bitte beschreiben Sie die Unterschiede von Sozialplanung im Government- und im Governance-Verständnis von Regierung.

- Welche Rolle hat die Kommunal-Verwaltung, welche haben freie Träger Sozialer Arbeit – als jeweils hybride Organisationsformen – in der Governance des Sozialen?
- Legen Sie dar, welche fachlichen Kompetenzen von der SozialplanerIn im Planungsgeschehen des Welfare-Mix verlangt werden müssen.
- Zeigen Sie sodann auf, welche persönlichen Fähigkeiten von ihr zu fordern sind.

2.3 Sozialplanung in städtischen und ländlichen Räumen

▶ Städtische und ländliche Räume bieten unterschiedliche Ressourcen, aber auch Herausforderungen. Im Folgenden sehen Sie einige der Unterschiede, die für die Sozialplanung von Bedeutung sind, und welche Konsequenzen sie für die Gestaltung sozialer Zusammenhänge haben.

Für Deutschland gilt grundsätzlich:

> **Ausgeglichene Verhältnisse – ein Grundsatz der Raumordnung**
> „Im Gesamtraum der Bundesrepublik Deutschland und in seinen Teilräumen sind ausgeglichene soziale, infrastrukturelle, wirtschaftliche, ökologische und kulturelle Verhältnisse anzustreben." (§ 2 Abs. 1 ROG)

Demgemäß ist auch zwischen städtischen und ländlichen Teilräumen eine ausgeglichene Sozial- und Infrastruktur das Ziel der Raumordnung. Zugleich gilt aber auch: „Regionale Disparitäten lassen sich fraglos auf allen gesellschaftlichen Feldern ausmachen." (Frankenfeld in ARL 2005, S. 185) Vor diesem Hintergrund einer rechtlichen Leitvorgabe, die übrigens im Planungsdiskurs keineswegs einhellig befürwortet wird (vgl. etwa ARL 2006, S. 7), und der faktischen Unterschiede in den Regionen stellt sich für die Unterschiede insbesondere von Stadt und Land nun verstärkt die Frage: Wie können „ausgeglichene Verhältnisse" bei „regionalen Disparitäten" durch Sozialplanung gefördert werden? Daher sollen in einem ersten Schritt nun die Gemeinsamkeiten und Unterschiede von Stadt und Land herausgestellt werden, um daran anschließend Anforderungen an die Sozialplanung formulieren zu können.

2.3.1 Einige Besonderheiten städtischer Räume

Urbane Räume sind, das haben bereits frühere Überlegungen gezeigt (vgl. 1.3.1), in deutlichem Maß von Segregation, Residualisierung und Gentrification bestimmt. Insofern finden sich die oben genannten „Disparitäten" nicht allein zwischen Stadt- und Land-Gemeinden, sondern zudem innerhalb städtischer Räume unter verschiedener Hinsicht: ökonomisch, ethnisch, milieuspezifisch, sozial u. a. Werden solche Unterschiede als mittlerweile typisch für europäische Urbanität allgemein beschrieben (vgl. Beck 2007; Häußermann 2009; Manderscheid 2007), so lässt sich eine solche Stadtstruktur als geprägt von hoher territorialer wie sozialer Verdichtung bei zugleich gegebener sozialer Distanz auffassen. Aus diesem besonderen sozialen Format ergibt sich zum einen ein kontinuierlicher Kontakt mit Fremden, der andererseits mit verschiedene urbanen Kompetenzen beantwortet werden muss: „Physische Nähe bei sozialer Distanz als Charakteristikum der Stadt bedingt deren kulturelle Produktivität, aber auch Konfliktträchtigkeit. […] Konflikte würden nur vermieden durch die ‚Selbstpanzerung' des Großstädters mittels einer emotionslosen, rein verstandesmäßigen Wahrnehmung des Anderen; diese ‚Selbstpanzerung' äußere sich in Distanziertheit, Blasiertheit und Gleichgültigkeit." (Häußermann und Siebel 2001, S. 68 f.; verweisen auf Simmel) Somit ist das allgemeine Vorhandensein von Differenz nicht zwingend Anlass zur sozialplanerischen Intervention, sondern wird es erst dann, wenn bestimmte Unterschiede *als zu stark eingeschätzt* werden. Zu diesem Zweck bedarf es eines permanenten Monitorings, um die Entwicklung der Planungsräume im Zeitverlauf wie im Vergleich untereinander abschätzen zu können. Zugleich sind – in der Regel quantitative – *Richtwerte* nötig, um anhand solcher normativen Vorgaben ableiten zu können, wie die festgestellten Änderungen bewertet und durch politische wie planerische Interventionen eventuell beantwortet werden sollen.

Für die Urbanität der Lebensführung hat dies zur Folge, dass wohlhabende und arme, kreative, prekäre sowie viele weitere Alltagsgestaltungen im selben Siedlungsgebiet, eben der Stadt, erscheinen können, wenngleich sie dabei angesichts der Segregationen wohl kaum allzu häufig miteinander in Kontakt kommen dürften. Insofern ist Siebel zuzustimmen, der als einen Aspekt der „Krise der Stadt" deren innere Struktur gefährdet sieht: „[…] es droht eine innere soziale Spaltung der Städte und damit der Verlust der Integrationsfunktion der Städte." (Siebel 2007, S. 123) Wird zudem die informationstechnologische Aufhebung territorialer Gebundenheit mitbedacht, kann sich die urbane Veränderung einerseits eher gemächlich hinnehmen lassen, da die Individuen ja auch Stadt-übergreifende soziale Netzwerke nutzen können. Andererseits jedoch sind die Einzelnen innerhalb ihrer städtischen Zusammenhänge und vermutlich auch virtuell darüber hinaus von

„soziale[r] Spaltung" und der diesen vorausgehenden materiellen Differenzen und politischen Entscheidungen bestimmt.

Sozialplanerisch ergibt sich damit eine Vielzahl von Herausforderungen. So ist zunächst die *soziale Kohäsion* als Anfrage an städtische Entwicklungen in den Blick zu nehmen. Hier sind insbesondere Entstehungsprozesse, deren politische Steuerung sowie die sich damit ergebenden Konsequenzen für die Atmosphäre innerhalb der Stadt – und ihrer Teilräume – von Bedeutung. Gerade die dabei in ihrer Bedeutung erkennbar werdende *Steuerung segregierender Prozesse* bildet dann einen besonderen Schwerpunkt von Sozialplanung. Soll die erwähnte „emotionslose, rein verstandesmäßige Wahrnehmung des Anderen" (Häußermann und Siebel) zugunsten der *gemeinsamen Partizipation unterschiedlicher Milieus* überwunden werden, sind deren hochgradig unterschiedliche Kommunikations- und Engagementformen zu berücksichtigen.

Insofern ist von der *Pluralität urbaner Lebensräume* auszugehen und muss diese planerisch abgebildet werden. Eine Homogenität in den Städten wird insofern wohl kaum herzustellen sein, sondern eher das, was man eine *gemeinsame Verschiedenheit* nennen könnte. Allen gemeinsam ist, dass sie von individueller wie sozialer Verschiedenheit bestimmt sind und diese Differenzen im komprimierten territorialen Gefüge der Stadt möglichst konfliktarm zur Geltung bringen müssen. Schließlich sind angesichts ökonomischer Verwerfungen und demografischer Wandlungen *Schrumpfungsprozesse* zu verzeichnen und zu gestalten, um durch den Rückbau städtischer Infrastruktur den übermäßigen Einsatz von schwindenden Ressourcen zu vermeiden und neue Möglichkeiten zur Nutzung urbaner Räume zu eröffnen (vgl. BMVBS 2012b).

Dass dabei Fragen von Nachhaltigkeit und klimaschonenden Entwicklungen deutlich an Bedeutung zugenommen haben (vgl. BBSR 2011a, b, 2013), sei ausdrücklich vermerkt, wenngleich deren Konsequenzen für die *Sozial*planung eher mittelbarer Qualität sind. Sie werden insbesondere dann zu den sozialpolitischen Gestaltungsanforderungen hinzukommen, wenn im Rahmen der ressortübergreifenden Planungszusammenhänge auch solche Aspekte diskutiert werden. Zudem sind einige der sozialen Konsequenzen von planerischen Entscheidungen auf gesamtstädtischem Niveau dann auch für die verschiedenen Quartierstypen und die darin geformten sozialen Prozesse von Bedeutung.

2.3.2 Einige Besonderheiten ländlicher Räume

Was ländlicher Raum grundsätzlich sei, ist nicht ganz einfach zu beschreiben. Denn häufig wird er lediglich negativ abgegrenzt: Ländlich ist, was nicht städtisch

2.3 Sozialplanung in städtischen und ländlichen Räumen

ist, was also hinsichtlich Bevölkerungsdichte und Zentralität im Siedlungskontext nicht als (genügend) urban angesehen wird (vgl. Franzen et al. 2008, S. 1). Zugleich haben städtisch relevante Aspekte wie Individualisierung und Pluralisierung auch im ländlichen Raum ihre Bedeutung, bekommen dort jedoch teilweise andere Konsequenzen, da sie auf dem Land die Frage nach dem Fortbestand von Einrichtungen der Daseinsvorsorge, etwa angesichts des ebenfalls auftretenden demografischen Wandels, schneller virulent werden lassen, wenn Auslastungsraten nicht mehr gesichert erscheinen (vgl. ARL 2008, S. 2). Zudem finden sich in der Planungsdebatte Stimmen, die dörflichen Wohnraum für die in Gentrification-Prozessen Verdrängten als Option ausmachen (vgl. Wengenfeld 2013 sowie 1.3.1).

Weiter noch als diese Auffassung reicht Auernheimers Position: „Das Dorf im traditionellen Verständnis gibt es nicht mehr. […] Vor allem im Einzugsbereich der größeren Städte sind die Dörfer zu Großsiedlungen für Pendler mutiert." (Auernheimer 2011, S. 292) Unter dieser Hinsicht wäre der ländliche Raum nicht mehr nur den städtischen ähnlich, sondern hätte mit diesen gekoppelte Funktionen. Allerdings zeigen Vergleiche zwischen diesen Raumstrukturen, dass „bei der Verbundenheit mit dem Wohnort oder der Einschätzung der Umfeldqualitäten Unterschiede erkennbar" (Franzen et al. 2008, S. 19) bleiben. Insofern scheint es so, als dass es „das Dorf im traditionellen Verständnis" zumindest noch in einigen Aspekten und Ausprägungen gibt. Hierzu dürfte das Kriterium der *Heimat* im Sinne von „Verbundenheit mit dem Wohnort" zu zählen sein. Ferner ist nach der vorhergehenden Definition die *geringere Dichte der Bevölkerung* und in aller Regel auch die *geringere Dichte der Infrastruktur* prägend. Zudem wurde bereits darauf aufmerksam gemacht, dass mit *stärkeren Auswirkungen des demografischen Wandels* zu rechnen sei. Schließlich sind *längere* Wege ebenso wie daraus resultierende *Versorgungslücken* weitere Besonderheiten des ländlichen Raumes.

Damit kommen auf die ländlichen Kommunen unterschiedliche Herausforderungen zu. Zunächst hat das *Leerstandsmanagement*, ebenso wie übrigens auch in urbanen Räumen, an Bedeutung gewonnen. Durch den Geburtenrückgang und den damit verbundenen Schwund hinsichtlich potentieller NutzerInnen ökonomischer oder kommunaler Infrastrukturen ist der Leerstand entsprechender Einrichtungen ebenso befördert worden wie durch die Finanzkrise ab 2008, die vornehmlich marktbezogene Unternehmen (Einzelhandelsketten etwa) in existenzbedrohende Mitleidenschaft zog. Positiv könnte sich im ländlichen Raum auswirken, dass umfänglich freie Flächen vorhanden sind, die *barrierefreies Wohnen* leichter umzusetzen gestatten. Auch ist das *bürgerschaftliche Engagement* der Landbevölkerung nach wie vor beachtlich, gerade auch im generationenübergreifenden Zusammenhang (vgl. Hanhörster und Weck 2011, S. 305). Als Grund dafür werden die oft engeren verwandtschaftlichen Beziehungen der Dorfbevölkerung, die räumliche

Nähe und Abgegrenztheit allgemein, eine größere Überschaubarkeit der Strukturen sowie die dort intensivere Ausprägung von Sport- und traditionsorientierten Vereinen sowie Kirchengemeinden genannt, in deren Reihen Engagement eine bedeutende Rolle spielt (vgl. Hanhörster und Weck 2011, S. 305 f.).

Angesichts der räumlichen Distanzen zwischen verschiedenen Einrichtungen der Daseinsvorsorge müssen *Mobilitätskonzepte* angepasst werden. Doch auch im jeweiligen ruralen Nahraum wird nach einer Kompensation für den Ausfall vormaliger Infrastruktur gesucht, wie beispielsweise der Diskussion um die Errichtung von „*Nachbarschaftsläden*", also Einkaufsmöglichkeiten, die weniger ökonomischen Interessen folgen als vielmehr durch Freiwillige betreut werden, um dem Ausfall an Einkaufsmöglichkeiten für den täglichen Bedarf ebenso zu begegnen wie dem Mangel an alltäglichen Kontaktmöglichkeiten der Wohnbevölkerung untereinander.

2.3.3 Herausforderungen für die Sozialplanung in städtischen und ländlichen Räumen

Aus den bislang vorgestellten Überlegungen lassen sich für die Sozialplanung verschiedene Besonderheiten definieren, die sie je nach Planungsraum unterschiedlich ausgestalten muss. So sind zunächst ganz allgemein die Spezifika der *Planungskategorien* zu beachten. Denn für Stadträume sind deren Dichte bei gleichzeitiger Anonymität ebenso maßgeblich wie für diejenigen auf dem Land die größeren räumlichen Distanzen mit ihrer sozialen Nähe. Für beide Kategorien gilt außerdem, dass die Spezifika der Planungsräume im Sinne *lokaler Besonderheiten* eigens zu gewichten sind. So wird für Planungsräume in der Stadt die Sozialstrukturanalyse dahingehend orientierend wirken können, dass die Verteilungen des sozioökonomischen Status aufgrund der zunehmenden Segregation deutlicher zu differenzieren und die sich damit ergebenden Einschätzungen zu den materiellen Konsequenzen im Alltag der QuartiersbewohnerInnen deutlicher werden können. Im ruralen Raum wiederum ist das kulturelle, traditionsbezogene, sportlich oder anderweitig spezifische Lokalkolorit von einiger Bedeutung, was Möglichkeiten, aber auch Komplikationsstufen von Planung, Steuerung und Realisierung anbelangt.

Zugleich lassen sich auch Gemeinsamkeiten finden wie etwa der beide betreffende *demografische Wandel*, die *Mobilitätsfragen*, *Segregationsprozesse* und die *informationstechnologische Aufhebung territorialer Gebundenheit*. Zugleich sind deren Auswirkungen ebenso wie deren Kompensations- oder Innovationsmöglichkeiten sehr unterschiedlich gelagert. Wer in der Stadt lebt, hat in der Regel näherliegende und leichter erreichbare Ausgleichsmöglichkeiten für bestimmte

Nutzungsinteressen oder -notwendigkeiten zur Verfügung als dies in den dünner besiedelten und infrastrukturell weitmaschiger ausgestatteten ländlichen Räumen der Fall ist. Sozialplanung muss also jenseits aller Gemeinsamkeiten auch das Unterscheidende darin mitdenken, um zu lokal tragfähigen und angepassten Planungsentwürfen zu finden.

Perspektiven und Reflexionen
Sozialplanung muss die Qualitäten der Planungsräume eigens reflektieren. Eine solche Differenz der Räume kann die Frage von Stadt und Land darstellen. Bitte erläutern Sie daher:

- Welche Konsequenzen ergeben sich aus der dichteren Besiedlung der Städte für den Alltag der BewohnerInnen und ihre potentielle Nachfrage nach alltagsentlastenden sozialen Dienstleistungen?
- Welche Nachfrage wird sich in diesem Zusammenhang wohl eher auf dem Land einstellen?
- Welche künftigen Entwicklungen sehen Sie als besondere Herausforderung für die Sozialplanung auf dem Land und welche für die in der Stadt?
- Welche Ansatzpunkte muss Sozialplanung im städtischen Raum Engelsberg besonders angehen? Wie sehen hier mögliche Prozessschritte im Detail aus?
- Ist es aus Ihrer Sicht sinnvoll, urbane und rurale Räume gemeinsam planerisch in den Blick zu nehmen? Warum?

Literatur zur Vertiefung

Hanhörster, H., & Weck, S. (2011). Räumliche Nähe und soziale Distanz? Interkulturelle Vergesellschaftung im ländlichen Raum durch Vereine und Initiativen. *Migration und Soziale Arbeit, 33*(4), 303–310.
Die Autorinnen markieren Prozesse des migrantischen Zuzugs in ländliche Gemeinden, um an diesem bekannten, aber noch wenig untersuchten Phänomen migrationsspezifische und rurale Spezifika darzustellen.
Roß, P.-S. (2012). *Demokratie weiter denken. Reflexionen zur Förderung bürgerschaftlichen Engagements in der Bürgerkommune* (S. 260–272). Baden-Baden: Nomos.
Der Verfasser beschreibt vier unterschiedliche Positionen zu der Frage, wie die Bürgerkommune analytisch und normativ zu verstehen sei.
Selle, K. (2010). *Gemeinschaftswerk? Teilhabe der Bürgerinnen und Bürger an der Stadtentwicklung. Begriffe, Entwicklungen, Wirklichkeiten, Folgerungen. Kurzgutachten für das Nationale Forum für Engagement und Partizipation* (PT_Materialien Bd. 26). Aachen: Eigenverlag.

Teilhabe und überhaupt die Möglichkeiten, an städtischen Planungen teilhaben zu können, werden seit den in die Krise geratenen Großprojekten (Stuttgart 21, Flughafen BER o. a.) politisch zusehends wichtiger. Der Autor stellt die Möglichkeiten und Grenzen von bürgergesellschaftlicher Teilhabe vor.

Wingenfeld, W. (2013). Gentrification 2013 – nur ein déjà-vu? Ein Pamphlet. *pnd|online 4/2013.*

Eine schlichte Übertreibung, wie der Verfasser selbst zugibt, – und gerade deshalb nicht nur eingängig zu lesen, sondern auch stichhaltig konzentriert auf neue Verdrängungsmechanismen des Städtischen.

Konzeptionelle Grundlagen der Sozialplanung 3

▶ Dieses Kapitel beschreibt das Selbstverständnis einer Sozialplanung unter der Perspektive professioneller Sozialer Arbeit. Insofern finden Sie hier aktuelle sozialarbeiterische Herausforderungen und die Antworten eines an sozialwirtschaftlichen Management-Ansätzen orientierten Sozialplanungsverständnisses.

Wurden bislang die verschiedenen Voraussetzungen dargestellt, die einer Konzeption von Sozialplanung vorausgehen, um sie gesellschaftlich, sozial- und kommunalpolitisch angemessen verorten zu können, so sollen im nun folgenden Kapitel die Grundlagen einer solchen Sozialplanung vorgelegt werden. Damit gelangt das vorliegende Lehrbuch zu seinem inhaltlichen Kern: Wie praktiziert man Sozialplanung – insbesondere als SozialarbeiterIn? Insofern soll nun im Folgenden ein Konzept von Sozialplanung – neben anderen möglichen – angeboten und in seinen vornehmlich sozialarbeiterischen Aspekten vorgestellt werden.

3.1 Formen der Sozialplanung

▶ Der Management-Kreislauf, aber auch andere Versionen formalisierter Beschreibungen werden in aller Regel dazu genutzt, den Abläufen der Sozialplanung eine Struktur zu bieten. In diesem Abschnitt finden Sie u. a. die allgemeine Darstellung eines Planungskreislaufes und dessen Zuordnung zu unterschiedlichen Planungsaufgaben.

3.1.1 Sozialplanung als methodisches Handeln

Planung findet sich auf unterschiedlichen Ebenen des Sozialwesens und ist somit nicht allein auf die Sozialplanung beschränkt. Ursache für das planerische Handeln Sozialer Arbeit ist deren Methodenbezug, um als „*state of the art*" durch den Rückbezug von Entwurf, Umsetzung und Reflexion einer Praxis an die Fach-Community abgesichert darlegen zu können, was aus welchem Grund und auf welche Weise zu tun oder eben auch zu unterlassen sei. Insofern ist Planung stets Bestandteil methodischen Handelns, es geht dabei „um die im Kontext eines Konzepts begründete Planung des Vorgehens, die Planung der Intervention, was natürlich voraussetzt, dass sozialpädagogisches Handeln planbar ist" (Galuske 2013, S. 31). Insofern wird durch Methoden „auf eine planvolle, nachvollziehbare und damit kontrollierbare Gestaltung" (Galuske 2013, S. 35) der Praxis Sozialer Arbeit abgezielt.

Dass Momente sozialer und sozialpolitischer Interventionen planbar sind, soll hier durchaus nicht als selbstverständlich vorausgesetzt werden. Der Verweis auf die Fraglichkeit von Planungen im Handeln Sozialer Arbeit rührt nämlich daher, dass zwischen Planung und Praxis mitunter gravierende Abweichungen bestehen können. Solche Unterschiede zwischen Planen und Handeln müssen dabei nicht zwingend auf falsches, unsachgemäßes oder nicht hinreichend weit erfolgtes Vorbereiten zurück zu führen sein. Soziale Bezüge – und solche in kommunalen Räumen zumal – sind in aller Regel so hochgradig komplex, dass es nahezu unmöglich ist, alle Aspekte bereits im Vorhinein beachten und in ihrer Bedeutung für die künftigen Aktivitäten angemessen einschätzen zu können. Planung ist somit ein wichtiger Aspekt im Gesamtgefüge professionellen Agierens, muss aber aufgrund seiner wissenschaftlichen Begrenztheit und intersubjektiver Vorläufigkeit stets damit rechnen, nachsteuern zu müssen (mit Blick auf Bildungsprozesse vgl. Böhmer 2014b).

Eine Methode in der Sozialen Arbeit lässt sich insofern unter verschiedenen Hinsichten verstehen. Zunächst ist die Einbettung des Handelns in ein *fachliches Konzept* mit seinen Zielen, Inhalten, den verschiedenen Methoden und damit verbundenen Techniken zu berücksichtigen. Methoden werden also nicht losgelöst von einer fachlichen Position eingesetzt, sondern methodisch handelnde SozialarbeiterInnen müssen jeweils Auskunft geben können, welcher fachlichen Position sie sich theoretisch und praktisch zuordnen. Dass ein solches Zuordnen nicht allein theoretisch erfolgen kann, legt der Bezug Sozialer Arbeit und ihrer Methoden auf *praktische Herausforderungen* nahe. Soziale Arbeit hat ja nicht bloß die sozialwissenschaftliche Analyse eines Falles, einer Gruppe oder auch eines Gemeinwesens zu leisten, sondern muss sich in der praktischen Umsetzung ihrer Analysen bewähren und zunehmend mehr deren Wirkungen nachweisen (Stichwort: Evidenz; vgl. auch 3.2.2).

Sodann ist unstrittig, dass methodisches Handeln in der Sozialen Arbeit immer auch soziale Interaktion bedeutet. Demzufolge sind die NutzerInnen stets auch als *KoproduzentInnen* zu sehen, die für Erfolg wie Misserfolg einer sozialarbeiterischen Intervention in hohem Maß mitverantwortlich sind. Deren Bereitschaft oder auch Zurückhaltung bei der Verfolgung fachlicher Ziele bereiten den Methoden Sozialer Arbeit gleich in mehrfacher Hinsicht besondere Aufgaben: Diese müssen den zwischenmenschlichen Aspekt stets mitberücksichtigen. Sie sind ferner auf die Umfeldanalyse der NutzerIn, des fraglichen Systems oder Sozialraums angewiesen, um passgenau deren Verortung innerhalb der Rahmenbedingungen leisten zu können. Sodann werden methodische Erfolge in jeweils unterschiedlichen Darstellungsformen präsentiert – je nach Milieu, aktueller Lebenssituation und vielen weiteren Faktoren, die eine „Ästhetik der Existenz" (Foucault) beeinflussen. Aus alledem lässt sich ableiten, dass methodisches Handeln in der Sozialen Arbeit keineswegs nach „Schema F" erfolgen kann, sondern stets – in Rückbindung an den „*state of the art*" der Fach-Community – in einem breiten Spektrum erbracht werden muss. Schlussendlich bedingt die, wie gezeigt: notwendige, Vielfalt der Methoden und ihrer Praktiken in der Sozialen Arbeit deren *Planung* gemäß den Betroffenen, dem (kommunalen) Leitbild als normativ orientierender Größe (vgl. 3.3), den jeweils individuell gegebenen Herausforderungen, dem gesellschaftlichen Kontext sowie den fachlich-professionellen Standards.

Werden Methoden der Sozialen Arbeit in dieser Weise verstanden, so sind noch ein weiteres Mal Unterschiede dort zu betonen, wo sich Soziale Arbeit auf unterschiedlichen Ebenen der Erbringung sozialer Dienstleistungen bewegt (vgl. einleitend 1.2.2). Denn auf der *Fallebene* lassen sich Methoden verstehen als Operationalisierung der fall- und fachspezifischen Ziele. Hier ist also der Kontakt mit der NutzerIn und ihren sozialräumlichen Bezügen von besonderer Bedeutung. Auf der *Managementebene* der kommunalen Verwaltung oder der freien Träger von Diensten und Einrichtungen dienen die dort verwendeten (Management-)Methoden der Operationalisierung von Angeboten und fachlichen Ansätzen, um auf diese Weise die Tätigkeiten auf der Fallebene unternehmerisch abzusichern und zu stützen. Auf der *kommunalen Planungsebene* schließlich kommen Methoden zum Einsatz, die als Maßnahmenplanung unterschiedlicher Arbeitsfelder kommunaler Daseinsvorsorge verstanden werden können. Dabei werden Fallarbeiten ebenso wie unternehmerische Tätigkeiten der einzelnen Träger insbesondere durch die Ausgestaltung von deren Rahmenbedingungen sowie Erbringungskontrakte beeinflusst. Ähnliches ließe sich für die Organisationen der freien Wohlfahrtspflege sagen, die in einer – zumeist trägerübergreifenden – Planungsstruktur gemeinsame fachliche Ziele und Prozesse zu deren Verwirklichung vereinbaren sowie deren Realisierung zumindest auf der Ebene von Pilotprojekten auch betreiben.

Häufiger wird die Auffassung vertreten, „dass komplexe Planungs- und Entscheidungssituationen (möglichst interdisziplinäre) Planungsteams erfordern, welche in die Lage versetzt werden müssen, geeignete Planungstechniken und -methoden anzuwenden." (Jordan und Schone 2010, S. 115) Von dorther leitet sich ein Ort sozialarbeiterischer Profession im Prozess der Sozialplanung ab. Gerade in den aktuellen Fragestellungen von Sozialplanung ergeben sich Fragen nach ökonomischer Verteilung, präventiven Möglichkeiten, sozialräumlichen Netzwerkformaten, therapeutischen Behandlungsweisen, hoheitsstaatlichem Eingriffsrecht und -notwendigkeiten u. v. m. Diese Fragestellungen allesamt im Blick behalten und kompetent bearbeiten zu können, ist einer einzigen Person wohl kaum zu leisten möglich. Insofern ist der Ruf nach interdisziplinären Planungsteams sicher gut nachvollziehbar und macht deutlich, dass SozialarbeiterInnen mit ihrer Expertise für „das Soziale" ebenso angemessen vertreten sein sollten wie JuristInnen, ÖkonomInnen, Verwaltungsfachleute, GesundheitsexpertInnen und zahlreiche weitere Professionen. Für das Mitwirken von Professionellen der Sozialen Arbeit spricht zudem deren weiterreichende Expertise (etwa für ein Handlungsfeld – Sozialraumarbeit, Integration in den Arbeitsmarkt, Inklusion/Diversity o. a. –, oder für bestimmte Gruppen – Jugendliche, Menschen mit psychischen Belastungen o. a.). Sodann ist die des Öfteren vertretene advokatorische Funktion Sozialer Arbeit auch in Planungsfragen zu bedenken.

Unter methodischer Hinsicht sind damit von den Fachkräften Sozialer Arbeit in der Sozialplanung gefordert zunächst das *Wissen* um operative und strategische Planungsprozesse (entweder als AkteurIn in eigenen Arbeitsfeldern oder aber als GesprächspartnerIn in der kommunalen Sozialplanung). Sodann lassen *Feldkenntnis und fachlicher Sachverstand* aktuelle Planungsprobleme eher in eine fach- und damit auch NutzerInnen-gerechte Planung münden. Es wird z. B. darauf hingewiesen, dass flächendeckende Jugendarbeit unter präventiven Gesichtspunkten weitaus angemessener sei als die nicht selten geforderten ‚Spezialangebote für auffällige Gruppen' (vgl. Simon 2010, S. 21). Um der Komplexität von Governance-Strukturen, -Akteuren und -Interessen besser Rechnung tragen zu können, bedarf es zudem einer ausgeprägten *diskursiven Kompetenz*, um auch auf diese Weise die Vermittlung unterschiedlicher Ansprüche und Planungsauffassungen in der Sozialplanung verwirklichen zu können. Zu guter Letzt sind Strategien des *Empowerment*, wie sie üblicherweise in der Praxis Sozialer Arbeit Anwendung finden, für die Sozialplanung insofern von Bedeutung, als sie nicht nur der Emanzipation von BürgerInnen in den kommunalen Räumen dient, sondern zudem deren Handlungsspielräume in der Bürgerkommune (vgl. 2.1) offenhalten und eventuell gar ausweiten kann. Auf diese Weise lassen sich der Praxisbezug Sozialer Arbeit mit seinen unterschiedlichen methodischen Zugängen und Perspektiven sowie der Theoriebezug von Sozialplanung, hier verstanden als systematisch-reflexives Kon-

3.1 Formen der Sozialplanung

Abb. 3.1 Stadtpolitik. (Quelle: Eigene Darstellung (in Anlehnung an Lenz 2011, S. 410) © A. Böhmer)

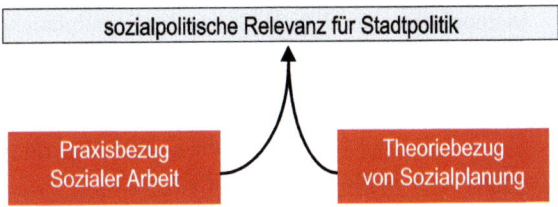

zept von Planungsansätzen, -möglichkeiten und -konsequenzen, zu einer gemeinsamen Position verdichten. Diese Position wiederum kann der Ausgestaltung einer sozial ausdifferenzierten Kommunalpolitik wertvolle, weil differenzierende und weiterführende Hinweise bieten (siehe Abb. 3.1).

3.1.2 Ein Kreislauf der Sozialplanung

Um diese Steuerungstätigkeiten genauer erfassen und strukturieren zu können, soll der in seiner Grundstruktur bereits vorgestellte Planungskreislauf (vgl. 1.2.2) hier nun ausführlicher thematisiert und erläutert werden (siehe Abb. 3.2).

Abb. 3.2 Planungskreislauf detailliert. (Quelle: Eigene Darstellung © A. Böhmer)

Methodisches Handeln, auch das der Sozialplanung, ist in den „Kontext eines Konzepts" (Galuske 2013, S. 31) eingebettet. Insofern muss auch die faktische Sozialplanung bereits im *Vorfeld* klären, welchen normativen Maßgaben sie zu folgen hat (*Vision*) und welcher Wege und Mittel zur Erreichung dieser Maßgaben (*Strategie*) sie sich bedienen soll. Diese Hinweise finden sich im günstigen Fall im kommunalen Leitbild (vgl. ausführlicher 3.3).

Definition des Planungsziels
Um abgrenzen zu können, welches Ziel im jeweiligen Planungsprozess tatsächlich verfolgt werden soll, sind unterschiedliche Schritte notwendig oder zumindest sinnvoll. Zunächst ist für die kommunale Sozialplanung von Bedeutung, eine Beauftragung für den konkreten Planungsablauf zu erhalten. Dies kann über die Regelmäßigkeit von Planungen (etwa im Feld der Jugendhilfeplanung in Anschluss an die Regelungen von §§ 79 f. SGB VIII) erfolgen oder aber auch durch ein entsprechend individuell formuliertes Mandat. Zu beidem muss der *politische Wille* vorliegen und artikuliert werden; im ersten Fall mindestens derjenige des Bundesgesetzgebers und der Leitungsverantwortlichen (zum SGB VIII konkret: beim öffentlichen Träger der Jugendhilfe), im zweiten derjenige des Kommunalparlamentes.

Daran schließt sich die *Entwicklung eines Planungskonzeptes* an: Wie soll geplant werden? Welche fachlichen Standards, welche konkrete(re)n Zielvorgaben sollen anvisiert werden? Hier ist es durchaus üblich, bisher bewährte Abläufe fortzuschreiben; dabei kann auch das in diesem Band vorgelegte Strukturmodell eines Planungskreislaufs zur Anwendung kommen. Der nun anschließende Schritt verfolgt das Ziel, erste Auskunft über den Planungsraum zu bekommen. Insofern gibt die *Sozialstrukturanalyse* – in aller Regel: vornehmlich quantitativ, weniger auch qualitativ – Auskunft darüber, welche Menschen in welchen Lebenslagen als AdressatInnen und MitgestalterInnen der Sozialplanung in den Blick genommen werden sollen. Dabei ist es mittlerweile fachlich unstrittig, dass Sozial- und Planungsräume keineswegs identisch sind: „Ein Quartier ist kein Sozialraum!" (Reutlinger 2011, S. 15; vgl. auch Schnurr et al. 2010, S. 111 ff.)[1]. Insofern sind die erhobenen Daten immer mit fachlicher Vorsicht einzuordnen – nicht alles, was die Daten (etwa an Labels wie „Sozialem Brennpunkt") herzugeben scheinen, lässt sich auch tatsächlich für die BewohnerInnen eines Planungsraumes durchgängig belegen (zur Differenz von sozialer Problemlage und marginalisiertem Status von Quartieren vgl. 1.2.1 und 1.3.1). Auch *Interessenerkundungen*, die über eine

---

[1] Dies ist auch der Grund, warum hier – im Unterschied zu anderen AutorInnen – nicht von „Sozialraumanalyse" gesprochen wird.

3.1 Formen der Sozialplanung

Analyse sozialstatistischer Daten hinausgehend eher mit aufsuchenden und teilnehmenden Verfahren erhoben werden, bieten sich für ein möglichst umfassendes Bild des Planungsraumes an. Zu diesem Zweck sind gezielte Kontaktanfragen an ExpertInnen (oft auch: jene in eigener Sache), BewohnerInnen oder spezielle Bevölkerungsgruppen (Jugendliche, SeniorInnen o. a.) üblich.

Alle diese Daten, Fakten, aber auch die – als solche auszuweisenden – Meinungen, Episoden und Erzählungen werden sodann in eine Gesamtdarstellung überführt, die möglichst kompakt, übersichtlich und fachlich fundiert Aussagen über den aktuellen Sachstand im Planungsraum machen kann. Diese Übersicht, als Bericht verschriftlicht und ggfls. in Vortragsform und -präsentation verdichtet, dient dann den *politischen* MandatsträgerInnen in den Kommunalparlamenten bzw. deren betreffenden Ausschüssen, um Entscheidungen darüber zu treffen, welche Themenfelder *prioritär* zu bearbeiten sind.

Räumliche Analyse und Planung
Insofern beginnt nunmehr der zweite große Abschnitt der Sozialplanung. Mit einer politisch verabschiedeten Prioritätenliste im Gepäck begibt sich die SozialplanerIn an die vertiefte Analyse des Planungsraumes. Ganz im Zuge dessen, was § 80 SGB VIII für die Jugendhilfeplanung einfordert, kann sich auch die allgemeine Sozialplanung auf die Schritte *Bestandsfeststellung*, *Bedarfsermittlung* und *Bestandsbewertung* (mit anschließender Bestandsplanung) konzentrieren.

> **Jugendhilfeplanung**
> „(1) Die Träger der öffentlichen Jugendhilfe haben im Rahmen ihrer Planungsverantwortung
> 1. den Bestand an Einrichtungen und Diensten festzustellen,
> 2. den Bedarf unter Berücksichtigung der Wünsche, Bedürfnisse und Interessen der jungen Menschen und der Personensorgeberechtigten für einen mittelfristigen Zeitraum zu ermitteln und
> 3. die zur Befriedigung des Bedarfs notwendigen Vorhaben rechtzeitig und ausreichend zu planen; dabei ist Vorsorge zu treffen, dass auch ein unvorhergesehener Bedarf befriedigt werden kann." (§ 80 Abs. 1 SGB VIII)

Insofern dient dieser Dreischritt in der Sozialplanung dazu, differenzierte Ist-Soll-Analysen durchzuführen und langfristig zu organisieren. Dass damit jedoch noch nicht alle Fragen einer räumlichen Planung abgearbeitet sind, wird dann deutlich, wenn man sich bewusst macht, dass bestimmte Bedarfe mit unterschiedlichen fachlichen Konzepten beantwortet werden können. Folgerichtig widmen sich die anschließenden Analyse- und dann Planungsschritte genau dieser Eingrenzung von fachlich, wirtschaftlich und politisch angemessenen Antworten auf eventuell beschriebene Notwendigkeiten, die bestehenden Dienste und Einrichtungen weiter zu entwickeln, durch andere zu ergänzen oder auch zu ersetzen.

Somit stehen die *Entwicklung und Prüfung alternativer Maßnahmen* als weitere Schritte auf der Agenda, um auf diese Weise differenzierte Beurteilungen der Weiterentwicklung von sozialer Infrastruktur und zusätzlichen Angeboten ebenso formulieren zu können wie eventuell notwendige Optionen, finanzielle oder auch fachliche Mangelsituationen zu kompensieren. Damit werden *Handlungsempfehlungen* für die EntscheidungsträgerInnen möglich, da sich in ihren Kreisen keineswegs für alle sozialarbeiterischen oder -politischen Herausforderungen Fachleute finden lassen. Gerade in diesem Feld kommt also zum einen der Sozialplanung eine doppelte Anforderung zu: nämlich kompetent zu planen und die Ergebnisse verständlich zu kommunizieren. Für die politisch Verantwortlichen wiederum bedeutet dies den Anspruch, die Empfehlungen auch vor dem Hintergrund politischer Grundentscheidungen sowie tagespolitischer Notwendigkeiten hinreichend zu würdigen und im Rahmen des somit Sinnvollen in ihrem *politischen Beschluss* zu folgen. Dass dies nicht immer eine 1:1-Umsetzung der Empfehlungen ergibt, dürfte nicht sonderlich überraschen.

Programme/Produkte, Prozesse
Sind also die Entscheidungen gefällt, was in welcher Form und vom wem zu tun sei, so lautet die die daran anschließende Aufgabe, diese Entscheidungen nun umzusetzen. Dabei können sowohl größere *Programme* als Zusammenhang unterschiedlicher Maßnahmen mit denselben politischen Zielen und dem gleichen fachlichen Handlungsfeld angegangen werden als auch einzelne *Produkte*, also Einzelmaßnahmen, die gerade auch im Sinne des Neuen Steuerungsmodells als Output von (Verwaltungs-)Handeln verstanden werden (vgl. mit Blick auf die Ambivalenzen einer solchen Output-orientierten Steuerung Holtkamp 2008; dazu wiederum kritisch Banner 2008). Damit einhergehend sind jene *Prozesse* zu definieren, die zur Erreichung des festgesetzten Ergebnisses als notwendig und angemessen erachtet werden. Insofern kommt Sozialplanung in diesem Teil des Planungskreislaufes die allgemeine Aufgabe zu, das Ergebnis ebenso wie die Teilprozesse zu dessen Realisierung zu entwerfen.

Für eine Sozialplanung, die sich im Zuge des Neuen Steuerungsmodells an Transparenz, Ergebniserreichung und Effizienzkriterien messen lässt, sind bei der Erstellung sozialer Dienstleistungen Kriterien vonnöten, die eine Zielerreichung grundsätzlich und graduell bezifferbar machen. Zu diesem Zweck definiert die

Sozialplanung detailliert die einzelnen *Maßnahmen*, die politisch beschlossen wurden, sowie die zur Messung der Zielerreichung notwendigen Maßzahlen, die *Indikatoren*. Während die Maßnahmenplanung als allgemein vom Methodenverständnis der Profession Sozialer Arbeit gedeckt ist, wird dies mit der Orientierung an Indikatoren etwas diffiziler. Hier kommt nicht selten der Vorwurf auf, ein managerielles Denken greife um sich, das unterstelle, mit Management-Maßnahmen und -Instrumenten professionelle sozialarbeiterische Prozesse überformen oder gar ersetzen zu können (vgl. etwa Otto und Ziegler 2006 oder auch mit Blick auf staatliche Wohlfahrtsproduktion Dahme und Wohlfahrt 2009 sowie 2007). Insofern ist Sozialplanung unter dieser kritischen Hinsicht umso genauer daraufhin zu prüfen, inwiefern sie solche Macht-Phantasien bedient oder eben bestimmte Instrumente nutzt, ohne zu leugnen, dass deren Reichweite stets begrenzt bleibt und sie durch weitere fachliche Expertise zu ergänzen oder auch zu korrigieren sind.

Je nach konkret gegebener Lage in der Kommune mag es zuweilen sinnvoll sein, auch die so projektierten Maßnahmen und die zu ihrer Einschätzung definierten Indikatoren erneut *politisch abzustimmen*. Vorteil eines solchen Zwischenschrittes ist die Verbindlichkeit nicht allein der Projektvorhaben, sondern zugleich auch diejenige ihrer Evaluationsinstrumente. Damit können spätere Diskussionen darüber, ob die Messungen zweckdienlich oder hinreichend umfänglich sind, in aller Regel umgangen oder zumindest abgekürzt werden.

Wenn es sich von der Projektidee her verwirklichen lässt, können *Erprobungs*schritte und deren *Auswertung* das Fachwissen in den Kreisen der Planenden vertiefen. Geeignet sind solche Probeläufe überall dort, wo mit geringem Ressourcenaufwand und ohne soziale oder politische Kollateralschäden „Testballons" gestartet werden können. Natürlich kommen solche Versuchsanordnungen nicht zum Tragen, wenn hohe Anschubkosten (etwa Neu- oder Umbau einer Immobilie) oder auch personale Aspekte (z. B. Mitarbeitende, die eigens angeworben werden müssten) für das konkrete Projekt vorzusehen sind. In solchen Fällen empfiehlt es sich, bereits bestehende Maßnahmen mit vergleichbarem Konzept aufzusuchen, um von den dortigen Erfahrungen (von erfolgreichen ebenso wie von gescheiterten Schritten) lernen zu können.

In der folgenden *Umsetzung* des Planungsvorhabens werden die bisherigen Planungsschritte greifbar. Nun muss sich bewähren, was entwickelt wurde. Sind hierbei Abstriche feststellbar, so kann Sozialplanung durch die erneute Lieferung von Daten aus Zwischenauswertungen und konzeptionelle Konkretisierungen den Umsetzungsprozess beratend *begleiten*. Die operative Realisierung der Vorhaben hingegen ist nicht ihre Aufgabe.

Evaluation und Bewertung
Sozialplanung kommt mit der Realisierung der Vorhaben nicht an das Ende ihres Prozesses, sondern überprüft sodann die inhaltliche und monetäre Zielerreichung

ihrer Vorhaben. Ziegler (vgl. 2012) macht darauf aufmerksam, dass eine solche Verweisstruktur von Planung – Maßnahme – Zielerreichung oft nicht einfach zu belegen ist. Dennoch wird am Ende einer Planungsphase zumindest nach Daten gefragt, die Auskunft darüber geben, wie sich die die Sach- und die Finanzlagen im Vergleich zum Zeitpunkt vor der Planungsphase verändert haben. Dabei leisten die vorab definierten Indikatoren (s. o.) eine wertvolle Hilfe, um abschätzen zu können, in welchem Ausmaß die festgelegten Zielfelder erreicht oder aber verfehlt wurden. Zugleich ersetzt ein solches *Controlling* fachlicher und inhaltlicher Kennzahlen keineswegs die professionelle oder politische Bewertung, sondern dient bestenfalls dazu, diesen (einige) Argumente für ihre eigene Einschätzung zu liefern. Erst im Rahmen einer dialogischen *Maßnahmenauswertung* durch Professionelle lassen sich die erhobenen Kennzahlen in ein konzeptionelles Rahmenwerk einordnen, das u. a. aus professionsspezifischer Beurteilung, ferner bezogen auf das kommunale Leitbild sowie eventuelle weitere normative Vorgaben besteht. Den in Verwaltung und Kommunalpolitik Verantwortlichen obliegt es schlussendlich, bei unterschiedlichen Verantwortungsbereichen und -ausmaßen, die *politische Bewertung* vorzunehmen.

Sind größere Defizite feststellbar, stellt sich die Frage, ob dies eine *Programmänderung* mit erneutem Planungsprozess oder gar das *Projektende* zur Folge hat. War die Maßnahme tatsächlich erfolgreich, so ist anzunehmen, dass sie in den *Regelbetrieb* überführt und zum regulären kommunalen Angebotsportfolio hinzugefügt werden kann. Sodann kann der Planungsprozess ein weiteres Mal begonnen werden, nun um die Erfahrungen des bisherigen Planungsverlaufes reicher und somit auf einer qualitativ höheren Stufe (daher die Spiralbewegung der Graphik). Dafür ist ein neuer, wiederum Bezug auf die zugrunde liegende Vorfeldarbeit nehmender, politischer Wille mitsamt Beauftragung vonnöten. Das dargestellte Procedere kann erneut beginnen.

3.1.3 Sozialplanung in Engelsberg

Um die eventuell etwas abstrakt anmutende Darstellung des Planungskreislaufes „mit Leben" zu füllen, soll nun beispielhaft ein idealtypischer Planungsprozess für die Fallstudie Engelsberg durchgespielt werden. Dementsprechend soll von Folgendem ausgegangen werden: Das kommunale Leitbild formuliert die Vision: „Vielfalt und Toleranz prägen das Zusammenleben in unserer Stadt." Im Anschluss findet sich die Aussage: „Daher ermöglichen und fördern wir den Austausch der Bürgerinnen und Bürger über kulturelle und soziale Grenzen hinweg." Aus dieser strategisch zu verstehenden Formulierung lässt sich ableiten: Die Stadt plant,

3.1 Formen der Sozialplanung

Abb. 3.3 Planungskreislauf Teil 1. (Quelle: Eigene Darstellung © A. Böhmer)

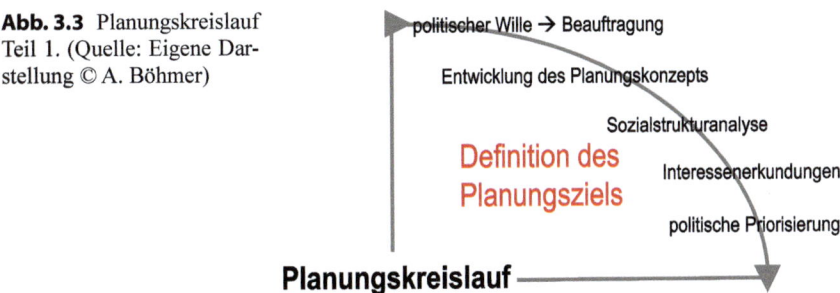

„Vielfalt und Toleranz" durch die Förderung des Kontakts verschiedener Bevölkerungsgruppen untereinander zu unterstützen.

Mit diesem Leitbild im Hintergrund kommt der Gemeinderat zu der Auffassung (siehe Abb. 3.3), „Vielfalt und Toleranz" beispielhaft im Bereich der Jugendlichen zu fördern (*politischer Wille*) und fordert daher die SozialplanerIn der Stadtverwaltung auf, einen Planungsprozess „Förderung von Vielfalt und Toleranz der Jugendlichen in unserer Stadt" zu beginnen (*Beauftragung*).

Diese entwickelt zunächst ein Planungsschema, in dem sie die einzelnen Schritte ihres Vorgehens auflistet (*Entwicklung des Planungskonzepts*) und nimmt sodann eine Analyse der Jugend-bezogenen Daten der Kommunalverwaltung vor (*Sozialstrukturanalyse*). Zu diesem Zweck sammelt sie, nach Stadtteilen getrennt, weil diese als Planungsräume aufgefasst werden, Angaben über Anzahl und Altersverteilung der Jugendlichen, die sozioökonomischen Daten zu den Familien, auf die Altersgruppe bezogene Daten der Schulstatistik u. v. m. Zudem fragt sie in den kommunalen Jugendtreffs, bei Konferenzen des Schulträgers und anderen Gelegenheiten nach den aktuellen Interessen der Altersgruppe (*Interessenerkundung*). Alle diese Daten werden in eine Präsentation „Förderung von Vielfalt und Toleranz der Jugendlichen in unserer Stadt" eingearbeitet und diese dem Sozialausschuss des Gemeinderates vorgestellt. Dort wird nach eingehender Diskussion beschlossen, dem Konzept sozialräumlicher Jugendarbeit besondere Aufmerksamkeit zu widmen und daher Projekte dazu entwickeln zu lassen (*politische Priorisierung*).

Um die sozialräumlichen Jugendprojekte den NutzerInnen und der aktuellen Sachlage entsprechend gestalten zu können, beginnt die SozialplanerIn nun (siehe Abb. 3.4), die bestehenden Einrichtungen und Dienste für Jugendliche, wiederum nach Stadtteilen getrennt, zu erheben (*Bestandsfeststellung*). Daneben werden die Bedarfe der Jugendlichen, ihrer Familien sowie ihres städtischen Umfeldes (Schulen, Vereine u. a.) durch möglichst repräsentative Umfragen erhoben (*Bedarfsermittlung*). Zu diesem Zweck zieht die SozialplanerIn auch die Statistiken

Abb. 3.4 Planungskreislauf Teil 2. (Quelle: Eigene Darstellung © A. Böhmer)

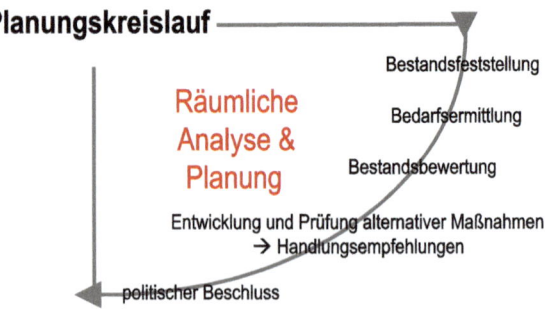

des Jugendamtes und anderer Institutionen heran. Bei der Sammlung der Daten ist es eine – nicht immer leicht zu bewältigende – Aufgabe der PlanerIn, „kompatible" Datensätze zu erhalten, also solche, die sich z. B. hinsichtlich Erhebungszeit, -raum und Maßeinheiten kombinieren lassen. Dabei ist gerade das Aggregationsniveau herausfordernd, insofern nicht alle Statistiken für dieselben Planungsräume und -ebenen erstellt werden. Sind diese Daten zusammengeführt, muss im Anschluss daran eine Einschätzung vorgenommen werden, inwieweit Bestände und Bedarfe zueinander passen sowie in welchen Feldern es Mangel oder auch Überangebote gibt (*Bestandsbewertung*). Im Zuge des Sozialplanungsprozesses können hier bestehende Ungleichgewichte bearbeitet werden.

Um der im Gemeinderat beschlossenen neuen Programmatik „Förderung von Vielfalt und Toleranz der Jugendlichen in unserer Stadt" zu entsprechen, wird von Seiten der SozialplanerIn geprüft, welche neuen Angebote entwickelt werden können und inwiefern sie jeweils den vorgegebenen politischen und fachlichen Zielen entsprechen (*Entwicklung und Prüfung alternativer Maßnahmen*). Hierbei ist die finanzielle Perspektive zumeist eine wichtige, aber sicher nicht die einzige und zudem nicht immer die am meisten maßgebliche. Diese Phase mündet schließlich in den Vorschlag für den Gemeinderat, eine sozialräumliche Öffnung der kommunalen Jugendtreffs anzugehen. In einem ersten Schritt, so die Empfehlung weiter, sollen zwei der sieben Treffs über einen Projektzeitraum von zwei Jahren hinweg sozialräumlich geöffnet werden – u. a. derjenige in Engelsberg (*Handlungsempfehlung*). In seiner Sitzung, in der auch VertreterInnen der verschiedenen Jugendtreffs, ihrer Träger und weitere ExpertInnen sowie die SprecherInnen des Jugendgemeinderates angehört werden, beschließt der Gemeinderat schließlich, dass der Empfehlung entsprochen werden solle und bewilligt zu diesem Zweck die erforderliche Summe für die beiden „Pilotstandorte" (*politischer Beschluss*).

Nun wird man in Engelsberg geschäftig: Die konkreten Maßnahmen (siehe Abb. 3.5) zur sozialräumlichen Öffnung des Treffs sollen abgestimmt und dazu gemeinsam Messgrößen festgelegt werden (*Maßnahmen- und Indikatorenplanung*).

Abb. 3.5 Planungskreislauf Teil 3. (Quelle: Eigene Darstellung © A. Böhmer)

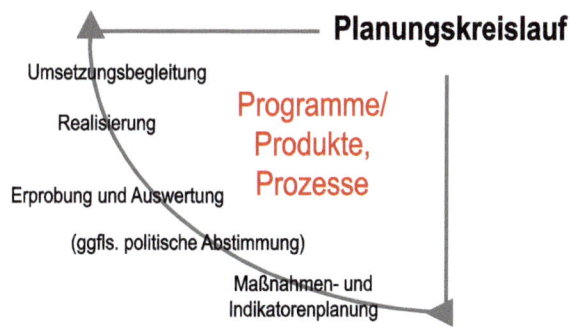

Die SozialplanerIn, das Team der JugendsozialarbeiterInnen mitsamt ihrer Vorgesetzten und einige Jugendliche aus dem Treffbeirat klären, dass die Öffnung in den Sozialraum durch regelmäßige aufsuchende Arbeit zweier SozialarbeiterInnen des Treffs, durch strukturierte Zusammenarbeit mit den Engelsberger Vereinen (v. a. in den Feldern Kultur und Sport) sowie durch die öffentlich bekannt gemachte Möglichkeit, Treffräume auch für andere Zwecke anmieten zu können, umgesetzt werden soll. Gemessen werden sollen die Erfolge an den Kontakten mit Jugendlichen pro Monat und an der Netzwerkdichte zwischen Treff und Vereinen, ablesbar an den Teilnehmenden der vierteljährlichen Kontakttreffen. Da ein traditionell gutes Einvernehmen zwischen allen Akteuren und dem Gemeinderat besteht, wird von einer Abstimmung dieser Details abgesehen (*ggfls. politische Abstimmung*). Zugleich wird im Rahmen der regionalen Konferenz der SozialarbeiterInnen in Jugendtreffs die sozialräumliche Öffnung thematisiert und die Chancen und Risiken von denjenigen dargelegt, die einen solchen Prozess bereits durchlaufen haben (*Erprobung und Auswertung*). Mit diesen Informationen gerüstet, beginnen Team und Jugendliche im Treff ihren neuen Entwicklungsschritt. Für Fragen konzeptioneller, v. a. aber auch finanzieller sowie öffentlichkeitswirksamer Art steht auch die SozialplanerIn – in Kooperation mit der Fachbereichsleitung Jugend der Stadtverwaltung – bereit. Sie liefert ferner zur Hälfte des Projektzeitraums Daten, die ermöglichen, den Fortgang des Vorhabens einzuschätzen (*Realisierung* und *Umsetzungsbegleitung*).

Spätestens nach Vollendung der zweijährigen Projektlaufzeit ist es nun nötig, die Erfolge und den damit verbundenen Aufwand abzuschätzen (siehe Abb. 3.6). Daher legen die SozialarbeiterInnen des Treffs ihre Berichte und Statistiken (BesucherInnen, Netzwerkkontakte sowie Kosten pro Abrechnungszeitraum etc.) vor und ermöglichen so der SozialplanerIn, gemeinsam mit der Finanzverwaltung die fachlichen wie finanziellen Ergebnisse abschließend zu bewerten (*Controlling*). Dass darüber hinaus für Zwecke des allgemeinen Controllings regelmäßige Datenerhebungen und -auswertungen erfolgt sind, versteht sich von selbst. Außerdem

Abb. 3.6 Planungskreislauf Teil 4. (Quelle: Eigene Darstellung © A. Böhmer)

treffen sich das Team der JugendarbeiterInnen und die BesucherInnen des Treffs sowie weitere Akteure (Eltern, LehrerInnen, Vereine, JugendbeamteR der Polizei u. v. m.), um in einer gemeinsamen Veranstaltung diese Ergebnisse zu diskutieren, eigene Erfahrungen zu berichten und sie in einen fachlichen sowie NutzerInnen-bezogenen Rahmen einzuordnen (*Maßnahmenauswertung*). Mit Controllingdaten und Auswertungsbericht versehen, berichtet die SozialplanerIn nun dem Kommunalparlament und stößt einen längeren Diskussionsprozess an (*politische Bewertung*), an dessen Ende der Gemeinderat beschließt, die beiden Jugendtreffs in der entwickelten Weise weiter zu finanzieren (*Regelbetrieb*) und weiteren fünf Einrichtungen der Jugendsozialarbeit die sozialräumliche Öffnung mit Fokus auf territoriale Nahräume aufzutragen (*Programmänderung*).

3.1.4 Andere Planungsformen

Die hier dargestellten Planungsschritte sind in der Praxis selbstverständlich nicht alle in solcher „Reinkultur" anzutreffen, manche womöglich gar nicht (vgl. auch die Ergebnisse von Schubert 2014 sowie Fischer et al. 2012). Dies hat verschiedene Gründe: Zum einen sind diese Planungsschritte ganz überwiegend nicht (rechtlich oder fachlich) kodifiziert, sondern versuchen, sachbezogenen Plausibilitäten zu folgen. Insofern mögen andere PlanerInnen durchaus andere Plausibilitäten oder aber andere Sachfragen ins Feld führen. Der nächste Grund für mögliche Abweichungen vom idealtypischen Planungskreislauf kann sein, dass durch zeitliche Einschränkungen, organisatorische Regelungen, professionelle Herkünfte der Planenden oder schlicht aus Gründen der Tradition andere Formen der Sozialplanung praktiziert oder nur bestimmte Schritte des hier vorgelegten Kreislaufes umgesetzt werden.

Ein weiterer Grund für Differenzen zwischen klar konzipierten Formen von Sozialplanung – wie der Planungskreislauf – und einer davon deutlich abweichenden

3.1 Formen der Sozialplanung

Praxis der Planung sind schließlich Erfahrungen, welche die Planungstheorie bereits seit den 70er Jahren des 20. Jahrhunderts in einer ersten Lesart, der Version 1.0 gewissermaßen, umtreiben: „Denn die Generation 1.0 der Stadtentwicklungspläne, die in den frühen 70er Jahren des letzten Jahrhunderts ihre Blütezeit hatte, erwies sich als äußerst kurzlebig. Nach einer Phase großer Euphorie ging sie ruhmlos unter und geriet nachhaltig in Vergessenheit." (Selle 2013, S. 1) Als mögliche Ursachen für deren Scheitern nennt Selle ihre Realitäts- und Akteursferne sowie eine politische Kultur von Stadtentwicklung, die in diesem Band (vgl. 2.2) als Arbeit in Netzwerk- und Projektbezogenen Formaten von Governance umrissen wurde (vgl. Selle 2013, S. 2 ff.). Die damit verbundene Haltung wird in der Planungstheorie als „Inkrementalismus" (Selle verweist auf Lindblom 1959; Lindblom und Braybrooke 1963; Ganser 1991; vgl. ferner als knappen historischen Überblick Peters 2004) bezeichnet. Insofern kommt, wie bereits gesehen, staatlichen Formen hoheitlichen Handelns eine eigene Bedeutung zu, steuern indes kann die staatliche Instanz nach dieser Auffassung die Gesellschaft aber eher nicht: „Das bedeutet, dass es zwar Steuerung *in* der funktionell differenzierten Gesellschaft gibt, aber keine politische Steuerung *der* Gesellschaft" (Mayntz 1997, S. 286; zur allgemeinen Problematik der Steuerung vgl. auch Mayntz 1997, S. 182 ff. sowie Crouch 2013).

Damit ergibt sich eine *Sozialplanung 2.0*, die einerseits deutlich vom Planungskreislauf abweicht: Inkrementelle Planung in der Governance-Arena kann angesichts der zahlreichen Akteure, Logiken und Wahrheiten kein einheitliches Planungsvorgehen durchsetzen, die Datengrundlagen für die Planungen nicht hoheitlich definieren, die Planungsfragen, -schritte und -geschwindigkeiten nicht unhinterfragt festlegen und hat auch kaum eine Handhabe, die Planungsumsetzung vollumfänglich zu steuern (wie große Träger sozialer Dienstleistungen mit ihren eigenen Geschäftsdynamiken durchaus zeigen können) oder auch nur zu evaluieren. Dennoch hat der Kreislauf als manifestes Konzept seine Bedeutung auch für eine Sozialplanung 2.0: Er orientiert *eine* logische Abfolge von Planungsschritten, verhilft somit zu einer Planungsmoderation, die konzentrierte und konzertierte Aktivitäten fördern kann und macht in der Governance-Arena trotz aller Differenzen deutlich, wie eben *eine* gemeinsame Perspektive aller an Planungen Beteiligter aussehen könnte. „Räumliche Entwicklung resultiert aus dem Handeln vieler. Kein Plan vermag vorzugeben, wohin die Entwicklung geht. Dennoch können öffentliche Akteure, können Kommunen und Regionen wesentlich zur Entwicklung von Stadt und Land beitragen. Sie planen, steuern, entwickeln – als Akteure unter anderen, aber mit besonderen Aufgaben und einer Rolle, in der sich hoheitliche, koordinierende und kooperierende Funktionen mischen." (Selle 2005, S. 13; vgl. auch Klemme und Selle 2008)

Ein solches Gemisch der Planung lässt sich auch mit inkrementellen Prozessbeschreibungen kombinieren, wie der – im Detail deutlich unterschiedliche – Entwurf von Wiechmann (2008) offenlegt. In diesem Konzept werden lineare und adaptive Formate der Planung kombiniert, indem der von Menschen entwickelten Struktur planerischer Abläufe (*Taxis*) eine solche spontaner Abläufe (*Kosmos*) an die Seite gestellt werden (vgl. Wiechmann 2008, S. 39 ff.). Auf diese Weise entsteht das „Prozessmodell zur Analyse regionaler Strategiebildung" (Wiechmann 2008, S. 160 ff.), das Planung mit einem strategischen Konzept verbindet, wobei Letzteres in institutionellem (*Taxis*) oder aber diskursivem Zusammenhang (*Kosmos*) umgesetzt resp. angewendet werden kann. Inwieweit ein derart komplexes Konzept für die praktische Sozialplanung – oder eben zumindest für deren strategische Fragerichtungen – nutzbar gemacht werden kann, lässt sich hier nicht mehr ausführlich erörtern. Es zeigt sich jedoch, dass mit einem solchen Komplex der Charme einhergeht, ein lineares und ein inkrementelles Design für die Belange von Planung miteinander zu kombinieren.

Perspektiven und Reflexionen
Bitte formulieren Sie Ihre Einschätzungen zum Planungskreislauf:

- Welche Vorteile hat er?
- Welche Nachteile sehen Sie?
- Wie muss er daher in die Praxis umgesetzt werden?

Bitte reflektieren Sie auch alternative Planungsformen:

- Welche anderen Formen kennen Sie?
- Wie schätzen Sie jeweils deren Vor- und wie deren Nachteile – gerade in der praktischen Umsetzung – ein?
- Erkennen Sie Überschneidungen der verschiedenen Planungsentwürfe? Wie lassen sie sich nutzen?

3.2 Sozialplanung als Steuerung von Effizienz

▶ Management-Konzepte bieten einige Herausforderungen für die Profession Sozialer Arbeit: Sie strukturieren Organisationen und Prozesse im Sinne eines ökonomisch definierten Handlungsfeldes, ermöglichen somit die zielgenaue Steuerung von Ressourcen, ordnen aber Soziale Arbeit auch in ein besonders Ordnungssystem ein. In diesem Abschnitt erfahren Sie mehr über die beiden Seiten dieser „Management-Medaille" und können lernen, die positiven Aspekte in der Sozialplanung reflektiert zu nutzen.

3.2.1 Effizienzkriterien in der Sozialplanung

Effizienz ist dasjenige Kriterium, das die Erreichung eines festgelegten Zieles auf möglichst ressourcenschonende Weise bemisst. Diejenige Ressource, die gemeinhin am meisten als der Schonung bedürftig dargestellt wird, ist die monetäre: Wie lässt sich, so kann man nun vereinfachend nach Effizienz fragen, das vorgegebene Ziel möglichst sparsam erreichen? Insofern wird deutlich, dass es hierbei nicht um eine Reduzierung von Qualität zugunsten der eingesparten finanziellen Mittel geht, sondern schlicht um die sparsamste Variante bei gleichem Ergebnis.

Durchaus umstritten ist jedoch, ob der kausale Zusammenhang von Planung, deren praktischer Umsetzung und erzielter Wirkung mitsamt kostengünstigem Ressourcenverzehr nachgewiesen werden kann (vgl. mit Blick auf Qualitätsmanagement Merchel 2013, S. 66 ff.; unter forschungsmethodologischer Hinsicht Ziegler 2012). Doch ist das Aufzeigen solche Zusammenhänge zumindest in denjenigen Feldern möglich, in denen definierte Finanzströme nachgezeichnet und bilanziert werden können (vgl. etwa für die Ertragsdimensionen in der Sozialwirtschaft Walter und Schellberg 2010; Schellberg 2010).

Mit Kulke (2006, unter der Perspektive der Eingliederungshilfe) lassen sich drei Funktionen von Sozialplanung beschreiben, die auch für die Frage nach der Effizienz ihre Bedeutung haben. Hier ist zunächst die *Informationsfunktion* zu erwähnen, die für den Zusammenhang von Sozialplanung die Aufgabe hat, einzelne Effizienzfaktoren zu klären. Sozialplanung muss – zuallererst: sich – Auskunft darüber geben, an welchen „Stellschrauben" drehend Effizienz hergestellt werden kann. Dazu ist ein Blick ins jeweilige Planungsfeld vonnöten, um Informationen über bisherige Erfolge wie Misserfolge liefern zu können. Größen, die hier eventuell in den Blick kommen, sind etwa der Personalschlüssel, die Qualifikationen (und deren Mix) der eingesetzten Fachkräfte, mitunter auch zusätzlich eingeplante Sachmittel o. a. m. Die *Handlungsfunktion* legt dar, wie Effizienzfaktoren die praktische Umsetzung der Sozialplanung leiten. Zu diesem Zweck formulieren die Analysen der Planung Effizienz-bezogene „Aussagen zur Steuerung und Koordination des Leistungssystems" (Kulke 2006, S. 125). Hierzu lassen sich beispielsweise Ansätze des Case-Managements zählen, die eine System-interne Steuerung fallbezogener Prozesse ermöglichen, oder auch Instrumente des Care-Managements, das zur Sichtung und Weiterentwicklung des jeweiligen Leistungssystems beitragen kann. Als dritte ist die *Legitimationsfunktion* zu erwähnen, die Planungsschritte und -ergebnisse durch den Hinweis auf die effiziente Zielerreichung rechtfertigen kann.

Allerding lässt sich das Effizienzkriterium nicht als alleiniger Maßstab von Planung ansehen. Gerade im Feld der Sozialplanung sind sozialpolitische und sozialarbeiterisch-fachliche Maßstäbe stets mitzudenken. Dies lässt sich gut am Beispiel des demografischen Wandels aufzeigen: „In Regionen mit stark rückläufiger Bevölkerung besteht für viele Einrichtungen der Daseinsvorsorge die Gefahr, dass Grenzen betriebswirtschaftlicher Tragfähigkeit und/oder Auslastungsnormen (z. B. Mindestschülerzahlen pro Klasse bzw. Schule) unterschritten werden. Häufig werden betroffene Einrichtungen geschlossen. Aus verteilungspolitischer Sicht ist dieser Weg problematisch, stellt er doch einen Bruch mit dem Vorhalteprinzip dar." (ARL 2008, S. 2) Auf diese Weise steht also das betriebswirtschaftlich interpretierte Kriterium der Effizienz mit dem verteilungspolitischen Kriterium flächendeckender Versorgung und dem sozialpolitischen einer regional ausgeglichenen sozialraumorientierten Infrastruktur im möglichen Konflikt. Und doch werden betriebswirtschaftliche Argumente bis hinein in öffentlich-rechtliche Versorgungsprozesse als maßgebliche Kriterien ausgewiesen: „Die Verwaltungsmodernisierung im Geiste des NPM [New Public Management; A.B.] war von Anfang an von einer strikten Fokussierung auf den Leitbegriff der Effizienz geprägt. [...] Damit war ein Maßstab für Verwaltungsänderungen formuliert und durchgesetzt, der bis heute fortwirkt und der sich dadurch charakterisiert, dass Verwaltungshandeln gleichgesetzt wird mit unternehmerischen Entscheidungen und Handlungen, die ihre ,Produkte' auf ,Nachfragemärkten' möglichst optimal unterbringen müssen." (Dahme und Wohlfahrt 2012, S. 84 f.). Die Autoren machen darauf aufmerksam, dass durch Controllinginstrumente nunmehr entstehende Kosten und erzielte Wirkungen erhoben und miteinander abgeglichen werden sollen (vgl. Dahme und Wohlfahrt 2012, S. 85). Dabei steht Sozialplanung vor der Herausforderung, unternehmerisch verstandene Verfahren des Neuen Steuerungsmodells mit dem Politikverständnis einer ausgeglichene Verhältnisse anstrebenden Raumordnung in Einklang zu bringen und zudem sozialarbeiterische Standards wie Sozialraumorientierung, NutzerInnen-Beteiligung, Assistenz in emanzipatorisch-biografischen Zusammenhängen u. v. m. im Blick zu behalten. Sozialplanung als aktive Mitgestalterin kommunaler Prozesse kommt nicht darum herum, sich der „Übersetzung" sozialarbeiterischer Fachlichkeit in sozialplanerische Kennzahlen (Fachcontrolling) zu widmen und die Gewichtung und Bewertung dieser Kennzahlen gründlich zu reflektieren. Dabei haben, so viel dürfte aus den vorherigen Überlegungen abzuleiten sein, Effizienz- und Sparaspekte sicher ihre Bedeutung, müssen aber mit einer Vielzahl weiterer sozialpolitischer und fachlicher Aspekte abgestimmt werden.

Somit sind betriebswirtschaftliche Kompetenzen in der Sozialplanung ebenso gefordert wie sozialarbeiterische. Beide Male kann nach Effizienz gefragt werden – nunmehr aber eben nicht allein in monetärer Hinsicht, sondern auch im Hinblick auf die Ressourcen der NutzerInnen oder der sozialen Räume. Damit kommen Aspekte des günstigen Preises einer Dienstleistung ebenso in den Blick wie jene einer adressatInnengerechten Unterstützung, um die Ressourcen der NutzerInnen zu schonen, sowie Aspekte eines reflektierten Wohlfahrts-Mix, um die Ressourcen des sozialen Raumes nutzen zu können, aber nicht übergebührlich zu belasten. Am Beispiel einer Hausaufgabenhilfe für SchülerInnen der Sekundarstufe I formuliert: Einerseits sollte diese Dienstleistung bei definierter Qualität möglichst preisgünstig erbracht werden, andererseits muss sie mit einem Mix aus qualifizierten Fachkräften und Freiwilligen in einer Form besetzt sein, dass die NutzerInnen schul- und sozialpädagogisch sach- und adressatInnengerechte Angebote erhalten. Zugleich werden die Möglichkeiten des sozialen Raumes je nach Vorhandensein genutzt, um weitere Personalkosten einzusparen, v. a. aber mögliche Vernetzungen innerhalb der Nachbarschaften derjenigen SchülerInnen zu ermöglichen, die eine Hausaufgabenhilfe beanspruchen. Effizienzkriterien sind somit für die Planung und anschließende Ausschreibung der Hausaufgabenhilfe monetär, fachlich und sozialräumlich zu definieren – eine sicher recht komplexe Aufgabe, die aber ermöglicht, ein mindestens ebenso komplexes Handlungsfeld fachlich angemessen und zugleich (monetär) effizient auszugestalten.

Sozialplanung setzt also ihrerseits die Forderung „nach niedrigeren Versorgungskosten und einer verbesserten Versorgungsqualität" (Dahme und Wohlfahrt 2012, S. 85) um, indem sie zum einen den *Bestand* auch nach Effizienzkriterien qualifiziert (siehe Abb. 3.7). Sie fragt also, inwiefern bestehende Einrichtungen und Dienste zu einer auch künftig für die Kommune, die NutzerInnen und deren

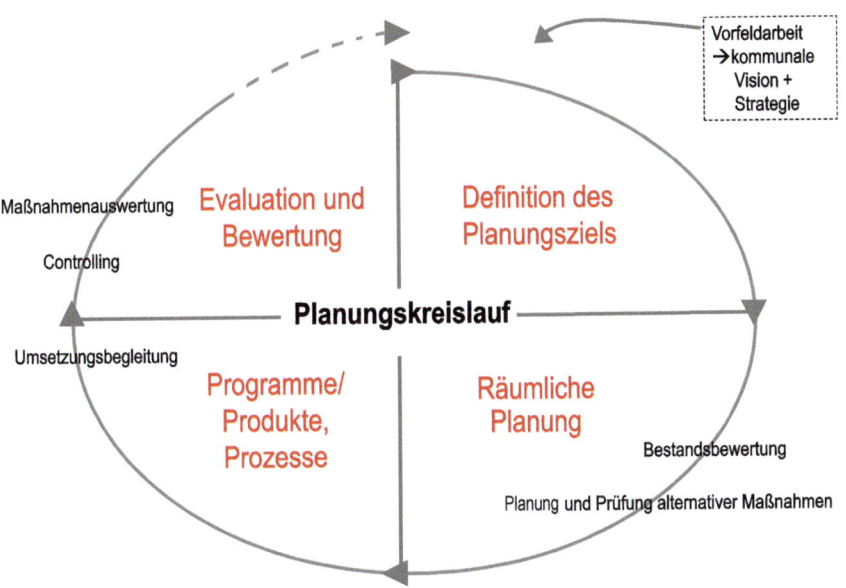

Abb. 3.7 Effizienz im Planungskreislauf. (Quelle: Eigene Darstellung © A. Böhmer)

sozialen Raum effizienten Erbringung sozialer Dienstleistungen beitragen können. Außerdem definiert sie die notwendigen *Programme/Produkte und Prozesse* für die Erreichung eines bestimmten Zieles und ermittelt die kostengünstigste Maßnahme, um zu dieser Vorgabe gelangen zu können. Ferner trägt sie gerade in diesem Zusammenhang zur Optimierung der jeweiligen Maßnahme im Rahmen ihrer *Prozessbegleitung* bei, indem sie die erforderlichen Daten liefert, aber auch mit Blick auf frühere Maßnahmen Erfahrungswerte beisteuern kann. Wurde die Maßnahme schließlich durchgeführt, kann Sozialplanung das *Finanz-* und das *Fachcontrolling* bei der Zielüberprüfung unterstützen, indem sie die entsprechenden Finanz- und die fachlichen Kennzahlen liefert, erhebt und angemessen analysiert sowie einordnet. Damit ist die Effizienz-orientierte Sozialplanung in dem hier umschriebenen weiten Sinne des Konzeptes in der Lage, die Maßnahmen auch unter Effizienzkriterien *auszuwerten*.

Dass sie somit nicht einer schlichten Affirmation des sozialpolitischen Förderns und Forderns „auf den Leim geht" (vgl. Dahme und Wohlfahrt 2012, S. 86 ff.), ist gerade durch ihre Mehrperspektivität (monetär, NutzerInnen-bezogen, sozialarbeiterisch-fachlich, sozialräumlich etc.) begründet. Die kommunalpolitische Alltagsbewältigung mag dem nicht immer förderlich sein – gerade wenn man die Finanz-, aber auch Zeit-Knappheiten in vielen kommunalen Prozessen bedenkt. Umso bedeutsamer ist jedoch die *konzeptionelle* Klarheit der SozialplanerIn, hier verschiedene Blickwinkel möglichst gleich gewichtet anzuwenden, zu begründen und die sich damit einstellenden komplexe(re)n Ergebnisse zu erläutern. Gerade dabei jedoch kann die Orientierung an fachlich qualifizierten Kennzahlen und statistischen Auswertungen einer zahlen-affinen Öffentlichkeit oder auch Politik sicher eher eventuell notwendige Zugeständnisse entlocken.

3.2.2 Wirkungsorientierung Sozialer Arbeit

Die Perspektive auf Effizienz betrifft auch die jüngeren Debatten um die sog. Wirkungsorientierung Sozialer Arbeit. Diese Auseinandersetzung fand insbesondere im Feld der Jugendsozialarbeit statt, hatte ihre Auswirkungen aber letztlich auf die gesamte Soziale Arbeit (vgl. Albus et al. 2010, 2011; Polutta 2011). Zentraler Inhalt der Wirkungsorientierung ist die Frage nach der gesichert zu erzielenden Wirkung einer bestimmten Maßnahme Sozialer Arbeit. Daraus wird dann diskursintern abgeleitet, dass die auf diese Weise abgesicherte Wirkung eines Handelns Effizienz leichter erreichen lässt. Denn nunmehr müsse lediglich danach gefragt werden, was denn die kostengünstigste Maßnahme zur Erreichung eben dieser vorab definierten Wirkung sei. „In der Bundesrepublik wird die Frage nach Wirkung primär als eine Frage der

3.2 Sozialplanung als Steuerung von Effizienz

Gestaltung von organisationsbezogenen Qualitätskriterien und Finanzierungsstrukturen gestellt. In diesem Sinne gehört die Wirkungsorientierung im Wesentlichen in jenes diskursive Feld, das durch Begriffe wie Qualitätsmanagement, Controlling, Accountability oder Audits gekennzeichnet ist." (Albus et al. 2010, S. 20 f.; vgl. auch Polutta 2011, S. 373) Im internationalen Vergleich sind jedoch auch weitere Möglichkeiten dieses Entwicklungsfeldes entwickelt worden, nämlich zugleich „[d]er systematische Einsatz der Wirkungsforschung in Planung, Organisation und Durchführung sozialer Dienstleistungserbringung." (Albus et al. 2010, S. 21)

Schwierigkeiten einer allgemein Effizienz-orientierten Wirkung sind für die Soziale Arbeit jedoch zum einen die Frage, ob soziale Dienstleistungen tatsächlich so exakt in ihrer Prozess-, Struktur- und besonders Ergebnisqualität (Donabedian) definiert werden können. Im Gegenzug nämlich lässt sich anführen, dass soziale Prozesse, insbesondere mit biografischen Langzeit-Wirkungen, die sich zwischen zwei Erhebungszeitpunkten (t_1 und t_2) ereignen, nicht ohne Weiteres instrumentell hergestellt werden können (vgl. Albus et al. 2010, S. 115), sondern langen, oft auch langwierigen Prozessen entstammen, die in ihrer Entwicklung keineswegs linear und monokausal beschrieben werden können. Albus et al. (2011, S. 246) fassen das pointiert so zusammen: „Denn die Risikoprofile der AdressatInnen/PatientInnen/ SchülerInnen etc. und die Kontextmerkmale der Interaktionen – kurz gefasst das Leben an sich – passen sich nicht immer bzw. in der Regel selten nahtlos in den Kriterienkatalog der getesteten Programme ein." Wenn solche Entwicklungen aber hoch komplex und nicht-standardisiert (bzw. auch: nicht standardisierbar) verlaufen, können sie in ihren Wirkungen auch wohl kaum exakt erklärt und als Folge dessen dann effizient gesteuert werden.

Ein weiteres Gegenargument bedient sich der bereits zuvor dargestellten Kritik an dem, was eineindeutiges Planen und Steuern anbelangt (vgl. 3.1.4). Die wohl am weitesten reichende Kritik unter dieser Hinsicht sieht eine „neo-soziale Regierungsrationalität" (Otto und Ziegler 2006, S. 95) am Werk, die in dieser Form durch neue Interpretationen und Instrumente der Gestaltung „des Sozialen" Regierung über Individuen und Gruppen ausüben möchte,[2] statt sie in ihrer individuellen,

---

[2] Die Autoren schreiben dazu: „Zu den inhaltlichen Aspekten der neo-sozialen Transformation lassen sich unter anderem der Aufstieg einer ‚Politik der Identität' um Fragen von ‚Anerkennung' (auf Kosten einer ‚Politik der Klasse' um Frage der ‚Umverteilung'), die Umdefinition von Problemen sozialer Ungleichheit in Probleme ‚sozialer Exklusion', ein verstärkter sozialethischer Fokus auf ‚individuelle Verantwortung', ‚Aktivierung' und ‚Chancengerechtigkeit' (statt ‚Gleichheit'), sowie der Bedeutungsgewinn neuer informeller Formen der Sozialpolitik zählen, in deren Mittelpunkt die Subsidiären Selbsthilfe- und Solidaritätspotenziale des (lokalen) Nahraums stehen." (Otto und Ziegler 2006, S. 95) Zu ergänzen wären in dieser Aufzählung lediglich noch die Bemühungen der letzten Jahre um systematische Deprofessionalisierung sozialpädagogischer Handlungsfelder, wie sie bei-

organisationalen und institutionellen Besonderheit „ins Spiel kommen" zu lassen (vgl. dazu Polutta 2011, S. 373). Hintergrund eines solchen Gebarens auch durch VertreterInnen der Sozialverwaltung und die Professionellen der Sozialen Arbeit ist, so die Auffassung in diesem Kontext weiter, deren „managerielle" Uminterpretation ihrer Aufgabenfelder und Möglichkeiten (vgl. Otto und Ziegler 2006, S. 96). Damit bekommen Begriffe wie „Effizienz, Flexibilität, Qualität, Wettbewerb, Effektivität, Kundenorientierung und [...] value for money" (Otto und Ziegler 2006, S. 96; verweisen auf Gibbs) eine zuvor nicht gekannte Bedeutung und Aufmerksamkeit zugesprochen. An die Stelle der vormaligen Selbststeuerung der Profession (oder zumindest des Anspruches darauf) treten nun Assessments, die der Hoheit einer Profession entzogen und dem Urteil des Kennzahlen-gestützten Controllings und seiner s.m.a.r.t. („spezifisch, messbar, attraktiv/akzeptabel, realistisch, terminiert"; Polutta 2011, S. 374) ausgestalteten Prüfverfahren mitsamt dessen instrumenteller Effizienz-Logik unterworfen werden.

Dabei sind jedoch die hoffnungsfrohen Erwartungen „managerieller Steuerungsoptimierung" (Albus et al. 2011, S. 247) aus den zuvor gezeigten planungstheoretischen wie aus professionspolitischen Gründen hinfällig. Denn es lässt sich deutlich machen, dass Soziale Arbeit sehr wohl Wirkungen erzielt, diese jedoch auf unterschiedliche Weise zustande kommen, dabei durch professionelle Interventionen und deren Netzwerke (vgl. Merchel 2013, S. 61) zumindest auch bewirkt werden können und schließlich in ihrer Evaluierung ebenso differenziert eingeschätzt werden müssen, wie sie eben auch erbracht wurden. So unterscheidet die – sozial*wirtschaftliche* – Fachdiskussion (vgl. International Group of Controlling 2010; Moos et al. 2011) bereits seit geraumer Zeit die vier Dimensionen von Effizienz-bezogenem Output der Erbringung sozialer Dienstleistungen sowie der Orientierung an den definierten Zielgruppen (Effect), der subjektiv wahrgenommenen Wirkung (Impact) und des gesellschaftlichen Wohlfahrtsgewinns (Outcome).[3] Damit können zwar monokausale Ursache-Wirkungs-Ketten mitsamt ihren Fallprofilen weder sozialarbeiterisch hergestellt noch sozialpolitisch gesteuert werden. Doch lassen sich Ergebnisse sozialarbeiterischen Handelns objektivieren und somit (teilweise) vergleichen, statt sie bloß einer Professions-internen Debatte

---

spielsweise im Umfeld von elementar- und schulpädagogischen Bildungsangeboten zu vernehmen waren.

[3] Die AutorInnen beschreiben die drei letztgenannten Gesichtspunkte nicht eigens unter Effizienz-Bezug, sondern schreiben ihnen lediglich Momente von Effektivität (also: für die Zielerreichung) zu. Da sie aber die Letzteren aus dem Erstgenannten ableiten, kann der Effizienz-Bezug auch der Letztgenannten mitgedacht werden. Effect, Impact und Outcome können ihre Effektivität mithin nur dann erreichen, wenn die jeweils betrachtete Dienstleistung in diesem Kontext ohnehin bereits effizient war.

3.2 Sozialplanung als Steuerung von Effizienz

zu überantworten und sie damit dem nicht seltenen Vorwurf der Expertokratie auszusetzen. Zugleich ist die „Übersetzungsarbeit" der definitiv der Profession vorzubehaltenden Einschätzung von Diagnose, Intervention und Ergebnis in die Sprache der Öffentlichkeit (und mithin: deren Zahlen) eine Herausforderung, der sich die SozialplanerIn aus guten Gründen und mit profundem Fachwissen stellen muss, möchte sie ihre Maßnahmen ebenso politisch wie sozialarbeiterisch-fachlich legitimieren – und verwirklicht sehen.

Insofern geht es hier viel weniger um die – politisch umdefinierte – Nützlichkeit sozialer Dienstleistungen (vgl. Otto und Ziegler 2006, S. 102), als vielmehr um die Begründung und Durchsetzung fachlicher Standards in politischen Arenen. Dass sich ein solches Projekt mitunter Verfahren bedient, die nicht bloß an Marketing erinnern, sondern dessen Konzepten dezidiert entnommen sind, mag irritieren, kann aber durchaus „Wirkung" im *fachlichen* wie *politischen* Verständnis Sozialer Arbeit erbringen. Im Unterschied zur reinen ErfüllungsgehilfIn von neo-sozialen Aktivierungsregimen ist hier allerdings weitaus mehr Kompetenz und Professionalität der SozialarbeiterIn – in der Sozialplanung zumal, aber grundsätzlich in allen Feldern ihres professionellen Handelns – gefordert, wird indes mitunter zugunsten einer „people changing technology" (Hasenfeld 1983, S. 140 ff.) unterschlagen. Gerade dies aber macht auch die Chancen und Notwendigkeiten einer nicht-manageriellen Profession Sozialer Arbeit insbesondere im (kommunal-) politischen Planungsprozess umso eindringlicher deutlich.

Insbesondere ist „[d]as Wissen, warum und durch welche Mechanismen jemand überhaupt zum Klienten geworden ist" (Dahme und Wohlfahrt 2012, S. 88) bzw. in der Sozialplanung mehr noch, warum bestimmte Gruppen, Quartiere oder auch Klassen zu AdressatInnen sozialpolitischer Interventionen wurden, für eine Sozialplanung unerlässlich, die den darunter liegenden gesellschaftlichen wie sozialpolitischen Prozessen in ihrer Diagnoseleistung auf die Spur zu kommen sucht. An dieser Stelle ist also weit weniger eine ausschließlich Kennzahlen-fokussierte Bilanzierung der Prozesse sozialer Interventionen gefragt, als vielmehr eine die Kennzahlen ebenso wie vorab die „Prozesse im Feld" interpretierende Kompetenz, um hermeneutisch-phänomenologische Diagnose im Sinne des Fall- und des Raumverstehens bieten und reflektiert gestalten zu können.

Damit hingegen ist auch eine umfängliche Effizienzorientierung keineswegs darauf ausgerichtet, „in der Gesellschaft nur ein Mittel einer sich stets optimierenden Kapitalverwertung" (Dahme und Wohlfahrt 2012, S. 85) zu sehen. Stattdessen ist die Orientierung an den Ressourcen der NutzerInnen, der Kostenträger und der Kommunen allgemein sehr viel eher in der Lage, neben oder anstelle der „sich stets optimierenden Kapitalverwertung" Fragen von Klassenunterschieden, Verteilung und deren politischen Bedingungen wie Konsequenzen zu formulieren und in der eigenen, sozialplanerisch oft: lokalen, Antwort mitzudenken – und wo nötig, zu problematisieren. Zudem hat die Begleitforschung des Bundesmodellprogramms „Qualifizierung der Hilfen zur Erziehung durch wirkungsorientierte Ausgestaltung der Leistungs-, Entgelt- und Qualitätsvereinbarungen nach §§ 78a ff SGB VIII" eine sehr reduzierte Bedeutung der Effizienz-bezogenen Kapitalverwertung im Feld der Modellstandorte ergeben: „Finanzielle Boni bzw. Mali für erbrachte Jugendhilfeleistungen spielten an den Standorten, die sie einführten, praktisch nur eine untergeordnete Rolle; auch ihre Weiterführung wurde überwiegend in Frage gestellt." (Albus et al. 2010, S. 166)

3.2.3 Erhebungsinstrumente für Effizienz-orientiertes Controlling

Wie aber sollten nun die Instrumente aussehen und angewendet werden, mit deren Hilfe Effizienz – hier verstanden als die vorab definierte ressourcensparende Wirkung sozialer Dienstleistungen – faktisch und fachlich angemessen erzielt werden kann? Eines dürfte bereits im vorherigen Abschnitt deutlich geworden sein: Ein bloßes Definieren von Kennzahlen, gestützt auf eineindeutige Erträge experimenteller Wirkungsforschung, dürfte kein gangbarer Weg sein – nicht aus Gründen der Komplexität von Lebensführungen in der Moderne, nicht aus Gründen praxistauglicher Umsetzbarkeit und erst recht nicht aus Gründen professioneller und fachpolitischer Positionen, die den Entscheidungsräumen von NutzerInnen, ProfessionsträgerInnen und Kostenträger-Strukturen allzu enge Grenzen setzen würden, die nachgerade die Effizienz der geplanten Programme und ihrer Produkte behindern oder verunmöglichen.

In Deutschland zeigen sich „teils machtvolle Strategien und Programme, die auf eine Umgestaltung öffentlicher wohlfahrtsstaatlicher Angebote und veränderte Erbringungskontexte und Erbringungsformen sozialer Dienste zielen." (Albus et al. 2011, S. 245) Dabei werden im Zuge des Neuen Steuerungsmodells standardisierte „Produkte" definiert, die durch die Dienste und Einrichtungen der Sozialen Arbeit in der vertraglich vereinbarten Form exakt so wie vorgegeben erstellt werden müssen (Fachkräfteschlüssel, spezifisches QM-System o. a. m.). Eine solche Engführung der Wirkungsorientierung ist im Hinblick auf das Wissen wie auf dessen Umsetzung „von der Funktion professionellen Reflexionswissens erheblich" (Albus et al. 2011, S. 245) unterschieden. Umgekehrt sind die Voraussetzungen für solche Wirkungsorientierungen auf das Wissen der Profession Sozialer Arbeit angewiesen, um mit Blick auf zurückliegende Prozesse klären zu können, „what worked", um daraus Einschätzungen gewinnen zu können „what might work probably".

3.2 Sozialplanung als Steuerung von Effizienz

In diesem Zusammenhang wird darauf aufmerksam gemacht, dass die (unterstellten) Hierarchien von Zielen und auch die Quantifizierbarkeit von Kennzahlen in der Praxis häufig Probleme machen (vgl. Albus et al. 2010, S. 100 f.). Leitziele und daraus abgeleitete Handlungsziele sind eben nicht immer „eins zu eins" logisch aus einander ableitbar, sondern müssen in ihrem Bezug und hinsichtlich der dann formulierten tatsächlichen Zuordnung abgeklärt sowie in den faktischen Planungs- und Umsetzungsprozessen permanent reflektiert werden. Nur so können die – notwendige – normative Setzung der Sozialplanung auch tatsächlich von der praktischen Verwirklichung eingeholt und die jeweils notwendigen Nachsteuerungen in angemessener Form reflektiert realisiert werden.

Das Problem einer für die Praxis und ihre komplexen Bedingungs- und Auswirkungsverhältnisse unbrauchbaren Kennzahl ist aus vielen Feldern sozialer Prozesse bekannt. So lässt sich allein anhand der Zahl von eingesetzten Fachkräften in einer Maßnahme z. B. kaum das fachliche Niveau ablesen, mit dem diese Dienstleistung erbracht wird. Eher zeigt diese Zahl das Ausmaß, in dem der Leistungserbringer die vertraglichen Vorgaben pflichtgemäß erfüllt hat. Über eine einzelne Kennzahl hinaus müssen dann die vielfältigen Aspekte der Erbringung sozialer Dienstleistungen in entsprechend *angemessene Controlling-Zahlen* und *-Systeme* überführt werden. In der Regel ist es dabei sinnvoll, zum einen mehrere Zahlen zu definieren, zum zweiten diese in Relation zu setzen und schließlich Strategien zum Umgang mit Störungen *vorab* zu hinterlegen. Dies kann beispielsweise im erwähnten Fachkräfteschlüssel abgebildet werden, der nunmehr aber mit weiteren Zahlen (z. B. Anzahl vorhandener passgenauer Fortbildungen im Team, weitere Fortbildungen pro Jahr, Anzahl der Supervisionssitzungen pro Abrechnungszeitraum etc.) ergänzt wird. Des Weiteren werden neben der fachlichen Qualifikation zusätzliche Dimensionen von Kennzahlen gebildet (NutzerInnenorientierung, Finanzlage, fachlich-organisationale Weiterentwicklung u. v. m.). Schließlich sind die bislang eventuell wenig praxistauglichen Kennzahlen-Werke so weiterzuentwickeln, dass sie einerseits vorab definierte Zielkonflikte sichtbar machen (z. B. zwischen NutzerInnenorientierung und Finanzlage) und zugleich beschreiben, in welchen Schritten diesen begegnet werden soll.

Ein in der Sozialplanung zumindest größerer Träger gebräuchliches Instrument ist in diesem Umfeld die Balanced Scorecard (BSC) nach Kaplan und Norton (1996). Sie verbindet in aller Regel die Perspektiven der Finanzen, KundInnen, internen Prozesse und Mitarbeitenden-Potenziale. Ausgehend von Vision und Strategie eines Unternehmens, oder hier: einer Kommune (vgl. 3.1.2 und 3.3), werden in diesen Feldern mehrere Kennzahlen formuliert. Diese ermöglichen eine mehrdimensionale Abbildung und daraus folgende Steuerung von Prozessen. Dabei gilt in aller Regel für die Anzahl der Messwerte: „*Twenty is plenty*" (vgl. Hauser und

Brauchlin 2008, S. 177 f.). Doch auch dieses Konzept ersetzt keineswegs die reflektierende Arbeit mit den Zahlen – sie erleichtert sie im günstigen Fall dadurch, dass sie die notwendigen Dimensionen kommunaler Planung, abgeleitet vom Leitbild, in eine mehrdimensionale Betrachtungsweise der Entwicklungen einbettet. Insofern können Kennzahlen, in dieser Weise sachlich betrachtet, die Freiräume von Professionen und Akteuren gar nicht einengen, tun dies allerdings in der weniger sachlich betrachtenden Praxis doch nicht gerade selten.

Unter dieser Hinsicht scheint die Befürchtung, Controlling und Evaluationsforschung seien zusammengefallen (vgl. kritisch Dahme und Wohlfahrt 2012, S. 86), nun auch nicht mehr ganz so dramatisch. Beide fragen nach der Wirklichkeit – Evaluation als Auswertung der Ergebnisse sozialer Prozesse (und damit: nach dieser speziellen Form von Wirkung), Controlling als die Kennzahlen-basierte Auswertung dessen, wieviel eines gegebenen Zieles erreicht werden konnte (und somit: nach dieser anderen Form von Wirkung). Beide sind also nicht identisch und können dies, fachlich betrachtet, auch durch neo-soziale Politikbemühungen nicht werden. Dabei ist es Aufgabe der Profession Sozialer Arbeit – gerade auch als Akteurin von Sozialplanung –, diese Unterschiede bewusst zu machen. Controlling ist eine unternehmerische wie kommunale Aufgabe, um Ressourcen-schonende Effizienz zu ermöglichen, Evaluation fragt nach den vielfältigen Auswirkungen sozialer Dienstleistungen in einer komplexen Lebenswirklichkeit der Menschen in den Kommunen und der Effizienz auf dem Weg „des Erreichens gesellschaftspolitisch gesetzter Ziele" (Dahme und Wohlfahrt 2012, S. 86). Dabei wäre der Effizienzbegriff sicher missverstanden, sollte er auf diesem Weg zur Legitimation von bloßen monetären Einsparungen herhalten. Effizienz im hier entwickelten Verständnis fragt vielmehr multidimensional (z. B. subjektiv, sozial, politisch, ökonomisch) nach dem jeweils sparsamsten Weg zur Erreichung des vorab festgelegten Zieles. Dass Sozialplanung und die Profession Sozialer Arbeit hier gewichtige Worte mitsprechen können, wenn sie sich diese Aufgabe auch tatsächlich zu eigen machen, dürfte nach den zuvor entwickelten Argumenten deutlich geworden sein.

Die Frage ist also weit weniger, ob Controlling in der Sozialplanung seinen Platz bekommen soll, sondern sehr viel eher, auf welche Weise, in welchem Umfang und mit welchen Blickwinkeln. Pawson und Tilley sehen politische Programme als Inkarnationen („Verleiblichungen") von Theorien (vgl. 2009, S. 152). Um davon abgeleitete Erhebungsprogramme in einem „aktiven" Sinne zu entwickeln, ist zum einen das „leibhaftige" Feld der Evaluation sozial, organisational und sozialpolitisch zu vermessen. Zum anderen fordern die Autoren zu diesem Zweck die Berücksichtigung von *„the stakeholders' reasoning"* (Pawson und Tilley 2009, S. 155). Ein Blick auf die Dienstleistungs-bezogenen Management-Theorien zeigt auch hier Anschlussfähigkeit (vgl. beispielhaft Meffert und Bruhn 2012; Schröder et al. 2007). Bei Letzteren nämlich wird der Blick gelenkt auf den „externen Fak-

3.2 Sozialplanung als Steuerung von Effizienz

tor" der KundIn, der somit in jeglicher Erbringung von Dienstleistungen durch sein „*reasoning*" mitgedacht werden muss und zugleich aktiv mitwirkt (vgl. Schröder et al. 2007, S. 303). Gerade im Dialog mit den NutzerInnen lässt sich „eine angemessene Beschreibung und Erhebung von Kontextindikatoren und die Erfassung von prozess-strukturierenden Indikatoren" (Albus et al. 2010, S. 117) leisten, so dass damit einer zentralen Forderung kritischer Positionen zur Wirkungsforschung auch unter Management-theoretischer Hinsicht entsprochen werden kann.[4] Dies gelingt insoweit – und nur dann –, als diese Indikatoren nicht zu Attribuierungsprozessen für „gefährliche Personengruppen" (dazu werden dann häufig Suchtkranke, Erwerbs- oder Wohnungslose gezählt; vgl. Böhmer 2014e) oder „benachteiligte Quartiere" herhalten müssen, sondern zum Anlass für Wirkungsdialoge zwischen den NutzerInnen sowie den ErbringerInnen sozialer Dienstleistungen und den Verwaltungsangehörigen führen (vgl. Nüsken 2010, S. 260 f.; kritisch zum versicherungsmathematischen Profiling Otto und Ziegler 2006, S. 101 f.).

Doch auch neben aller Gefahr managerialer Verengungen der Wirkungsorientierung machen Kontext-Faktoren besonderer Art die Möglichkeiten wie Konkretisierungen wirkungsbezogener Planung und Steuerung zweifelhaft: „In dem Maße, in dem die von einer Entscheidung Betroffenen an dem zu ihr führenden Prozess beteiligt werden, Adressaten also zu Mitwirkenden werden und Steuerungssubjekt und Steuerungsobjekt nicht mehr klar zu trennen sind, werden Entscheidungsprozesse jedoch konflikthaft." (Mayntz 2008, S. 57) Folgerichtig wird fraglich, ob sich Effizienz in Governance-spezifischen Konstellationen beständig realisieren lässt. Vielmehr ist davon auszugehen, dass konfligierende Zielvorstellungen im Governance-Prozess nicht immer für alle Beteiligten zufriedenstellend (Fokus: Effektivität) und zugleich auch noch nach allen Maßgaben ressourcenschonend (Fokus: Effizienz) geleistet werden können. Einzige praktikable Antwort dürfte hier die kontinuierliche Nachsteuerung von sozialplanerischen Verfahren sein, um etwa feststellbare Effizienz-Lücken zumindest teilweise korrigieren zu können.

---

[4] Im Einzelnen beschreiben die AutorInnen: „*Kontextvariablen* (z. B. Struktur und Qualität der Organisation, Demografie, Ausbildung, Überzeugungen und Ausrichtungen und die Professionalität der MitarbeiterInnen) verweisen auf die strukturellen Merkmale der beteiligten Akteure und geben Aufschluss über deren jeweiliges Profil. *Prozessvariablen* verweisen auf die Formen und Praktiken der institutionellen und einzelfallbezogenen Zusammenarbeit (wie z. B. das pädagogische Verhältnis zwischen AdressatInnen und MitarbeiterInnen). Sie geben Aufschluss über die Aushandlungsdynamiken zwischen den Institutionen, die dadurch erzielten Folgen im Verhältnis zu den betroffenen Nutzern sowie über Inhalte und Formen der einzelnen Interventionen.
Effektvariablen, d. h. die Wirkungsindikatoren, verweisen auf die erzielten Wirkungen im Rahmen der Hilfeprozesse, auf das Ausmaß an verfügbaren sozialen, materiellen und kulturellen Ressourcen und die Lebenssituation von Kindern und Jugendlichen." (Albus et al. 2010, S. 117).

Als Zusammenfassung der hier vorgestellten Überlegungen lässt sich nunmehr für die Controlling-Instrumente fordern:

1. Effizienz-orientiertes Controlling muss mit einem mehrdimensionalen Wirkungsbegriff (subjektiv, fachlich, politisch) arbeiten.
2. Diese mehreren Dimensionen müssen dialogisch gesucht, definiert und kontinuierlich fortgeschrieben werden.
3. Management-spezifische Instrumente wie die *Balanced Scorcard*, aber auch das gängige Berichtswesen oder Zielvereinbarungen können zum Einsatz kommen, *sofern* sie diese Mehrdimensionalität von Wirkung beherzigen.
4. Indikatoren und Kennzahlen sind geeignete Mittel zur Wirkungsbestimmung, wenn sie nicht einer Standardisierung von Diensten und Einrichtungen verpflichtet sind (vgl. kritisch Merchel 2013, S. 63 ff.), sondern einem „reflexiven Planungsmodus" (nach Albus et al. 2010, S. 166) dienen.
5. Reflexive Planung ist dann in der Lage, auf der Grundlage von Wirkungsdialogen und reflexiven Aushandlungsprozessen aller Beteiligten (der NutzerInnen zumal) Effizienz-orientiert zu agieren.

Perspektiven und Reflexionen
Im Hinblick auf die Effizienz-Orientierung kommunaler Sozialplanung sollten Sie nun folgende Fragen beantworten können:

- Was versteht man allgemein unter Effektivität, was unter Effizienz?
- In welchem Bezug stehen Effizienz- und Wirkungsorientierung in der Sozialplanung?
- Welche Engführungen drohen der Sozialplanung durch einen unterkomplexen Wirkungsbegriff? Welche bestehen für die Soziale Arbeit?
- Wie lassen sich diese Engführungen überwinden?
- Welche Instrumente können für Effizienz-orientiertes Controlling in der Sozialplanung genutzt werden? Wie müssen sie näherhin beschaffen sein?

3.3 Vorfeldarbeiten der Sozialplanung

▶ Bevor man zu planen beginnt, muss man wissen, „wohin die Reise gehen soll". Die Vorfeldarbeit der Sozialplanung legt daher fest, wie die Ziele des Planungskreislaufes aussehen sollen und wie eine Organisation sie zu erreichen versucht. Der folgende Teil stellt Ihnen die dazu erforderlichen theoretischen Grundlagen und deren praktische Konsequenzen vor.

3.3.1 Ebenen kommunalen Managements

Sozialplanung hat, sofern sie erfolgreich tätig wird, umfangreiche und mitunter auch einschneidende Konsequenzen für einzelne, Gruppen und auch ganze Stadtteile. Daher ist die Frage von großer Bedeutung, welche Ziele denn überhaupt warum und wozu verfolgt werden sollen. Erst von dorther nämlich ergeben sich dann die Maßstäbe für die Einschätzung der Veränderungen in der sozialpolitischen Ausrichtung der Kommune und ihrer Programme. Diese Werte-bezogenen („normativen") Positionen zu klären, ist auch deshalb so wichtig, weil methodisches Handeln, und sei es noch so kompetent umgesetzt, noch gar nichts darüber aussagt, ob das Ergebnis des Methodeneinsatzes gut oder schlecht, politisch sinnvoll oder ethisch verwerflich sei. Daher bedarf es eines umfangreichen Raumes, in dem sich die für Sozialplanung Verantwortlichen – also die SozialplanerInnen, die KommunalpolitikerInnen, aber besonders auch die Menschen in der Kommune selbst – darüber Gedanken machen und sich verständigen, welche Ziele zu welchem Zweck angestrebt werden sollen.

Nach Auffassung mancher PlanungstheoretikerInnen geschieht eine solche Abstimmung üblicherweise *während* des Planungsverlaufs: Hat man den Auftrag zur Sozialplanung abgestimmt, die Daten für eine umfangreiche Sozialstrukturanalyse zusammengetragen und sodann bewertet, so wird auf dieser Grundlage das Leitbild für den Planungsprozess und mitunter gar für die gesamte Kommune über die kommenden Jahrzehnte hinweg festgelegt (vgl. MAIS NRW 2011, S. 42 ff.). So gebräuchlich diese Struktur sein mag, so wenig schlüssig erscheint sie jedoch bei näherem Zusehen. Denn zum einen gibt sie keine Auskunft darüber, welche Daten denn für eine Analyse der vorgegebenen Sozialstruktur und -situation aussagekräftig sind und herangezogen werden sollen. Damit aber entsteht das Problem, dass sich dann die „üblichen Verdächtigen" in den Erhebungsbögen für die Haushalte in der fraglichen Gemeinde finden (Alter, Geschlecht, Bildungsabschluss des Haushaltsvorstands, Erwerbstätigkeit, Einkommen, Migrationshintergrund u. v. a. m.). Was aber, wenn sich in dieser üblichen Listung keine Daten zu den Zielen finden, die beispielsweise die neu definierten Visionen und Strategien erfordern? Üblicherweise werden z. B. Obdachlose in kommunalen Statistiken nicht ausgewiesen. Wird aber die Bekämpfung von Armut auf die Agenda der Kommune gesetzt, liegen dazu keine hinreichenden Messzahlen vor, die ein fachlich vollumfänglich geklärtes und somit effizientes Planen erlauben würden.

Hinzu kommt, dass einem solchen Planungskonzept wohl nur schwerlich die Verbindung von Werten, Strategien und Operationen gelingen wird. Dass dies andernorts – zumindest für das allgemeine Management von Wirtschaftsbetrieben – vorgelegt wurde (vgl. Bleicher 2011), macht deutlich, dass eine solche Forderung

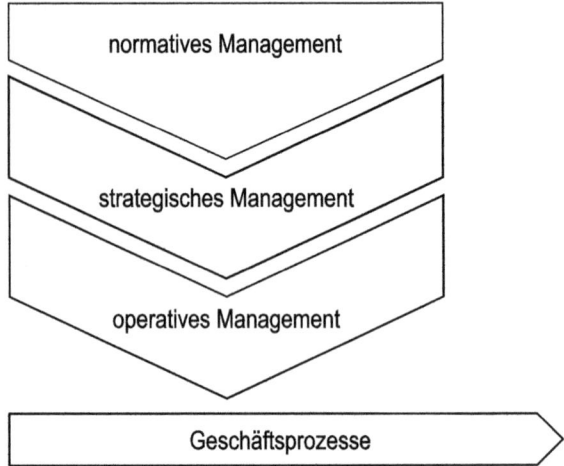

Abb. 3.8 Managementebenen. (Quelle: Eigene Darstellung (nach K. Bleicher) © A. Böhmer)

nicht unrealistisch ist.[5] Insofern soll auch hier dieser Auffassung des sog. „St. Galler Management-Modells" gefolgt werden (siehe Abb. 3.8), da auf diese Weise die Verbindung von Normen, Strategien und operativer Umsetzung gewährleistet werden und sie insofern sozial- und kommunalpolitischen Wertvorstellungen am ehesten zuarbeiten kann. Die Entwicklung des kommunalen Leitbildes muss daher nach der hier vertretenen Auffassung erfolgen, *bevor* die Sozialplanung im engeren Sinne praktisch wird. Leitbildentwicklung findet somit im Vorfeld der Planung statt und orientiert sie auf diese Weise.

3.3.2 Das kommunale Leitbild

Für die sozialplanerische Vorfeldarbeit sind zunächst verschiedene Klärungsarbeiten notwendig. So muss mit dem *normativen Management* danach gefragt werden, welchem Leitbild die Kommune, der Verband o. ä. *allgemein* folgen soll. Dieses Leitbild setzt sich für gewöhnlich aus *Vision* (das, wenn auch wolkig, umschriebene Fernziel) und *Mission* (der Auftrag, dem sich die Kommune, der Verband o. ä. infolgedessen stellt) zusammen. Die *Vision* bezeichnet in Ressort-übergreifender Weise die Vorstellungen, die kommunal Verantwortliche von der Zukunft ihrer Ge-

---

[5] Zwar zitiert auch die hier skeptisch beurteilte Position diese Management-Auffassung (MAIS NRW 2011, S. 42), doch werden daraus offenkundig keine einschlägigen Schlüsse gezogen.

meinde haben. Diese Zukunft ist dabei langfristig zu verstehen; also entworfen auf 15 oder auch mehr Jahre. Damit ermöglicht die Vision eine Orientierung in sehr allgemeiner Form. Sie ist daher für gewöhnlich auch sehr allgemein gehalten. So formuliert beispielsweise die Stadt Köln im sozialpolitischen Kapitel ihres Leitbildes „Köln 2020":

> **Köln – eine familienfreundliche und soziale Stadt**
> „Menschen aller Alters- und Gesellschaftsgruppen finden gleichberechtigt Raum zum Leben, Menschen in Not werden nicht allein gelassen. Dafür sorgen zahlreiche Einrichtungen, die wohnortnah, niederschwellig und diskriminierungsfrei vernetzte Hilfe, Beratung und Unterstützung anbieten. Diese Angebote werden in geeigneter Form bekannt und transparent gemacht." (Köln 2003, S. 24)

Was in Köln also nach Auffassung derjenigen, die solche Formulierungen entwickelt haben, *konkret* geschehen soll, *um* etwa „vernetzte Hilfe" leisten zu können, findet sich in diesen Sätzen noch nicht.

Diese genauere Abstimmung wird zunächst unter *strategischer* Hinsicht vorgenommen. In diesem Zusammenhang wird geklärt: Auf welchem Weg wollen wir unsere Vision zu erreichen suchen? In unserem Beispiel könnte also aus der normativen Ansicht, Hilfe „vernetzt" erbringen zu wollen, nun die umfassende Einführung von Case- und Care-Management als strukturelle Clearing- und Steuerungsformen für Einzelfälle sowie Strukturen des Versorgungssystems folgen. Insofern wird im Feld des strategischen Managements aus dem normativen abgeleitet, welche Wege grundsätzlich beschritten werden sollen, um die zuvor definierten Ziele unter politischer wie fachlicher Hinsicht sinnvoller Weise erreichen zu können.

Sodann folgen *operative Management*prozesse. Sie haben zur Aufgabe, die strategischen Festlegungen organisatorisch so umzusetzen, dass sie erfolgreich werden können. In unserem Beispiel könnte dies bedeuten, bestimmte Case-Management-Kompetenzen bei denjenigen Fachstellen zu verlangen, deren Dienstleistungen die Kommune bei freien Trägern „einkauft". So kann beispielsweise ein Leistungsvertrag zwischen Gemeinde und freiem Träger vorsehen, in welcher Form Qualitätsstandards etwa im Case-Management eingehalten werden müssen, wie diesbezügliche Controllingverfahren gestaltet sind und mit welchen Instrumenten die Qualität der Dienstleistungserbringung erhoben werden soll.

Mitunter gründen diese drei Management-Ebenen (normatives, strategisches und operatives Management) in einem *Rahmenplan*, der für das Planungsgeschehen aller Ressorts maßgeblich ist. Er beinhaltet mit den erwähnten Perspektiven auf normative und strategische Fragen eine „Grundstruktur, die die Zielerreichung und Umsetzung der Handlungsschwerpunkte ermöglicht, fördert und kontrolliert." (Landkreis Görlitz 2010, S. 6) Insofern wird der Rahmenplan gemeinsam mit allen wichtigen *stakeholdern* abgestimmt, integriert im günstigen Fall weitere Fachplanungen und bietet so eine konzeptionelle Grundlage für die Integrierte Sozialplanung (vgl. 3.6) als Bestandteil eines Politik- und Management-Konzeptes für die Daseinsvorsorge der Kommune. So kann ein solcher Plan neben der ausführlichen Darstellung der Managementebenen und deren Zuordnung etwa vorsehen, bestimmte Rollen im Planungsverlauf festzulegen oder auch Planungsräume einzurichten und in diesen auf definierte Weise Konferenzen abzuhalten. Der Rahmenplan dient somit zur Orientierung der inhaltlichen Ziele aus der Sozialplanung und macht die Nahtstellen zu den weiteren kommunalen Planungsaufgaben deutlich.

Politischer Hintergrund der kommunalen Leitbilder, insbesondere in ihrer sozialpolitischen Hinsicht, ist das 2006 verabschiedete raumordnungspolitische Leitbild 2 „Daseinsvorsorge sichern". In ihren insgesamt drei Leitvorgaben (*Wachstum und Innovation, Daseinsvorsorge sichern* sowie *Ressourcen bewahren, Kulturlandschaften gestalten*) werden die diesbezüglichen „Leitbilder und Handlungsstrategien für die Raumentwicklung in Deutschland" dargelegt. Allerdings werden diese Vorgaben nicht als statische Maßgaben verstanden, sondern als dynamisch weiterzuentwickelnde Blickwinkel auf die bisherigen Prozesse, Strukturen und Möglichkeiten der verschiedenen Siedlungsräume in Deutschland. Insofern geben alle drei, und das auf Daseinsvorsorge bezogene im Besonderen, wichtige Hinweise darauf, wie angesichts der normativen Ansätze in der Kommunalpolitik die weiteren Fortschritte in der Sozialplanung aussehen können. Trotz aller lokalen Unterschiede bieten diese bundesweit abgestimmten Vorgaben also klar umschriebene und regional konkretisierte (vgl. Ministerkonferenz im BMVBS 2006, S. 7) Möglichkeiten, Stadtentwicklung und Sozialplanung mit vergleichbaren raumordnungs- und sozialpolitischen Ansätzen bis hin zu abgestimmten Qualitätsstandards zu gestalten.

Solche Ansätze haben sich in Europa in der jüngeren Vergangenheit auf jeweils spezifische Weise herausgebildet: „In Stadtplanung und Stadtpolitik hat das *Leitbild* der *kompakten und durchmischten Stadt* auf europäischer, nationaler und lokaler Ebene während des vergangenen Jahrzehnts die größte Verbreitung gefunden." (Jessen in ARL 2005, S. 604; vgl. ders. 2010; für einen größeren Überblick Heineberg 2014, S. 126 ff.) Dabei waren maßgebliche Orientierungsgrößen die hohe Baudichte, eine Nutzungsmischung, die Förderung öffentlicher Räume sowie ökologisch aufgewertete Räume (vgl. Jessen in ARL 2005, S. 605). Durch diese Strukturmomente ließen sich städtische Entwicklungen erfassen, analysieren und in ihrer weiteren Entwicklung fokussiert planen. Insofern bedeutet auch das auf Daseinsvorsorge bezogene Leitbild der Raumordnungspolitik, die ungleichen

3.3 Vorfeldarbeiten der Sozialplanung

Entwicklungen verschiedener Räume (Stadt und Land, je nach Ausmaß des demografischen Wandels etc.) soweit zu gestalten, dass einerseits die Ausgeglichenheit der Lebensverhältnisse „bei der Versorgung mit Dienstleistungen und Infrastrukturen der öffentlichen Daseinsvorsorge" (Ministerkonferenz im BMVBS 2006, S. 18) insbesondere hinsichtlich der Grundversorgung sichergestellt sein kann und andererseits die Besonderheiten des Siedlungsraums – etwa der Stadt – ihre Bedeutung behalten.

Damit orientiert im günstigen Fall auch das kommunale Leitbild die Politik der Kommune und bietet Anhaltspunkte für die jeweilige Raumbeobachtung als die „indikatorengestützte, laufende, systematische und umfassende Berichterstattung über räumliche Entwicklung" (nach Gatzweiler in ARL 2005, S. 841). Das Leitbild verbleibt mithin nicht allein in einem bloß appellativen Status von Wünschenswertem, sondern ermöglicht zugleich die Analyse kommunaler Wirklichkeiten im Hinblick auf die vorgegebenen Wertmaßstäbe. Mehr noch: Das kommunale Leitbild dient auf diese Weise der Koordinierung räumlicher Planungen, zu denen Sozialplanung allgemein zählt, aber auch weitere Ressorts (etwa Bauen, Verkehr u. a.), die somit durch die Maßstäbe der Vision gemeinsam weiter entwickelt werden. Die Leitbild-gestützte Raumbeobachtung, die in der Sozialplanung in Sozialberichte sowie weitere Berichtsformen und -pläne mündet (Bildungs- oder SeniorInnenbericht, Kindergartenbedarfs- oder Pflegeplanung u. ä. m.), liefert des Weiteren Informationen über räumliche Disparitäten, deren Entwicklungen, dafür mögliche Handlungsalternativen und die daraus folgenden Effekte. Schließlich verbindet sie Evaluation und Prognose, indem sie etwa Trends der zurückliegenden Jahre darstellen und – unter Annahme einer analogen Weiterentwicklung der untersuchten Felder kommunaler Sozialpolitik – fortschreiben kann.

Die Struktur der Sozialplanung kann idealisiert als Kreislauf dargestellt werden (vgl. 3.1.2), in der die Zieldefinition des Planungsprozesses in Ableitung aus der *allgemeinen* Vision und der dazugehörigen Strategie erfolgt. Insofern wird der Planungskreislauf unmittelbar vom kommunalen Leitbild „gespeist", jedoch – so zumindest die oben vertretene Auffassung, ohne unmittelbar in den Planungskreislauf einbezogen zu werden. Dies nämlich ermöglicht einerseits die fortdauernde Wirkung kommunaler Leitorientierungen und gestattet andererseits dennoch kontinuierliche und kurzfristige Planungen. Sodann ermöglicht das kommunale Leitbild in der räumlichen Planung die Fortführung bereits begonnener Entwicklungspfade nach Maßgaben des jeweiligen Fachgebietes (Jugend, Familien, Senioren o. a.). Damit werden allgemeine Konzepte des normativen Managements in der Kommune mit den fachlich definierten Themen abgeglichen und können auf diese Weise auch in der kommunalen Planung von Programmen/Produkten und Prozessen ihre Wirkung entfalten. Weiter wird durch das Leitbild der Gemeinde die jeweilige

Evaluation der Umsetzung von Maßnahmen normengeleitet überprüfbar und kann einer Bewertung zugeführt werden. Auf diese Weise können die bisherigen Planungen und Umsetzungen je nach Einschätzung in weitere Planungen überführt werden und folgen dabei dennoch denselben Leitvorstellungen.

Allerdings ist die Rolle von Sozialplanung auch durch noch so ausgeklügelte Leitbilder längst nicht hinreichend festgelegt: „Für die Ausgestaltung und institutionelle Einbindung von Sozialplanung in die Kommunalverwaltung gibt es weder verbindliche Regelungen noch einheitliche Konzepte. Welche Relevanz Sozialplanung in den einzelnen Kommunen konkret hat und wie sie durch Sozialberichte in der Öffentlichkeit sichtbar wird, hängt in erheblichem Maße von der kommunalpolitischen Zielsetzung ab." (Burmester 2011, S. 306) Insofern ist das kommunale Leitbild eine gewichtige Größe für die allgemeine Orientierung der Sozialplanung bereits im Vorfeld. Welche Rolle ihr hingegen von den lokalen und kommunalpolitischen Akteuren zugemessen wird und wie sie darin – oder auch trotz dem – ihre Rolle definiert und ausübt, bedarf der jeweiligen Abstimmung und der Profilierung insbesondere über angemessene und für die Anwendung taugliche Planungsabläufe und -erträge. Dass diese jedoch in großem Umfang soziale Komplexitäten ebenso vielgestaltig wiedergeben und insofern keiner schlichten Ursache-Wirkungs-Orientierung überantwortet werden können, wurde bereits andernorts (vgl. 3.2.2) ausführlich entwickelt.

Perspektiven und Reflexionen
Sie haben nun die Bedeutung von normativen Vorgaben und deren Rolle im Geschehen kommunaler Sozialplanung kennengelernt. Bitte klären Sie daher:

- An welchen Stellen des Planungskreislaufes sollte nach Ihrer Auffassung das kommunale Leitbild zur genaueren Orientierung regelmäßig herangezogen werden? Welche weiteren Maßstäbe sind aus Ihrer Sicht ebenfalls von Bedeutung für die normative Orientierung von Sozialplanung?
- Welche fachlichen Ziele Sozialer Arbeit halten Sie aufgrund Ihrer professionellen Position für sozialplanerisch besonders beachtenswert?
- Wie verbinden Sie die für viele Kommunen hochgradig bedeutende Frage nach finanzieller Absicherung mit den fachlichen Zielen in der Sozialplanung?

3.4 Sozialberichterstattung

▶ Sozialberichte sind ein sehr gebräuchliches Instrument in der Sozialplanung. Daher lernen Sie hier, wie ein solcher Sozialbericht fachlich zu verstehen, praktisch anzufertigen und wie er im Kreislauf der Sozialplanung einzusetzen ist – und auch, wie nicht.

3.4 Sozialberichterstattung

Bereits dargestellt wurde, wie die Kommunalverwaltung – und die Sozialplanung darin – durch die Verwaltungsmodernisierungen einer verstärkten Ausrichtung an betriebswirtschaftlichen Ansätzen und Perspektiven zugeführt wurde. Dadurch gewinnt Controlling als kennzahlengestützter Prozess für die Zielbestimmung, Planung und Überprüfung des Erreichten auch in der Kommunalverwaltung verstärkte Bedeutung. Insofern ist nun auch „Sozialplanung als Fachcontrolling zu bezeichnen." (Burmester 2011, S. 308) Ein solches Fachcontrolling benötigt Daten, um Ausgangs- ebenso wie Ergebnislagen darstellen und die Ergebnisse in Beziehung zu einander setzen zu können. Zugleich können solche Darstellungen genutzt werden, um die zurückliegenden Prozesse und ihre Erträge einer breiteren Öffentlichkeit zu präsentieren. Zu diesem Zweck werden erhobene Daten weiter zusammengefasst, mit erläuternden Texten versehen und in einer leicht eingängigen Form präsentiert.

Sozialberichterstattung dient insofern diesem Berichtsauftrag nach innen und nach außen. Letztlich geht damit ein Steuerungsauftrag einher, der durch die kompakte und übersichtliche Darstellung der Fakten, ihrer Zusammenhänge und Entwicklungen politische Bewertungen und kommunale Steuerungen möglich macht, auch wenn viele frühere Steuerungshoffnungen nicht erfüllt wurden (vgl. Birkmann in ARL 2005, S. 670) Deshalb aber gänzlich von Außendarstellungen und Steuerungsbemühungen abzulassen, wäre sicher der falsche Weg. Vielmehr kann Sozialberichterstattung durch ihre berichtende Funktion Hinweise darauf liefern, wie sich Sachverhalte in komplexen Zusammenhängen verändert, welche Entwicklungen zusätzlich stattgefunden und wo andere eventuell einen Stillstand erfahren haben.

Insofern eignet sich Sozialberichtserstattung als strategisches Instrument, um die Ziele der Kommunalpolitik allgemein und die der Sozialplanung im Besonderen in koordinierter Schrittfolge unter Berücksichtigung der vorhandenen Ressourcen abzubilden. Doch auch für die daraus folgende konkrete Umsetzung von Sozialplanung erfüllen Sozialberichte wichtige Aufgaben. Beide Aspekte sollen nun ausführlicher vorgestellt werden.

3.4.1 Sozialberichterstattung als strategisches Instrument

Um die Bedeutung von Sozialberichten für das strategische Vorgehen in der Sozialplanung ausloten zu können, ist es sinnvoll, sich die diesbezüglichen Aspekte der Sozialplanung in der kommunalen Daseinsvorsorge zu vergegenwärtigen. Hier sind zunächst die Aufgabenfelder mit einem grundlegenden Auftrag der Daseinsvorsorge zu erwähnen. Diese Organisationsform des menschlichen Existierens und Zusammenlebens auf kommunaler Ebene kann dabei nicht technokratisch handelnden ExpertInnen überantwortet werden (vgl. kritisch Crouch 2013), sondern bedarf des Mitwirkens der BürgerInnen, die auch in dieser Form ihre politische Souveränität im Sinne des Grundgesetzes im lokalen Zusammenhang verwirklichen.

> **Das Sozialstaatsprinzip**
> „(1) Die Bundesrepublik Deutschland ist ein demokratischer und sozialer Bundesstaat.
> (2) Alle Staatsgewalt geht vom Volke aus. […]" (Art. 20 GG)

Insofern ist ein Sozialbericht mehr als eine Pflichtübung der Gemeinde. Er dokumentiert Entwicklungslinien und ermöglicht, Ansatzpunkte für neue planerische Schritte zu identifizieren, – nicht allein durch Fachleute, sondern eben auch durch die interessierte Öffentlichkeit der BürgerInnen. Allgemeine Perspektiven der Sozialberichterstattung (nach Markert und Wieseler 2011, S. 1291 f.) sind insofern zunächst die flächendeckende Etablierung integrierter Sozialberichterstattung, um auf diese Weise für alle Teile der Kommune Aussagen über die verschiedenen, hier miteinander verbundenen Fachperspektiven (Soziales allgemein, evtl. auch Jugendhilfe, Inklusion, SeniorInnen; aber auch Finanzen, Bau, Verkehr u. v. m.) zu ermöglichen. Somit können territorial, sozial und verwaltungsspezifisch die verschiedenen Aspekte, ihre Wechselwirkungen und die sich damit ergebenden Konsequenzen für kommunalpolitische Entwicklungen sichtbar gemacht und für die anschließende Planung genutzt werden.

Sodann müssen die vielfältigen Akteursgruppen in den Blick genommen werden, um die Betroffenen selbst sowie die Entscheidenden, aber auch weitere Interessengruppen wie Angehörige, AnwohnerInnen von Einrichtungen, Geschäftsleute, Vereine u. v. m. in der Konzeption und der Umsetzung des Sozialberichtes beteiligen zu können. Ein solch breiter Rahmen macht die Erstellung des Berichtes selbstverständlich aufwändiger, oft auch langsamer, da ja möglichst viele der Beteiligten zu Wort kommen müssen, und potentiell zudem konfliktträchtiger. Dennoch ist es empfehlenswert, möglichst viele Blickwinkel und Interessen zu versammeln, um somit ein reichhaltigeres Bild der sozialen Wirklichkeit zeichnen und zugleich auch die in der Sozialplanung dann weiter zu bearbeitenden Konfliktfelder, Bedarfslagen oder auch noch nicht vollumfänglich genutzte Ressourcen frühzeitig identifizieren zu können. Zugleich ist bei einer solch aufwändigen Vorgehensweise durchaus nachzuvollziehen, warum viele Gemeinden ihre Sozialberichte nur in sehr großen Zeitabständen (mitunter zehn und mehr Jahre) erstellen.

Im Interesse eines möglichst realitätsnahen Bildes des Planungsraumes sind zudem die unterschiedlichen Sozialräume und Lebenslagendimensionen sowie deren Abhängigkeiten und Wechselwirkungen abzubilden. Dabei ist die Deutungshoheit dieser Begriffe höchst strittig. Hier sollen das Territorium der Sozialberichterstattung oder dessen Teile keineswegs synonym mit dem des Sozialraumes verwendet werden. Vielmehr laufen Vergesellschaftungsprozesse zwar an Orten innerhalb des

3.4 Sozialberichterstattung

Planungsraumes ab, haben jedoch ihre eigene Struktur der Verteilung von ökonomischem, kulturellem und sozialem Kapital und den sich daraus ergebenden gesellschaftlichen Positionierungen (vgl. Bourdieu 1983, 1997). Diese Positionen innerhalb des gesellschaftlichen Gesamtraumes wiederum haben Konsequenzen für die Lebenslagen, in denen sich Menschen befinden, und die sich damit einstellenden oder verhinderten Lösungs- und Gestaltungsmöglichkeiten (vgl. Walzer und Knöpfel 2007; für ähnliche Perspektiven im sog. Capability Approach vgl. Sen 2011; Nussbaum 2007; Otto und Ziegler 2010a, b). Solche Verflechtungen sind die Ergebnisse vielfältiger biografischer, sozialer, politischer, ästhetischer und nicht zuletzt materieller Gegebenheiten, die sich im Sozialbericht schlussendlich als komplexe Sozialstruktur lediglich im Hinblick auf die Spezifika einiger „Stränge" nachzeichnen lassen. Eine tieferreichende Analyse der spezifischen Ausgangs-, Prozess- und Ergebnislagen der jeweiligen Untergruppen von BürgerInnen sind gerade für die Weiterarbeit der Datensammlung im Sozialbericht durch die Sozialplanung von Bedeutung und erfordern eine besondere Expertise. Diese ist speziell von der Profession Sozialer Arbeit zu erwarten, da sie nicht allein sozial- oder verwaltungswissenschaftliche Analysen vorlegen, sondern deren Ergebnisse für die Ausgestaltung der bestehenden oder eventuell auch für die Schaffung neuer sozialer Dienstleistungen nutzen kann.

Eine weitere strategische Perspektive von Sozialberichterstattung ist deren Nutzen für die Organisationsentwicklung der öffentlichen Verwaltung wie der beteiligten freien Träger. Sozialberichte geben – erste – Antworten darauf, wie sich die Erbringung sozialer Dienstleistungen im Berichtszeitraum gestaltet hat. Sofern nämlich die Rahmenbedingungen für soziale Prozesse berücksichtigt werden, ergeben Zeitreihen von Daten zur Sozialstruktur im Planungsraum Erkenntnisse darüber, welche Bedarfe nachhaltig befriedigt werden konnten, welche neu entstanden und wie die kommunalen und sozialwirtschaftlichen Organisationen damit umzugehen verstanden (siehe Abb. 3.9). Solche Hinweise wiederum können durch ihre Rückkoppelung an die jeweils Verantwortlichen dazu dienen, Organisationsentwicklung in Kommunalverwaltung und bei den freien Trägern zu ermöglichen, um auf die Veränderungen im Planungsraum durch solche in der Organisation zu antworten. Dabei ist die Interpretation der Vorher-/Nachher-Darstellungen sicher der wichtigste Teil für die Ableitung organisationaler Entwicklungsprozesse, denn die Zahlen ergeben ja nicht vordergründig, welche Ursachen welche Wirkungen erbracht haben (vgl. 3.2.2). Stattdessen lassen sich vielmehr Anhaltspunkte dafür finden, wie Veränderungen verlaufen sind und an welchen Stellen bestimmte Akteure mit definierten Angeboten darin eingebunden waren. Von dieser Darstellung her lassen sich sodann mögliche Beeinflussungen diskursiv ableiten und zuweilen auch alternative Handlungsansätze formulieren. Gerade zu diesem Zweck ist die vermehrte Etablierung partizipativer Strukturen – für die NutzerInnen ebenso wie für die MitarbeiterInnen in Verwaltung und Sozialwirtschaft – von großer Bedeu-

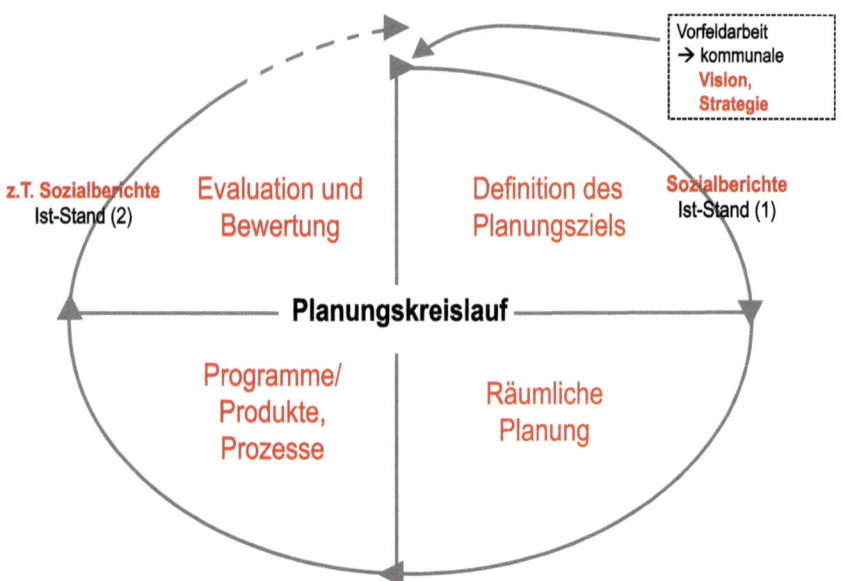

Abb. 3.9 Konzepte. (Quelle: Eigene Darstellung © A. Böhmer)

tung, um die Ableitungen aus den Sozialberichten auch angemessen, tragfähig und für möglichst viele Interessengruppen nachvollziehbar zu formulieren.

Um die strategische Bedeutung der Sozialberichte intensiver nutzen zu können, ist die Verbindung von quantitativen und qualitativen Untersuchungsmethoden sinnvoll. Geben quantitative Verfahren Einblick in die Veränderungsraten während des Berichtszeitraumes, gestatten qualitative Methoden weitere Einordnungen solcher Varianzen und eröffnen womöglich auch die Perspektiven auf weitere Zusammenhänge sowie Veränderungsmöglichkeiten. So markieren die NutzerInnen-Zahlen von bestimmten Einrichtungstypen die Notwendigkeit oder auch Attraktivität dieser Einrichtungen. Welche Erwartungen die NutzerInnen jedoch mitbrachten, wie sie die Maßnahmen verließen und was sie sich zukünftig vorstellen könnten, lässt sich – insbesondere hinsichtlich der „Zwischentöne" – gut mittels qualitativer Befragungen erheben. Zudem ergeben sich daraus nochmals Möglichkeiten, im Sozialbericht „O-Töne" der NutzerInnen wiederzugeben und so jenseits der statistischen Signifikanzen für viele Lesenden mehr Anschaulichkeit in Lebenslagen und Erfahrungen der Betroffenen zu bringen. Von solcher Anschaulichkeit her wird es auch für Verantwortliche mitunter einfacher, ihre Entscheidungen und deren Auswirkungen für die Zielgruppen abschätzen zu können.

Unter strategischer Hinsicht ist es sodann von einiger Bedeutung (und keineswegs bereits durchgängig gewährleistet), die Anschlussfähigkeit der verschiede-

3.4 Sozialberichterstattung 93

nen kommunalen Berichte zu steigern. Die notwendigen Anschlüsse führen in ganz unterschiedliche weitere Diskussionszusammenhänge. Zu nennen ist hier zunächst der Anschluss an weitere Fachplanungen. Sollen die verschiedenen Planungsressorts abgestimmt („integriert") vorgehen, müssen nicht nur dieselben Planungsräume und Berichtszeiträume definiert werden, sondern auch die gleichen Grundlagen für Erhebungen geschaffen oder zumindest auf einander übertragbaren Daten erhoben und Datensätze erstellt werden. Weiter müssen die Darstellungen der Sozialberichte für die Verantwortlichen in Politik und Verwaltung nachvollziehbar sein, auch und gerade wenn diese keine Fachpersonen sind. Schließlich sind die Darstellungen der Sozialberichte so aufzubereiten, dass eine breite Öffentlichkeit und deren Medien sie schnell, einfach und hinsichtlich der Ergebnisse doch differenziert aufgreifen können. Zu diesem Zweck empfehlen sich einleitende Zusammenfassungen, übersichtliche Schaubilder, aber durchaus auch eigens angesetzte Pressegespräche mit entsprechend aufbereitetem Zusatzmaterial, um den MedienvertreterInnen ihre Auswertungs- und Übersetzungsarbeit zu erleichtern. Schlussendlich dienen diese Überlegungen und Ansätze dazu, Sozialberichterstattung sozialpolitisch zu profilieren und solcherart deren politische Akzeptanz zu steigern.

Dabei ist zu beachten: „Weder die Definition dessen, was als Problem verstanden wird, noch die Feststellung, welche Lösungsinstrumente und -wege geeignet sind, stehen deshalb zum Planungsbeginn fest. Sie sind bereits Teil eines als kommunikativ-interaktiv verstandenen Planungsprozesses." (Alisch 2007, S. 311) Soll dies in einer demokratischen Weise geschehen, müssen auch die vielfältig betroffenen, interessierten oder auch verantwortlichen Personengruppen Gehör finden – in der Erhebung der Daten, so wurde bereits dargestellt, aber eben zuvor bereits in der Abklärung der als relevant eingeschätzten Fragestellungen, Datenformate und deren Interpretations- wie Darstellungsformen. Sozialberichterstattung bedeutet somit unter strategischer Hinsicht die Chance einer umgreifenden Analyse und Interpretation sozialer Sachverhalte in der Gemeinde, bedeutet aber zugleich auch einen hohen Aufwand für Konzeption, Durchführung und Auswertung und stellt insofern recht erhebliche fachliche wie moderierende Anforderungen an diejenigen, die in dieser Form die Sozialberichte entwickeln und formulieren.

3.4.2 Sozialberichterstattung als operatives Projekt

Wurden die strategischen Voraussetzungen, Ausrichtungen und Konsequenzen für den jeweiligen Sozialbericht beschrieben, so ist nun zu klären, wie die Umsetzung aussehen sollte. Insofern ist die Funktion des ausformulierten Sozialberichts zu klären, um von dorther die Verfahren wie die Präsentation der Erkenntnisse zur sozialen Lage in der Kommune zu bestimmen.

Die Aufgabe eines Sozialberichtes ist es zunächst, Sachverhalte mit sozialer Bedeutung in der Stadt oder Gemeinde abzubilden. Aufgrund der fachlichen Positionierung der VerfasserInnen des Berichtes muss also zunächst einmal definiert werden, was denn nun soziale Bedeutung hat. Im hier entwickelten Zusammenhang ist dies zunächst die Erwerbsarbeitsgesellschaft im Europa des beginnenden 21. Jahrhunderts. Daraus resultieren die Berücksichtigung von Erwerbsarbeit und Erwerbslosigkeit, von Gerechtigkeit im Hinblick auf Verteilungs-, Teilhabe- oder auch Verwirklichungsfragen, von Gender- und Migrations-spezifischen Aspekten, Bildung und vielem mehr. Jeweils ist für die Berücksichtigung im Sozialbericht danach zu fragen, ob der fragliche Aspekt in unserer Gesellschaft allgemein und in der konkreten Kommune im Besonderen von Bedeutung ist bzw. sein soll. Auch hier wird deutlich, dass Sozialberichterstattung ebenso wie Sozialplanung allgemein ein hochgradig normativ fundiertes Handlungsfeld ist (vgl. 3.3.1). Insofern kommen SozialplanerInnen ebenso wie SozialpolitikerInnen keineswegs ohne eigene fachliche und fachpolitische Positionierung aus, sollten diese in demokratischen Prozessen jeweils transparent machen und müssen davon ausgehen, dass ihre Einschätzungen in solchen demokratischen Abläufen ergänzt, beschnitten oder gar gänzlich umgeformt werden. Doch auch in diesen Fällen bleibt die normative Grundlegung maßgeblich für die weiteren Schritte der Sozialberichterstattung. Ein Sozialbericht ist insofern keineswegs als nüchtern, distanziert und sachlich neutral einzuschätzen; vielmehr ist er jeweils Abbild der politischen Prozesse in einer Gemeinde und der politischen Positionen derer, die ihn politisch sowie inhaltlich verantworten.

Es ist insofern keine Frage von Beliebigkeit oder Zufall, ob der Sozialbericht für Engelsberg (vgl. 1.1) im Hinblick auf die Darstellung der Lebenslagen von Familien Aussagen darüber macht, wie z. B. deren zeitlichen Ressourcen gestaltet sind. Wer danach fragt, geht davon aus, dass das Thema Zeit in Familien von besonderer Bedeutung ist und nicht selten Probleme bereiten kann. Wer dieses Thema als nicht relevant einstuft, hat entweder ein anderes (oder eben auch kein) Bild von den gegenwärtigen Herausforderungen der Familien oder aber ein bestimmtes politisches Ziel, das nicht mit der zeitlichen Bedrängnis von Familien – etwa im Hinblick auf die Notwendigkeit von zwei Einkommen und den damit einhergehenden zeitlichen Abstimmungsproblemen hinsichtlich Kinderbetreuung und Haushaltsführung – konfrontiert werden möchte.

Ein zweite Vorbemerkung scheint notwendig: Mitunter werden Sozialberichte als Erhebungsinstrumente für die Sozialstrukturanalyse angesehen, um von dortsher das Planungsziel näher bestimmen zu können. Ein Blick auf die strategischen Herausforderungen von Sozialberichterstattung (vgl. 3.4.1) ebenso wie ein solcher in die Praxis der Kommunen lässt schnell deutlich werden, dass ein so aufwändiges Instrument wie der Sozialbericht sicher nicht dazu geeignet ist, dynamischere

3.4 Sozialberichterstattung

Abläufe von Sozialplanung mit hinreichend aktuellen Informationen auszustatten. Wird ein solcher Bericht alle fünf (oder gar erst alle zehn und mehr) Jahre neu aufgelegt, kann er kaum die notwendigen Daten beinhalten, die im alljährlichen Planungsverlauf (oder sogar unterjährig bei der Nachsteuerung) gebraucht werden. Insofern dient der klassische Sozialbericht eher dazu, größere Zeiträume und ebensolche politischen Zusammenhänge abzubilden, beispielsweise um Auskunft über das soziale Engagement und dessen Wirkungen amtierender PolitikerInnen zu bieten (so wäre wohl auch der einmal pro Legislaturperiode vorzulegende Armuts- und Reichtumsbericht der Bundesregierungen zu lesen). Sozialberichts-ähnliche Werke wie Projektberichte oder kommentierte Bedarfsplanungen können solche Funktionen weit schneller und somit auch für das operative Geschehen verlässlicher sowie brauchbarer liefern.

Sollte hingegen ein Sozialbericht unmittelbar vor dem Beginn eines neuen Planungskreislaufes erscheinen, so lässt er sich sicher (auch) für die ersten Orientierungen im Planungsgeschehen nutzen. Zu diesem Zweck sollte der Sozialbericht für die Ist-Stands-Analyse zu Beginn des Planungsprozesses Daten zu Sozialstruktur liefern. Solche, häufig quantitativen, Aussagen zu Alters- sowie Geschlechterverteilung, Familienstand, Bildungsstand, Erwerbssituation, Migrationszusammenhängen, Haushaltseinkommen, Bezug von Sozialtransfers u. ä. m. skizzieren erste Verteilungen von soziodemografischen Merkmalen. Nicht selten praktiziert, aber dennoch mit erheblicher Vorsicht zu genießen ist die damit einhergehende Praxis, aus der Kombination von bestimmten Daten Aussagen über „soziale Brennpunkte" oder auch „Stadtteile mit besonderem Entwicklungsbedarf" abzuleiten. Es mag durchaus weiterer Analysen bedürfen, um zu klären, warum z. B. viele marginalisierte Bevölkerungsgruppen in bestimmten territorialen Nahräumen so häufig anzutreffen sind oder auch, warum sie in anderen so überaus selten sind (vgl. Wacquant 2007). Daraus jedoch unmittelbar territoriale Interventionen abzuleiten, ist mindestens voreilig. Zur Unterfütterung dieser Position sei noch einmal der Hinweis von Ziegler angeführt: „Menschen sind ‚nicht arbeitslos oder arm, weil sie in einem bestimmten Stadtviertel leben, sondern leben in einem bestimmten Stadtviertel, weil sie arbeitslos und arm sind. Wenn diese Bürger in ein anderes, ‚besseres' Viertel umziehen würden, wären sie immer noch arbeitslos und arm'." (Ziegler 2011, S. 335; zitiert van der Pennen). Somit ist im Anschluss an solche Analysen die Frage nach Ursachen, Wirkungen und politisch vorgegebenen Rahmenbedingungen gerade auch für die territorialen Phänomene der Sozialberichterstattung zu stellen. Erst dann lässt sich sagen, wo und wie Maßnahmen ansetzen müssen, um die sozialen Problemlagen zu bearbeiten.

Das häufig benannte Mittel der „Aktivierung" solcher Bearbeitungsformen heißt insofern nicht immer zwingend „Aktivierung von BewohnerInnen", sondern kann auch durchaus anderweitig verstanden werden. Vor diesem Hintergrund wäre etwa auch denkbar, „Aktivierung weniger als ein Bündel von Maßnahmen zu verstehen, das sich auf Bewohnerinnen und Bewohner sowie ihre Selbsthilfepotentiale bezieht, sondern vielmehr eine Aktivierung institutioneller Zugänge in den Vordergrund stellt, das heißt eine möglichst weitgehende Eröffnung und Erweiterung von Handlungsoptionen für die Betroffenen." (Kessl et al. 2006, S. 211) In solchen Zusammenhängen wird beispielsweise auch eine verstärkte Berücksichtigung ökonomischer Unterschiede und deren Wirkmechanismen eingefordert: „[…] the trajectory of gentrified districts in the twenty-first century is *economically underdetermined and politically overdetermined.*" (Wacquant 2008, S. 203)

Bereits aus diesen Überlegungen ist ein zweites Themenfeld der operativen Ausgestaltung von Sozialberichterstattung abzuleiten, die Erhebung und Darstellung von Daten zu *Lebenslagen*. Damit nämlich werden die geforderten ökonomischen Zusammenhänge in ihren Auswirkungen für die EinwohnerInnen der Planungsräume transparenter. So kann etwa mit Blick auf die *Dimension Wohnen* durch den Vergleich der durchschnittlichen Miethöhe und der durchschnittlichen Einkommen auf deren Wechselwirkung geschlossen werden. Die *Dimension Gesundheit* ist ebenfalls über die Einkommenssituation der Haushalte sowie das Ausmaß der Sozialtransfers zu rekonstruieren. Diese und weitere Dimensionen der Lebenslagen[6] weisen aus, in welchen Herausforderungen sich die Individuen sowie die Haushalte im Erhebungsraum befinden und lassen von dorther weitere Einschätzungen zu Entwicklung, Stand und Perspektiven der kommunalen Daseinsvorsorge zu.

Sodann werden im Sozialbericht Daten zur sozialen Infrastruktur benötigt. Nach dem bislang Entfalteten nämlich dürfte deutlich geworden sein, dass die mitunter übliche Konzentration auf die BewohnerInnen mit ihren soziodemografischen Merkmalen, die jeweils gegebenen Problemlagen und Ressourcen keineswegs umfassend erklären kann, wie bestimmte Lebenslagen durch die kommunalen Maßnahmen erreicht oder verbessert werden. Hierzu muss neben der Analyse solcher Daten auch diejenige der angebotenen Dienste und Einrichtungen gestellt werden (noch ohne hier ausführliche Bestandsbewertungen vornehmen zu können; vgl. dazu 3.1.2). Erst daraus lassen sich Hinweise auf die Situation der Menschen in der Gemeinde und die Herausforderung für die kommunale Sozialplanung gewinnen, die nicht allein auf die Individuen in den Planungsräumen fokussiert, um dort womöglich ein „Regieren über soziale Nahräume" (Kessl und Otto 2007) zu etablieren.

---

[6] Walzer und Knöpfel (2007) nennen als relevante Kategorien finanzielle Situation, berufliche Integration, Bildungsnähe, soziale Integration, Herkunftsfamilie, Wohnsituation, Aufenthaltsstatus und Gesundheit.

3.4 Sozialberichterstattung

Ein weiterer Schritt heraus aus solchen Regime-Ambitionen lässt sich gehen, wenn zudem Daten zur Einschätzung und zur Interessenlage der Betroffenen selbst gesammelt, ausgewertet und vorgestellt werden. Damit nämlich lassen sich die Gegebenheiten in ihrer Qualität für die davon betroffenen Menschen abermals differenzierter, breiter und letztlich zielführender für die Gewinnung einer angemessenen Qualität der Versorgungssysteme einschätzen.

Hilfreich ist bei allen vier Perspektiven der Ist-Stands-Erhebung *zu Beginn des Planungsverlaufs*, nämlich Sozialstruktur, Lebenslagen, Infrastruktur und Betroffenen-Interessen, wenn diese jeweils möglichst mit Blick auf Struktur-, Prozess- und Ergebnisqualität (Donabedian) der damit verbundenen kommunalen Dienstleistungen beschrieben werden. Damit sind nicht allein die Ergebnisse bisheriger Sozialpolitik und -planung angesprochen, sondern zugleich wird deutlich, wie diese Ergebnisse erbracht worden und in welcher Form sie strukturiert sind. Insbesondere für einige der anstehenden größeren Herausforderungen wie Inklusion, kommunales Diversity-Management oder auch Armutsarbeit sind eben nicht allein die vorhandenen Angebote von Bedeutung, sondern auch Aspekte ihrer Beteiligungsqualität und ihrer Barrierefreiheit.

Auch für die Ist-Stands-Analyse *zum Abschluss des Kreislaufs* oder eben des *Berichtszeitraumes* sind die erwähnten Daten zur neuen Sozialstruktur, zu veränderten Lebenslagen, zur aktuellen sozialen Infrastruktur sowie zur Einschätzung der Veränderungen seitens der Betroffenen, wiederum jeweils möglichst mit Blick auf Struktur-, Prozess- und Ergebnisqualität der erbrachten kommunalen Dienstleistungen zu erheben. Erst damit lassen sich Veränderungen im Zeitverlauf abbilden, einschätzen und somit für planerische Prozesse nutzen.

Ein letzter Aspekt soll im Zusammenhang der Sozialberichterstattung noch erwähnt werden. Denn für die oben benannten Zwecke müssen angemessene *Indikatoren* definiert und hinsichtlich der Prozesse dokumentiert werden (vgl. Burmester 2011, S. 313). Dabei sind wiederum möglichst viele Interessengruppen in die Auswahl solcher Maßzahlen einzubeziehen, um deren lebensweltlichen wie fachlichen Perspektiven einbinden und sich von drohenden Engführungen (etwa durch einseitige Konzentration auf monetäre oder andere verwaltungsinterne Triftigkeiten) frei machen zu können. Allgemein lässt sich sagen, dass solche Indikatoren komplexe soziale Sachverhalte abbilden müssen. Die Mehrdimensionalität der Lebenslagen, aber auch der Planungsräume (diese sind neben Verwaltungseinheiten zu Teilen auch Lebensfelder der BewohnerInnen, Räume öffentlichen Interesses o. a. m.) müssen ebenso Berücksichtigung erfahren wie die Wirkungszusammenhänge nationaler, regionaler, kommunaler, gruppenspezifischer oder auch individueller Faktoren. Sodann ergibt sich als Forderung an die Kennzahlen der Sozialberichterstattung, dass sie differenziert definiert werden müssen, um die vielfältigen Aspekte eines Sachverhaltes darstellen zu können. Um das zuvor erwähnte Geflecht von räumlicher Segregation und politischer Voraussetzung weiter zu entfalten: Mit Blick auf marginalisierte Personengruppen und deren Konzentration in bestimmten Quartieren sind Indikatoren gefragt, die sowohl die Einkommenssituationen der BewohnerInnen und deren psychosoziale Faktoren abbilden sowie solche, die Aspekte regionaler und überregionaler Politikentscheidungen mit den Erstgenannten in Bezug setzen (etwa mit Blick auf Arbeitsmarktpolitik, Entwicklung oder Rückbau der Versorgungssysteme u. ä. m.), so z. B. den Zusammenhang von individuellen und institutionellen Qualitäten (die etwa für das deutsche Schulsystem mit der engen Verkoppelung von sozialer Herkunft und individuellen Bildungschancen illustriert werden kann). Erst aus dieser multidimensionalen Darstellung von Lebenslagen, Politiken und institutionellen Mechanismen lässt sich – und dann auch sicher nur näherungsweise – eine Einschätzung sozialer Prozesse und ihrer Auswirkungen auf die einzelnen BewohnerInnen eines Planungsraumes gewinnen.

Darüber hinaus müssen die in der Sozialplanung entwickelten und erhobenen Indikatoren auch in anderen (Planungs-) Ressorts Anwendung finden (können), um auf diese Weise die Anschlussfähigkeit sozialplanerischer Erträge innerhalb wie außerhalb der kommunalen Verwaltung sicherstellen zu können. Dabei sind bereits vermeintlich geringfügige Abweichungen von einiger Bedeutung: So müssen räumliche und zeitliche Maßstäbe wie Ausmaße identisch sein, um tatsächlich über dieselben Sachverhalte kommunizieren können. Auch die Aggregationsebenen (Stadtteil, Quartier, Straßenzug etc.) müssen zum einen identisch sein und zum anderen der gewünschten Analyse-Tiefe genügen, um fundierte und qualifizierte Aussagen über spezifische territoriale, soziale oder andere Zusammenhänge formulieren zu können. Beispielsweise unterscheiden sich Segregations-bedingt innerhalb desselben Stadtteils einige Quartiere mehr oder minder gravierend voneinander. Um diese Unterschiede aber tatsächlich erfassen zu können, dürfen die Daten auch nicht allein für die Planungsebene Stadtteil, sondern müssen für die des kleinerräumigen Quartiers differenziert ermittelt werden.

Ein weiterer Gesichtspunkt ist die *kommunikative Aufgabe* von Sozialberichten und den in ihnen dargelegten Indikatoren: Sie dienen der leichteren Kommunikation, gerade auch in nichtfachliche Kreise. Insofern müssen sie sprachlich, grafisch und hinsichtlich ihres ästhetischen Formates so aufbereitet werden, dass verschiedenste Gruppen von NutzerInnen der Gebrauch erleichtert wird. Dabei ist Grafiken der Vorzug vor (umfangreichen) Tabellen zu geben, Fallbeispiele sind besser geeignet als abstrahierende Erörterungen fachlicher Fragen und eine leicht eingängige Sprache erscheint zuträglicher als eine Vielzahl von Fachausdrücken.

Schlussendlich müssen sich die Sozialberichte und die in ihnen enthalte Kennzahlen zu Zwecken des Monitorings *komprimieren* und *reduzieren* lassen. Damit nämlich kann in übersichtlicher(er) Weise erfasst werden, welche Planungsterritorien sich – im Vergleich mit anderen Räumen, aber auch im zeitlichen Vergleich mit früheren Erhebungszeitpunkten – verändert haben. Auf diese Weise können „nackte Zahlen" leichter eingeordnet werden, weil sie in Bezug zu anderen Daten gesetzt und somit verglichen werden können.

Die Definition, Erhebung und Kommunikation von Messwerten auf dem Weg der Sozialberichte ist insofern eine überaus vielschichtige und fachlich wie fachpolitisch anspruchsvolle Aufgabe.

Perspektiven und Reflexionen
Sozialberichte dienen der Beschreibung sozialer Sachverhalte und der Kommunikation dieser Darstellungen in die kommunalpolitische, fachliche sowie breite Öffentlichkeit. Insofern müssen sie unterschiedlichsten Anforderungen genügen.

- Beschreiben Sie bitte, welche Frequenz der Veröffentlichung von Sozialberichten aus Ihrer Sicht sinnvoll ist, um die dafür eingesetzten Ressourcen zielführend zu verwenden und zugleich Entwicklungen in angemessenen Abständen erheben zu können.
- Nennen Sie einige Indikatoren für sozialpolitische Entwicklungen in Engelsberg, beschreiben Sie dabei deren Aussageabsicht, Erhebung und Berechnung.
- Formulieren Sie eine knappe Darstellung armutsbezogener Daten in einer Form, die auch außerhalb fachlicher Kreise nachvollziehbar und leicht lesbar ist.

3.5 Zirkuläre und dialogische Prozesse der Sozialplanung

▶ Öffentliche Planungen sind auf besondere Weise strukturiert. Dies rührt zum einen daher, dass Kontinuierliche Verbesserungsprozesse (KVP) in Kreisform (zirkulär) gestaltet werden. Zum anderen sind öffentlich Planende immer häufiger damit konfrontiert, dass die betroffenen BürgerInnen mitreden und -entscheiden wollen. Dies haben nicht zuletzt Großprojekte wie „Stuttgart 21" sehr eindrücklich gezeigt. Im folgenden Abschnitt lernen Sie Ansätze zirkulärer und dialogischer Planung als Antwort auf diese strukturellen und politischen Herausforderungen der Sozialplanung kennen.

Die Sozialplanung ist bereits seit geraumer Zeit von einem *„communicative turn"* geprägt. Planung kann eben nicht mehr *top-down* rationale Kalkulationen umsetzen, sofern ihr dies je gelungen sein sollte (vgl. Selle 2013; Wiechmann 2008,

S. 12 ff.). Vielmehr muss sie mit unterschiedlichen Interessenlagen und -gruppen, aber auch Akteuren und Steuerungslogiken rechnen (vgl. 2.2) und deren jeweilige Anfragen, Informations- und Eigeninteressen berücksichtigen, um die Planungsprozesse nicht den Beeinträchtigungen andauernder kritischer Infragestellungen auszusetzen. Ursache ist das „Dilemma eines gleichzeitig steigenden Steuerungsbedarfs komplexer gesellschaftlicher Prozesse und einer sinkenden Steuerungsfähigkeit seitens des politisch-administrativen Systems" (Peters 2004, S. 9).

Somit ist die „argumentative, kommunikative und kooperierende Funktion" von Sozialplanung (vgl. Alisch 2007, S. 308) von weitreichender Bedeutung, um die kommunalpolitischen und planerischen Kulturen angemessen im Blick haben und den Planungsabsichten entsprechen zu können. Durch diese kommunikative Option von Sozialplanung erwächst den vormaligen Auffassungen zur hoheitlich geleiteten „Planung als Frühwarn-, Orientierungs- und Koordinierungsinstrument" (Alisch 2007, S. 308) öffentlicher Verwaltung eine gesellschaftspolitisch angemessene Ergänzung. Mit dieser Dualität des Planungsverständnisses (hoheitliches sowie dialogisches Planen) bekommen diskursive Prozesse und Strukturen wie Anhörungen, BürgerInnenforen, Runde Tische, Zukunftskonferenzen u. v. m. eine weitaus höhere Bedeutung zugesprochen – und müssen ihr auch durch entsprechende praktische Konsequenzen genügen, um nicht weitere, und dann eben nicht selten konflikthaftere, Diskurse nach sich zu ziehen.

3.5.1 Sozialplanung als Arbeit am Raum – mit Daten – in Kommunikation

Mit dieser dialogischen Grundentscheidung einher geht die Frage, wie denn – nun gemeinsam – die anstehenden Planungsaufgaben angesichts der ‚stetig komplexer werdenden gesellschaftlichen Prozesse' in der Sozialplanung reflektiert, berücksichtigt und zu Teilen mitgestaltet werden können. Zu diesem Zweck bedient sich die Planung zirkulärer Prozesse, denen es in besonderem Maße gelingt, einen kontinuierlichen Evaluationsprozess zu ermöglichen und so kontinuierlich planerische sowie gesellschaftliche Veränderungsprozesse erheben, abbilden und näherungsweise deuten zu können.

Kommunen, die in dieser Form ihre sozialpolitischen Prozesse organisieren, haben somit die Chance, als „lernende Infrastruktur" tätig zu werden und ihre Abläufe zu optimieren. Dabei muss natürlich berücksichtigt werden, dass kommunales Geschehen keineswegs linear vonstatten geht und lediglich eine Frage des Managements sei (dies dürften nicht zuletzt die Hinweise zur Programmsteuerung im Wohlfahrtsmix ergeben haben; vgl. 2.2.2). Gleichwohl können diejenigen Fel-

3.5 Zirkuläre und dialogische Prozesse der Sozialplanung

der öffentlicher Verwaltung, die einem solchen Verständnis zugänglich sind resp. im Zuge der Umsetzung *Neuer Steuerung* eher zugänglich gemacht wurden, einem permanenten Verbesserungsbemühen unterzogen werden. Dazu zählen etwa jene Aspekte, die in der Kommunalverwaltung der Modellierung von Prozessen und Produkten zugeordnet werden und Wirkungen für die Sozialplanung haben können – etwa Dienstleistungsorientierung, Produktbeschreibung, Personalentwicklung u. ä. m. So wird es möglich, einen kontinuierlichen Verbesserungsprozess (KVP) nicht allein für die kommunale, sondern insbesondere für die soziale Infrastruktur zu etablieren, so dass z. B. im Rahmen von Trägerkonferenzen, Wirkungsdialogen[7] oder thematisch organisierten Runden Tischen (für Jugendhilfe, SeniorInnenarbeit o. a.) eine Fehlerkultur etabliert wird, die es gestattet, möglichst rational mit Abweichungen von geplanten Formaten umgehen zu können. Daraus erwächst schließlich eine Planungsspirale als permanent der Verbesserung des jeweils gegebenen Ist-Standes verpflichtetes Konzept.

Zirkuläre Planung hat von daher einige bedeutende Vorteile. Umgekehrt müssen auch ihre Grenzen in den Blick genommen werden. So ist die Erwartung an lineare Planungsabläufe, und mehr noch: an lineare Qualitätsentwicklung, in faktischen Organisationen keineswegs realistisch. Folglich ist nicht zu erwarten, dass auch ein noch so ausgeklügeltes und umsichtig gelenktes Qualitätsmanagement die Güte von Planungsabläufen Schritt für Schritt verbessert. Stets sind Schwachstellen – oder auch schlicht: andere Erwartungen und Absichten – auf Seiten von Mitarbeitenden, aber auch „Reibungsverluste" innerhalb der Schnittstellen in der jeweiligen Organisation und schließlich äußere Entwicklungen, die niemand vorhersehen kann, die aber dennoch merklich Einfluss auf das Planungsgeschehen ausüben, wirkungsvoll. Deshalb sind zumindest Abweichungen vom ursprünglich eingeschlagenen Kurs ganz sicher unvermeidlich. Hier auf eine zirkuläre Struktur „in Reinkultur" zu beharren hieße, sich diesen Realitäten zu verschließen – und sich damit den faktisch zu erwartenden Herausforderungen unvorbereitet gegenüber zu sehen.

Die also ohnehin eintretenden Brüche und eventuell auch ganze Trendwenden müssen planerisch durch ein Neuansetzen beantwortet werden, das sich in solchen Fällen vollumfänglich von zirkulären Entwicklungen verabschiedet. Hier gilt noch mehr als ohnedies im planerischen Alltag, dass nach neuen Antworten auf solche Erfordernisse und mitunter sogar erst einmal nach neuen Instrumenten und Deutungsschemata gesucht werden muss. Derartige Deute- und zu Teilen auch

---

[7] Unter Wirkungsdialogen ist ein Steuerungsinstrument im Rahmen von Qualitätsmanagement zu verstehen, das dazu dient, dialogisch Wirkungen (vgl. 3.2.2) von Maßnahmen mit Hilfe verschiedener Fachkräfte und – teilweise – auch den Betroffenen selbst zu reflektieren (Qualitätszirkel).

Bearbeitungsmuster bilden die theoretischen Angebote der Wissenschaften Sozialer Arbeit, des Verwaltungsmanagements und vieler weiterer. Die Nutzung dieser Interpretationshilfen wird umso wichtiger, wenn sich aus Trendwenden ganze gesellschaftliche Transformationen z. B. durch den Trendwechsel „ambulant vor stationär", eine Verwaltungsreform mit grundsätzlich neuer Zuordnung von Kompetenzen sozialstaatlicher Verwaltung, ein mit dem Konzept der Inklusion auf das gesamtgesellschaftliche Diversity-Management abzielende Entwicklung oder auch eine Finanz- und Bankenkrise ergeben. In solchen Phasen zeigen sich evtl. gänzlich neue Planungsnotwendigkeiten, die damit auch die Theorien, Erhebungsverfahren und die Steuerung von Umsetzungen der Planungsergebnisse auf eine bis dahin womöglich nicht bekannte Weise herausfordern. Deshalb ist Sozialplanung, nicht nur dann, aber sicher besonders in Fällen solcher umfänglicher Strukturveränderungen auf die Kooperation mit wissenschaftlichen Akteuren und den Einsatz von deren Instrumenten verwiesen, um über die schlichte Planung von Angeboten angesichts prognostizierter Entwicklungen ihre sozialpolitische und gesellschaftliche Gestaltungsaufgabe reflektiert wahrnehmen zu können.

3.5.2 Sozialplanung als Arbeit mit Daten

Solche wissenschaftlich entwickelten Instrumente der Sozialplanung dienen dem Zweck, je nach politischer Maßgabe Informationen über fragliche Themenfelder und deren Zusammenhänge zu liefern, Veränderung abzubilden, auf Grundlage solcher Analysen Prognosen zu erstellen und ausgestattet mit diesen Daten und Einschätzungen die bestehenden Versorgungssysteme auf ihre Stärken und ihre Schwachstellen hin zu befragen. Aus dieser umfassenden Betrachtung System-spezifischer Gegebenheiten lassen sich sodann – durchaus zirkulär in Rückbindung an den zuvor definierten politischen Willen – Veränderungs- und Anpassungsprozesse planen.

Um solche Abläufe gestalten zu können, sind Messgrößen vonnöten, die komprimiert und verlässlich Auskunft über den gegebenen Sachstand geben können. Daher ist Sozialplanung darauf angewiesen, solche Indikatoren für die Nutzungsprofile der Einzelnen sowie für die Dienstleistungsmuster der Sozialsysteme zu entwickeln und deren Bezüge untereinander herauszuarbeiten. Daraus wiederum ergeben sich in der Zusammenfassung „Aktivitätsmuster" (VSOP 2012, S. 6) etwa einer Kommune, die sodann auf ihre normative und strategische Passgenauigkeit mit dem kommunalen Leitbild (vgl. 3.3.2) sowie ihre Bedeutung für die Governance des jeweiligen sozialen Raumes (vgl. 2.2) hin befragt werden können. Dementsprechend können Indikatoren in der Sozialplanung keine definitiven Handlungsanweisungen, auch nicht durch eine auch noch so solide Datenerhebung, vermitteln. Vielmehr bieten sie Orientierungswerte, mit denen die weiteren Entwicklungsschritte durch die Kommunalverwaltung auf der Grundlage fundierter Einschätzungen angegangen werden können. Doch werden diese Einschätzungen und Schritte nur zu Teilen – und mitunter: sehr geringen Teilen – von den weiteren Akteuren im Governance-Prozess übernommen werden. Denn Fragen der kommunalen Daseinsvorsorge sind für Wirtschaftsbetriebe wohl kaum und für zivilgesellschaftliche Sozialunternehmen wohl bestenfalls in einzelnen Aspekten genauso strategie- und handlungsleitend, wie sie es für die öffentliche Verwaltung sein sollten. Folglich ist es sinnvoll, Indikatoren für die kommunale Planung zu definieren und zu nutzen, doch muss zugleich auch klar sein, dass mit ihnen allein die Zielvorgaben der vielschichtigen Planungsprozesse noch keineswegs festgelegt sind.

Grundsätzlich haben Indikatoren in der Sozialplanung unterschiedliche Funktionen, die denen ihrer Gesamt-Aufstellung in den Sozialberichten (vgl. 3.4.2) nahekommen. Daher soll die Auflistung an dieser Stelle lediglich knapp erfolgen; ausführlichere Argumentationen lassen sich der vorhergehenden Darstellung entnehmen. Zum einen *bilden sie z. T. komplexe soziale Sachverhalte ab*, indem sie beispielsweise die verschiedenen Dimensionen von Lebenslagen in Engelsberg wie Daten zu Einkommen, Bildung, Aufenthaltsstatus, Gesundheit u. ä. m. in ausgewählten, möglichst prägnanten Zahlen wiedergeben und gegebenenfalls zu Aussagen bezüglich einzelner Handlungsfelder verdichten.

Gerade hinsichtlich der *verwaltungsinternen Kooperation* ist es von einiger Bedeutung, Indikatoren so zu umschreiben und zu erheben, dass sie auch in anderen (Planungs-)Bereichen Anwendung finden können (vgl. Burmester 2011, S. 311 ff.). Dabei sind bereits die Messzeiträume und -zeitspannen sowie die Erhebungsterritorien abzustimmen, um zumindest vom selben Planungsraum und der Planungszeit sprechen zu können. Sodann sind die Datenformate (s. u.) anzugleichen, um die Schnittstellen von Sozialplanung, allgemeiner Stadtentwicklungsplanung, aber auch solchen Fachbereichen wie Verkehrs-, Bau-, aber auch Grünflächen- u. a. Planungen ohne allzu großen Reibungsverlust ausgestalten zu können.

Die planerischen Maßzahlen dienen der leichteren *Kommunikation* von sozialplanerischen Ausgangslagen, den damit einhergehenden fachlichen Einschätzungen zur Planungsnotwendigkeit und -strategie sowie zu den Planungs- und Umsetzungsergebnissen. Gerade die Vermittlung in Kreise außerhalb des Sozialwesens bedarf hier der Anschaulichkeit der aufbereiteten Daten sowie der fachlichen Einordnungen, um die öffentlichen politischen Debatten und ihre Erträge hinlänglich zu unterstützen.

Sodann müssen Indikatoren sich zu Zwecken des *Monitoring* als kontinuierliche Raumbeobachtung verdichten lassen (vgl. Burmester 2011, S. 313). Auf diese Weise nämlich wird es möglich, komplexe Strukturen und ihre Entwicklungen langfristig überschauen und einschätzen zu können. Daraus wiederum lassen sich dann weit einfacher Einschätzungen zu kurzfristigeren Entwicklungen ableiten, die häufig erst in einem größeren Monitoring-Zusammenhang ihre Brisanz oder eben auch ihre weit weniger spektakuläre Bedeutung zeigen.

Indikatoren, so lässt sich für das Monitoring wie für die Datenerhebung in der Sozialplanung allgemein sagen, dokumentieren somit Veränderungen im Zeitverlauf. Der „Entdeckungszusammenhang" (Reichenbach, Popper) normativer Grundlagen und deren Formulierung bleiben allerdings dem demokratischen Meinungsbildungsprozess *außerhalb* der Sozialplanung überantwortet. Hier spielen kommunal- und weitere politische Prozesse, aber auch gesellschaftliche Entwicklungen die maßgeblichen Rollen, auf die Sozialplanung dann ihrerseits fachwissenschaftlich, -politisch und natürlich -planerisch ihre Antworten finden muss. Ob etwa die im öffentlichen Raum vom Engelsberg sichtbare gesellschaftliche Randgruppe für die Weltoffenheit der Gemeinde steht oder aber Anlass für „gefühlte Unsicherheit" gibt, ist nicht aus den Expertisen der Sozialplanung zu entnehmen, sondern zunächst Ergebnis öffentlich ausgetragener Diskurse um die Interpretation sozialer Phänomene (vgl. Böhmer 2014e). Die Transformation normativer Positionen in messbare Indikatoren und deren Erhebungen hingegen ist eine der sozialplanerischen Aufgaben, die allerdings erst in Rückkoppelung mit den kommunalen Parlamenten festgeschrieben werden kann. Somit werden Indikatoren auf Grundlagen entwickelt, die der Debatte um die jeweiligen Indikatoren entzogen sind.

Ein solches „deduktives" Vorgehen, das Maßstäbe ableitet aus vorgegebenen Positionen, entlässt allerdings die Sozialplanung nicht aus der eigenen fachlichen Positionierung, macht diese jedoch abhängig von Vorentscheidungen, die gesellschaftlicher und politischer Natur sind. Sozialplanung bedarf deshalb eines eigenen Profils – und muss sich doch durch das Profil vorgegebener Positionen leiten lassen. Hier fertigt die Profession Sozialer Arbeit im günstigen Fall den „roten Faden", der politische Vorgaben und sozialplanerische Umsetzung durchwebt, wenngleich diese Linienführung in der Praxis auch keineswegs immer gegeben ist (vgl. für die Jugendhilfeplanung Adam et al. 2010).

Aus den Funktionen sozialplanerischer Indikatoren leiten sich verschiedene Qualitätsansprüche ab. So liegt es auf der Hand, dass die Abbildung komplexer Sachverhalte differenzierte Maßzahlen und deren Zuordnungen benötigt. Insofern ist die *fachliche Einschätzung* eines Sachverhaltes für solche *Kennzahl-Geflechte* unabdingbar. Möchte die Kommune in Engelsberg ihre Kindergärten und Schulen zu einem einheitlichen Bildungssystem vernetzen, um sich auf diese Weise als bildungssensibler Standort profilieren zu können, so stehen im Vordergrund öffentlicher Debatten sehr häufig Fragen nach wünschenswerten und leistbaren Betreuungszeiten. Auf diese Weise nämlich soll die vielbemühte „Vereinbarkeit von Familie und Beruf" so sichergestellt werden, dass die Zeiten der Berufstätigkeit von Eltern (gemeinhin verkürzt: diejenigen der Mutter) mit den Öffnungszeiten kommunaler Bildungseinrichtungen abgedeckt werden können. Weitaus seltener hingegen werden Fragen laut nach einem grundlegenden Bildungsverständnis (vgl. dazu bereits Otto und Rauschenbach 2008), nach der Qualität der Bildungs- und derjenigen der Betreuungsangebote u. v. m. Insofern muss ein komplexer Sachverhalt wie die Koordination von Bildungs(teil)systemen weit mehr beinhalten als die üblichen Definitionen von Öffnungszeiten und insofern fachlich abgesichert werden. Erst dann kann ein Kennzahlensystem „Kommunale Bildung" aufgesetzt und sozialplanerisch abgearbeitet werden, das den oben angedeuteten Ansprüchen genügen kann.

Ein weiteres Qualitätskriterium ergibt sich aus dem Anspruch, in anderen Ressorts anschlussfähig zu sein. Insofern muss *Übertragbarkeit* durch eine angemessene *Skalierung* (bezüglich der Räume, Zeiten, Maßeinheiten u. a. m.) sowie deren reflexive Verwendung gebildet werden (vgl. Bauriedl 2012, S. 226). Noch weiter reichen die Qualitätsansprüche an die Übertragbarkeit, wenn die Kommunikation in Kreise außerhalb der Fachdiskurse gewährleistet werden soll. Hier nämlich sind nicht allein Gesichtspunkte von Fachlichkeit und Skalierung zu beachten; vielmehr sollten die Indikatoren, mehr aber noch die Darstellungen von deren Auswertungen einfach formuliert und im günstigen Fall nahezu „intuitiv" erfassbar sein. Dies lässt sich insbesondere durch grafische Darstellungen wie Diagramme oder auch Karten erzielen. Dass solche Darstellungen alles andere als voraussetzungslos sind und gerade hinsichtlich ihrer insinuierenden und dabei evtl. auch fehlleitenden Wirkung reflektiert werden müssen, sei eigens betont. So stellt sich beispielsweise die Frage, ob ein „Sozialatlas Engelsberg" die allfälligen Einkommens- oder Bildungsverteilungen territorial zuordnen und mit den vorab festgelegten Planungsräumen identifizieren muss. Bei entsprechend gewählten Grenzwerten nämlich (und: nur dann) lassen sich rasch „soziale Brennpunkte" anhand von Einkommensarmut + Bildungsarmut + Kriminalitätsrate + weitere marginalisierende Zuschreibungen ausmachen. Anders hingegen sehen Karten aus, die beispielsweise die BewohnerInnen von Engelsberg selbst erstellt haben und in denen sie wichtige Orte, für sie relevante Personen, auch die „Orte gefühlter Unsicherheit" oder andere Aspekte eintragen und die nur allzu rasch ganz andere Raumstrukturen und örtliche Aspekte vermitteln (vgl. speziell für eine kriminalistische Lesart geografischer Kritik Belina 2009; Glasze et al. 2005).

Weitere Herausforderungen für die Qualität von Indikatoren ergeben sich aus der Funktion, für Monitoring nutzbar zu sein. Hier nämlich bedarf es zum einen einer ausgesprochenen *Konsistenz* der Daten, um sie als dauerhafte Abbildung der gegebenen Sozialstrukturen und -prozesse nutzen zu können. Zugleich sollen sie bekanntlich Veränderungen dokumentieren und müssen insofern prozessual konzipiert sowie je nach sich wandelnden Situationen angepasst werden. Damit steht die Sozialplanung in Engelsberg vor der Herausforderung, beispielsweise Kennzahlen wie Verteilung der Altersgruppen, Bildungsabschlüsse oder auch Einkommensgruppen zu erheben, ohne jedoch vorab hinreichend zu wissen, ob gerade solche Indikatoren auch in Zukunft hilfreich sind, um soziale Prozesse im Planungsraum verstehen und sodann planerisch weiter gestalten zu können.

Des Weiteren gilt für die Messgrößen der Sozialplanung das, was für empirische Sozialforschung allgemein gilt. Zumindest in den Bereichen, in denen quantitative Daten erhoben werden, müssen diese *valide*, *reliabel* und *objektiv* sein. Diese Kriterien beinhalten den Anspruch, dass gemessen wird, was zu messen vorgegeben wird (valide), dass die Messungen hinreichend genau erfolgen (reliabel) und dass sie unabhängig von der BeobachterIn erfolgen (objektiv). Für qualitative Indikatoren gelten diese Einschätzungen hingegen mit deutlichen Abstrichen; hier sind insbesondere die fallbezogenen Muster des Verstehens gefragt sowie deren angemessene und zugleich intersubjektiv nachvollziehbare, d. h. auch transparent abgebildete Interpretation.

In jüngerer Zeit wurde ein Indikatoren-Konzept entwickelt, das unter ausdrücklicher ökonomischer Hinsicht verschiedene Zielkategorien von Indikatoren zu vereinen sucht: der sog. Social Return on Investment (SROI; vgl. 1.2). Dabei werden unterschiedliche Zielfelder dargelegt (vgl. allgemein IGC 2010; Halfar 2009): *Outcome* als die gesellschaftliche Wirkung einer sozialen Dienstleistung, *Effect* im Sinne einer objektive Zielgruppen-Effektivität, *Impact* bezeichnet subjektive Wirkungen und *Output* das Effizienz-bezogenes Mengen-Ergebnis. Mit Hilfe dieses Indikatoren- und Messkonzeptes können verschiedene Wertedimensionen sozialer Dienstleistungserbringung allgemein eingeschätzt und auch monetär abgebildet werden. Damit besteht die Chance, nicht allein auf finanzielle Aspekte der Daseinsvorsorge zu schauen, wenn über die Frage einer Realisierung bestimmter Maßnahmen oder auch deren Fortführung beraten wird. Zudem kann der SROI deutlich machen, dass je nach Einrichtung oder Angebot auch soziale Dienstleistungen keineswegs uneingeschränkt als Zuschussbetriebe gelten müssen.

Allgemein werden Indikatoren je nach Planungsansatz, -interesse und -raum ausgestaltet: So können sie quantitativ und/oder qualitativ gefasst werden, je nach dem ob die Verteilung von bestimmten sozialen Faktoren gemessen oder aber die Haltungen und Erfahrungen von Individuen und Gruppen verstanden werden sollen. Indikatoren werden ferner je nach Zielgruppe (Jugend, Familien, SeniorInnen o. a.) gebildet, um die spezifischen Planungsbereiche oder -schwerpunkte mit ihren Besonderheiten messen und darstellen zu können. Mitunter spielen in den jeweiligen Planungsfeldern nochmals konkretere Fragestellungen eine Rolle, die infolge-

3.5 Zirkuläre und dialogische Prozesse der Sozialplanung

dessen in den Kennzahlen abgebildet werden müssen. So kann es von Bedeutung sein, die Familien-bezogenen Angebote der Stadt so zu planen, dass zunächst die konkreten Ziel-Unter-Gruppen wie Ein-Eltern-Familien, Familien mit mehr als drei Kindern, Familien mit mindestens einem Mitglied mit Schwerbehinderung o. a. erfasst werden. Auch die unterschiedlichen Teilräume wie Stadtteile, Quartiere, Straßenzüge o. a. erfordern genauere Festlegung der Messzahlen und deren Skalierung. Ferner ist den Zeitbezügen, beispielsweise der Messung des Ist-Standes, sodann der periodischen Erhebung und anderen temporalen Formaten Bedeutung zuzumessen. Jeweils stellt sich die Frage, in welchem Sektor zu welcher konkreten Fragestellung und in welchem Setting Kennzahlen erhoben werden sollen, um dem gewünschten Planungsprozess die notwendigen Hinweise auf die Sachverhalte, ihre Struktur und wechselseitige Beeinflussung im Planungsfeld zu bieten.

Dazu werden aus der erstellten Datensammlung durch Verdichtung die Indikatoren gebildet; sie stellen somit in komprimierter Form Messergebnisse und deren Zuordnung dar. Dabei ist zu beachten, dass bereits in der Phase der Definition und Auswahl von Indikatoren unterschiedliche Schwerpunkte gesetzt und somit bestimmte andere thematische Teilgebiete kaum oder gar nicht ausgeleuchtet werden. Da die Datenverdichtung viele Detailangaben zusammenführt und infolgedessen deren Details nicht mehr vollumfänglich zur Darstellung kommen lässt, werden ferner die Einzelaspekte oder auch raum- wie zeitbedingte Spezifika potentiell vernachlässigt. Insofern stellt jedes Indikatorensystem eine fachlich möglichst fundierte Auswahl von Blickwinkeln auf die Wirklichkeiten des Planungsraumes dar, ohne diesen jedoch in allen Einzelheiten abbilden und dem Planungsgeschehen öffnen zu können. Planung ist daher durch ihre Datenerhebung und -bearbeitung stets in gewisser Weise distanziert vom Planungsfeld, bedarf aber andererseits auch einer Distanz, um überhaupt in qualifizierter Weise den Kontakt zum Feld und zugleich den Überblick über die dortigen Gegebenheiten halten zu können. Somit dienen Indikatoren zugleich der Herstellung einer gewissen Transparenz, wie sie diese in anderer Hinsicht auch wiederum verdecken. Bei der Arbeit mit solchen Messzahlen sollte insofern auch beide Gesichtspunkte gemeinsam bedacht werden.

Als Beispiele aus der Praxis verschiedener Kommunen oder weiterer Praxisfelder lassen sich Kennzahlen zur *Haushalts- und Familienstruktur* nennen, indem beispielsweise der Anteil von Haushalten mit Kindern im Transferbezug an Haushalten mit Kindern im Planungsraum insgesamt erhoben wird. Für die *Sozialstrukturanalyse* wiederum werden Daten gesammelt und verdichtet, die der Bevölkerungsstruktur, der Erwerbssituation, dem Bildungsniveau (üblicherweise durch den höchsten Schulabschluss des Haushaltsvorstandes definiert), die städtebauliche Lage oder auch die Ausstattung mit unterschiedlichen Infrastrukturangeboten Ausdruck verleihen. Die *Inklusion* von Menschen mit strukturell bedingten

Behinderungen kann dadurch bemessen werden, dass solche strukturellen Aspekte verschiedener Felder wie Mobilität, Kultur, Freizeit oder auch in der Umwelt erhoben werden. Im Feld der *Altenplanung* sind Messwerte von Interesse, die etwa den Anteil von allein Wohnenden am Gesamtanteil der Menschen über 65 (bzw. 67) Jahren oder auch die Erwerbsquote allgemein sowie nach Geschlechtern differenzierter der Altersgruppe über 55 Jahren darstellen.

Die bereits angesprochene Verdichtung der einzelnen Werte erfolgt auf unterschiedliche Weise. Mitunter werden schlicht *Schulnoten* von den NutzerInnen erfragt, so dass daraus dann Durchschnittsnoten, teilweise nach den oben benannten Themenfeldern, gebildet werden. Dass dies aus statistischen Gründen fragwürdig ist, weil unter mathematischer Hinsicht aus Ordinalskalen schlicht solche Werte nicht ermittelt werden können, hindert allerdings in der Praxis keineswegs an deren Ermittlung (wie der Blick über den „fachlichen Zaun" in den Alltag von Regelschulen umfänglich belegt).

Die *Umrechnung* der ermittelten Werte, indem deren Mittelwerte=0 gesetzt und die Standardabweichung=1 definiert werden, ermöglicht den Abgleich von dann einheitslosen Werten auf statistisch verlässlichere Weise. Mitunter werden diese Werte dann noch in der Form verwendet, dass sie zur Erstellung von Rankings der Planungsräume dienen und damit Auskunft über die Qualität dieser Räume (zumeist: Stadtteile) geben sollen.

Eine weitere Möglichkeit der Datenverdichtung ergibt sich durch die Umrechnung von Fallzahlen auf die je nach Planungsraum unterschiedlicher Bevölkerungsdichte. Auch mit diesen Ergebnissen wird bisweilen ein Ranking der verschiedenen Gebiete vorgenommen.

Da ja, wie bereits erwähnt, durch die Verdichtung naturgemäß viele Einzelheiten der differenzierteren Daten nicht mehr kenntlich sind, kann auch auf eher umfängliche Darstellung der Ergebniszahlen zurückgegriffen werden. Erfolgt dies schlicht in tabellarischer Form, so ist dies zwar einfach zu handhaben, aber für die Lesenden alles andere als leicht eingängig oder gar „mit einem Blick" zu erfassen. Eine Alternative bieten die sogenannten Netzdiagramme (siehe Abb. 3.10), die durch die Darstellung mehrerer Indikatoren in derselben Grafik spezifische Profile für die Erhebungsterritorien oder aber Erhebungszeiten bieten. Vorteil solcher Darstellungen sind die eher intuitive Erfassbarkeit der Ergebnisse sowie mögliche Zeitreihenvergleiche; Voraussetzung der Netzdiagramme ist umgekehrt, dass die abgetragenen Indikatoren alle auf dieselbe Weise bemaßt werden müssen. Letzteres kann die Verwendbarkeit dieser Darstellungsform je nach Planungsaufgabe deutlich begrenzen.

Indikatoren stellen damit „eine auf ein bestimmtes Ziel hin gerichtete Auswahl, Transformation und Kombination von Daten dar, die normative und definitorische

3.5 Zirkuläre und dialogische Prozesse der Sozialplanung

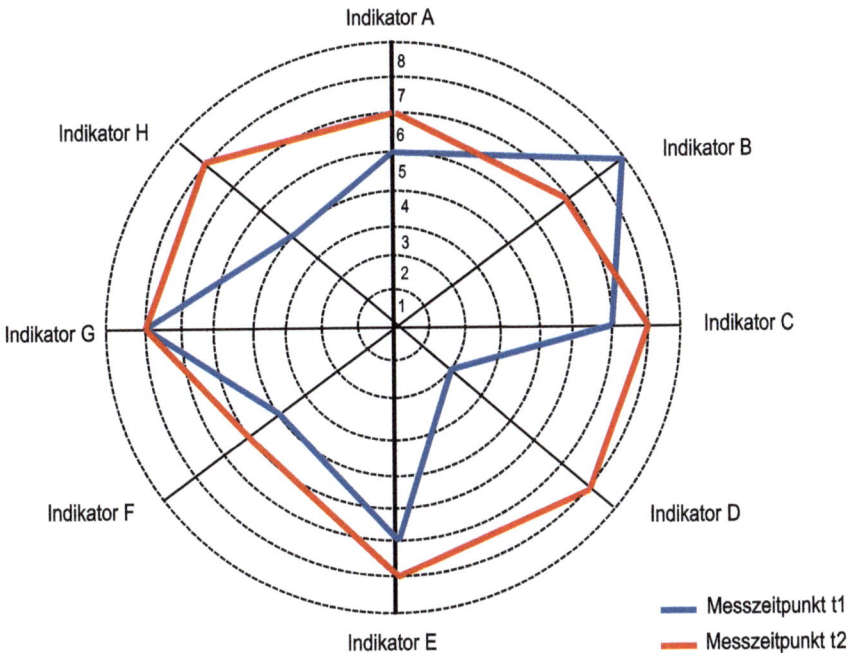

Abb. 3.10 Netzdiagramm. (Quelle: Eigene Darstellung © A. Böhmer)

Bezüge (theoretischer Hintergrund) benötigen." (Döbert 2007, S. 10) Gerade die letztgenannten Aspekte lassen sich durch den skizzierten Planungskreislauf (vgl. 3.1.2) recht gut verwirklichen: Die geforderten normativen Bezüge werden durch das kommunale Leitbild vorgegeben und unterliegen nicht mehr den Veränderungen durch Zwischenergebnisse des Planungsablaufes, da sie ansonsten kaum normativ für den gesamten Kreislauf und dessen Folgeprozesse gelten könnten. Insofern bedarf es der externen Festlegung der kommunalen Vision wie Strategie, um von dorther die angemessenen und unangemessenen Planungsziele, -verfahren und Datenerhebungen unterscheiden zu können. Die ebenfalls postulierten definitorischen Bezüge wiederum ergeben sich teilweise aus den Ergebnissen der planerischen Vorfeldarbeit, müssen aber sehr viel mehr noch fachplanerisch und professionsspezifisch geklärt werden. So ist es für Engelsberg sicher von einigem Interesse, nach der Wirkungsorientierung von geplanten sozialen Dienstleistungen zu fragen. Zugleich muss aber aus der Perspektive der Sozialplanung darauf geachtet werden, welche politischen, verwaltungsspezifischen und ressourcenorientierten Schritte eingeleitet werden müssen, um solche tunlichst wirkenden Angebote entwickeln und vorhalten zu können. Von der Profession Sozialer Arbeit wiederum wird besonders nach den fachpolitischen, sozialräumlichen und NutzerInnen-spezifischen Gesichtspunkten zu fragen sein; dazu zählen nicht zuletzt Reflexionen auf die aktuelle Transformation des deutschen Wohlfahrtsstaates (vgl. Böhmer 2013b, c). Hinzu kommen Analysen zu spezifischen Ressourcen, Herausforderungen und Entwicklungen in den jeweiligen Planungsräumen, die sich in den (kleinen) Raumzusammenhängen mitunter gravierend von gesellschaftlichen Makrotrends unterscheiden können (vgl. Bürger und Schone 2006, S. 88). Sodann sind die NutzerInnen als an der Erbringung sozialer Dienstleistungen stets Mit-Beteiligte mindestens nach ihrer Zufriedenheit zu befragen; sehr viel eher noch bedarf es ihres Mitwirkens in Konzeption, Durchführung und dann auch Auswertung der jeweiligen Angebote.

3.5.3 Sozialplanung als Arbeit in Kommunikation

Dass die Mitwirkung der NutzerInnen an vielen Stellen des Planungskreislaufes sinnvoll ist, sofern man diese Ressourcen, ihre Kompetenzen und die Ansprüche von Empowerment tatsächlich in der Sozialplanung verankern möchte, dürften die bisherigen Ausführungen deutlich gemacht haben. Damit einher geht ein dialogisches Verständnis von Planung, die verschiedene Akteure und Daten integriert, um gerade damit die Mitwirkung der von den Planungsprozessen Betroffenen in ihrem eigenen Sinne erleichtern zu können. Hierbei müssen neben den unmittelbaren NutzerInnen und ihren Positionen weitere Akteure und Datenformate berücksichtigt werden, um ein möglichst breites Portfolio an Einschätzungen, fundierten Informationen, aber – angesichts der damit nahezu „vorprogrammierten" Konfliktpotentiale unterschiedlicher Auffassungen – auch Moderations- und Kompromissmöglichkeiten auftun zu können (vgl. Mardorf 2010, S. 73 ff.).

Hinsichtlich der Akteure sind folgende Gruppen näher zu berücksichtigen (vgl. dazu auch detaillierter 3.6):

- PlanerInnen,
- PolitikerInnen,
- Zielgruppe(n),
- weitere Interessengruppen.

In diesem Zusammenhang kommt es zum einen darauf an, zwischen den verschiedenen Personen im Ressort *Sozialplanung* (sofern hier tatsächlich mehrere tätig sind) möglichst transparente Abstimmungsprozesse auf den Weg zu bringen. Darüber hinaus ist der Dialog mit weiteren Fachplanungen (Finanzen, Stadtentwicklung, Bau, Wohnen, Verkehr etc.) ebenfalls von großer Bedeutung, um angesichts der vielfältigen Möglichkeiten, Leitbild-orientierte Planungen zu konkretisieren, doch zumindest einen gemeinsamen „Zielkorridor" zu finden und mögliche Überschneidungen der Fachplanungen im Dialog abzustimmen. Auf diese Weise können manche Konfliktfelder bereinigt oder zumindest versachlicht werden. Auch ist der Austausch mit anderen kommunalen und überkommunalen Planungsbereichen hilfreich, um die verschiedenen Vorhaben in Relation zueinander setzen zu können. So ist es wohl einigermaßen sinnvoll, die regionale Pflegeplanung und die für Engelsberg im Planungsdialog miteinander abzustimmen. Dabei muss – und kann angesichts der Zuständigkeiten oft – kein unmittelbares *top-down*-Verhältnis der Planungen angezielt werden, doch drohen unterschiedliche Planungsstrategien ggfls., die Leitbilder der verschiedenen Ebenen in Konkurrenz geraten zu lassen (etwa unter der Perspektive „ambulant vor stationär", sofern die lokale Planung dennoch den Ausbau stationärer Angebote vorsieht).

Gebräuchliche Formate für Daten sind in aller Regel Statistiken, die zumeist aus anderen kommunalen Datensätzen gewonnen werden (Einwohnermeldebehörde oder andere Verwaltungsstellen, aber auch auf kommunale Planungsräume bezogene Werte der Agentur für Arbeit, Statistischer Ämter u. a. m.). Von dorther lassen sich Indikatoren und deren Grenzwerte definieren sowie verschiedene Teilgruppen clustern, um damit die unterschiedlichen Territorien in der Kommune den über Clusteranalysen gebildeten Typen zuordnen zu können. Dass solche Typologien, etwa für „soziale Brennpunkte", nicht problemlos formuliert werden können, wurde bereits wiederholt dargelegt (vgl. beispielsweise 1.2 und 1.3). Dennoch ist diese Zuschreibung mitsamt ihren ordnungs- und sozialpolitischen Konsequenzen oft geübte kommunale Praxis (vgl. hierzu auch die Fallstudie Böhmer 2014e) und kann, bei reflektiertem Einsatz, der die Chancen wie Grenzen solcher Typenbildungen im Blick behält, von zumindest erstem orientierendem Nutzen sein.

Die Datenformate für solche Aussagen lassen sich durchaus differenziert bilden und nutzen. Üblicherweise werden „statistische Räume" (Mardorf 2010, S. 86 ff.) so abgebildet, dass Planungsräume mit Hilfe statistischer Daten beschrieben werden. Auf diese Weise können quantitative Aspekte der Sozialstruktur dargelegt werden. Dies birgt einige Herausforderungen, da methodisch i. a. Sekundäranalysen amtlicher Daten sowie quantitative Verfahren empirischer Sozialforschung (vgl. Markert und Wieseler 2011, S. 1289) zur Anwendung kommen. Sofern gerade die erstgenannten Daten häufig nicht unter den planerischen Perspektiven gesammelt wurden, werden sie zumeist nicht Indikatoren-spezifisch erhoben. Um sie daher auf die entsprechend definierten Anzeiger anwenden resp. in ihnen abbilden zu können, ist daher mitunter einiger statistischer Aufwand zu betreiben.

Hinzu kommt, dass diese Werte nicht deckungsgleich mit den Planungsräumen und zeitlichen Intervallen sein können. Dadurch tritt das Problem auf, aus solchen Ergebnissen im günstigen Fall zwar Tendenzen und Analogien der Entwicklungen ableiten zu können, eine exakte Übertragung auf die Messwerte des konkreten Planungsverlaufes ist hingegen nicht möglich. Schließlich ist zu berücksichtigen, dass die Zahlen oft nicht interregional vergleichbar ausgeführt werden (vgl. Markert und Wieseler 2011, S. 1289; verweisen auf Mardorf) und somit abermals fraglich wird, welchen umfänglichen Nutzen solche Rückgriffe auf die Zahlen anderer Erhebungen bedeuten können.

Was hierbei jedoch grundsätzlich noch nicht erfasst wird, sind die subjektiven Wahrnehmungen derjenigen, die sich an solchen Orten befinden – entweder, um hier zu wohnen, oder zumindest, um diese Räume zu passieren. Letzteres gilt insbesondere für öffentliche Räume und ihre Erlebnisaspekte, etwa die schon erwähnte „gefühlte (Un)Sicherheit". Um diese subjektive Seite des Planungsraumes erfassen zu können, bedarf es qualitativer Verfahren, die BewohnerInnen und Passierende nach ihren Bedürfnissen, mehr aber noch nach ihren Gefühlen befragen. Auf diese Weise lassen sich „gefühlte Räume" (Mardorf 2010, S. 86 ff.) beschreiben, die nicht selten merklich von den statistischen abweichen. „Gerade in der Diskrepanz von quantitativen und qualitativen Informationen werden Besonderheiten und Ressourcen des Sozialraums [bzw. hier eher: des Planungsraums; Anm. A.B.] erkennbar." (Mardorf 2010, S. 86)

Dabei üben die Datenformate – bei tendenzieller Übereinstimmung – eine erläuternde oder aber – bei Abweichungen – korrigierende Funktion für einander aus. Insofern ist es keineswegs selbstverständlich, Selbstbehauptungskurse anzubieten oder territorial definierte Alkoholverbote zu diskutieren, wenn BewohnerInnen über ein erhöhtes Maß an Gefühlen der Unsicherheit berichten. Vielmehr wäre dann zunächst nach der quantitativen Befundlage und deren Einordnung in die stadtpolitischen Rahmenbedingungen zu fragen, um auch von dorther Strategien zu entwickeln. Sollten die Erhebungsergebnisse tatsächlich auseinander klaffen,[8] ist es sicher kaum zielführend, schulterzuckend darauf zu verweisen, dass zwar die gefühlte Unsicherheit hoch sei, die Kriminalitätsstatistik hingegen niedrig. Eher lässt sich ein Aufklärungsprojekt auf diese Weise generieren, das die Gefühle der BewohnerInnen zugrunde legt und von dorther Aufklärungsarbeit leistet sowie nach möglichen Haltungs- oder auch baulichen Änderungen fragt.

---

[8] Dass dies in der Tat häufig der Fall ist, wurde bereits des Öfteren aufgezeigt; so etwa in Glasze et al. (2005, S. 332): „[…] verschiedene Studien haben gezeigt, dass es kaum einen oder keinen Zusammenhang zwischen der Polizeilichen Kriminalitätsstatistik und den Ergebnissen von Umfragen zum Sicherheitsempfinden gibt".

3.5 Zirkuläre und dialogische Prozesse der Sozialplanung

Wie auch immer also im Einzelfall die Antworten auf die erhobenen Daten aussehen mögen – zur umfänglichen Gewinnung, aussagekräftigen Strukturierung und angemessenen Interpretation sind verschiedene operative Konsequenzen zu ziehen. Zunächst bedarf es der *permanenten Feldkontakte*, die einerseits die Chance bieten, alltagsnahe und -taugliche Fragen und Planungsanforderungen wahrnehmen und umsetzen zu können. Zudem ist es auf diese Weise weit eher möglich, die erhobenen Daten auch feldspezifisch verstehen und von dorther die Anforderungen des Planungsraumes angemessen in weiteren Planungsschritten operationalisieren zu können. Gerade wenn die andauernden Veränderungen innerhalb des Planungsraumes sich auf die Planungsgestaltung auswirken sollen, sind des Weiteren *kontinuierliche Nachsteuerungen* von Bedeutung. Auf diese Weise nämlich können die gemessenen Unterschiede in gestaltete Unterschiede überführt werden, die den veränderten Bedingungen innerhalb des Planungsraumes eher Rechnung zu tragen versuchen. Um diese Veränderungen allerdings in der bereits erwähnten Alltagstauglichkeit auch tatsächlich wirksam werden zu lassen, sind die Urteile einschlägiger ExpertInnen sinnvoll. Diese sind in nicht zu überbietender Weise die *NutzerInnen* selbst, deren *Beteiligung* durch entsprechende Planungsgremien und deren Frequenz sichergestellt werden kann. Dabei sind ganz unterschiedliche Formen vonnöten, um den verschiedenen Milieus und ihren sozialen Ausdrucksformen gerecht werden zu können (vgl. Munsch 2005, 2011).

Mit einem solchen offenen und prozessorientierten Verständnis von Sozialplanung kommen der PlanerIn insbesondere die Aufgaben zu, die verschiedenen Positionen, Phasen und Produktionsschritte zu *moderieren*. Hierbei ist der Spagat zwischen Zurückhaltung den unterschiedlichen Akteuren und Aspekten gegenüber einerseits sowie aus der eigenen fachlichen Einschätzung heraus zu argumentieren und zu agieren andererseits zu leisten. Zudem drohen angesichts der Offenheit der dialogischen Planungsstruktur die jeweilige Position im Planungsablauf sowie das Planungsziel immer wieder aus dem Blick zu geraten. In solchen Situationen ist die SozialplanerIn gefordert, den *Bezug* zur jeweils aktuellen Planungsposition zu leisten. Ferner muss der *Dialog zwischen Verwaltung, Betroffenen und weiteren stakeholdern* immer wieder neu angestoßen werden, beispielsweise weil die Akteure je nach Planungsthema, -zeitpunkt oder auch -stand unterschiedliche sind und insofern erst in einen Austausch miteinander gebracht werden müssen. Dies gilt insbesondere, weil die konflikträchtigen Prozesse um fachliche Standards, aber auch zur Verfügung stehende finanzielle Mittel mitunter „Funkstille" erzeugen können oder schlicht, weil die Personalebene in den Verwaltungen, Einrichtungen und Gremien doch einem gewissen Wechsel unterworfen ist. Grundsätzlich gilt die Maxime: „Sprecht miteinander!", um auf diese Weise Sozialplanung überhaupt erst NutzerInnen-gerecht entwickeln und jeweils neu nachsteuern zu können.

Ein besonderes Augenmerk ist nicht allein auf die allgemeine Kommunikation zu richten, sondern mehr noch auf die Partizipation derjenigen, um die es in den Planungsprozessen geht – die BürgerInnen. Die schon traditionsreiche „Stufenleiter der BürgerInnen-Partizipation" nach Sherry R. Arnstein aus dem Jahr 1969 (vgl. etwa BMVBS 2009, S. 20) macht deutlich, dass Teilhabe in unterschiedlichen Formen und Ausmaßen vorgetäuscht, hingenommen oder aber gefördert werden kann. So erfolgt Beteiligung dann nicht, wenn entweder bloß 1) *Manipulation* oder Instrumentalisierung die Meinungsäußerungen der Menschen und ihre Mitwirkung suggeriert oder wenn sie 2) *Therapie* dorthin und dazu bringen soll, was die Planenden je schon als Zielvorgabe im Sinn gehabt haben. Lediglich zum Schein wird nach Arnstein dann beteiligt, wenn sich die Ausgestaltung auf die Vermittlung von 3) *Information* beschränkt oder zumindest eine 4) *Konsultation* mit beratendem Charakter möglich ist. Erfolgt gar eine 5) *Beschwichtigung*, um die Betroffenen über die wahren Ausmaße von Planungsfolgen hinwegtäuschen oder vertrösten zu können, ist Partizipation ebenfalls noch nicht wirklich in erreichbarer Nähe. Dies ändert sich grundlegend für den Fall, dass 6) *Partnerschaft* in Verhandlungsprozessen faktisch gegeben ist. Erfolgt die 7) *Übertragung von Teilaspekten der Macht*, können die BürgerInnen schon über ein merkliches Maß an Partizipation verfügen. Vollends umgesetzt ist Partizipation nach Arnstein dann, wenn 8) *Entscheidungen und Kontrolle* in Händen der BürgerInnen liegen.

Von solchen Teilhabe-Formen sind die Praktiken der Planung – und der Sozialplanung zumal – jedoch zumeist einigermaßen entfernt. Allerdings kommen, auch angesichts der Konflikte um Großprojekte und deren praktizierter Teilhabe-Varianten, zusehends mehr Versuche auf, zumindest höhere Stufen der Teilhabe-Leiter zu erklimmen. Ein jüngeres Vorhaben ist beispielsweise das „Beteiligungsportal Baden-Württemberg", das über unterschiedliche Beteiligungsformen den Versuch wagt, Varianten direkte(re)r Demokratie zu erproben. Diesbezüglich wird für Infrastrukturplanungen beispielsweise ein Planungsleitfaden samt Verwaltungsvorschrift entwickelt, der für die Landesebene klar definiert, in welcher Form und in welchem Ausmaß Mitsprache durch die BürgerInnen gewährt werden soll. Es bleibt abzuwarten, ob und wie mit solchen Maßgaben die heterogene Interessen-Gemengelage in Großprojekten erfasst, genutzt und zu einem – möglichst gemeinsamen – Ziel geführt werden kann.

3.5.4 Sozialplanung als Projektarbeit: Ziele, Funktionen, Praxis

Kommunikation, so wurde bis hierher gezeigt, ist ein wesentliches Element von Sozialplanung, um die unterschiedlichen Zugänge zum Planungsraum, zur sozial-

3.5 Zirkuläre und dialogische Prozesse der Sozialplanung

politischen Zielvorgabe des Leitbildes oder auch den Interessen der verschiedenen Gruppen von Betroffenen zu berücksichtigen. Im nun folgenden Abschnitt soll danach gefragt werden, wie sich solche kommunikative Zugänge in der planerischen Praxis verwirklichen lassen.

Für die Planung allgemein und auch diejenige des Sozialressorts sind häufig Umsetzungen in Projektform zu finden. Arbeitsweisen also, die realisiert werden als „ein einmaliger Prozess, der aus einem Satz von abgestimmten und gelenkten Tätigkeiten mit Anfangs- und Endtermin besteht und durchgeführt wird, um unter Berücksichtigung von Zwängen bezüglich Zeit, Kosten und Ressourcen ein Ziel zu erreichen, das spezifische Anforderungen erfüllt." (ISO 9000:2005) Einer der möglichen Gründe mag historisch darin begründet liegen, dass im Zuge der Ernüchterung über die – geringen – Erfolge von Großplanungen in den 1970er Jahren und danach verstärkt auf kleinere und zeitlich wie räumlich begrenzte Maßnahmen gesetzt sowie deren Einflüsse auch in der Wirkung auf Rahmenbedingungen – und somit eine lediglich mittelbare Wirksamkeit – gerichtet war. Dabei sind die Strukturen, Instrumente, Methoden sowie Chancen und Risiken bereits andernorts hinlänglich beschrieben und dienen dem öffentlichen Verwaltungsmanagement in vielfacher Hinsicht als Leitlinien (vgl. paradigmatisch Bundesministerium des Inneren 2008; Senatsverwaltung für Inneres und Sport Berlin 2007). Insofern soll im Folgenden lediglich eine knappe Darstellung von Projektarbeit, allerdings hier mit ausdrücklicher Reflexion auf die besonderen Gegebenheiten von Sozialplanung, dargeboten werden.

In Anlehnung an Demleitner (2009) lässt sich sagen, dass Projekte unterschiedliche Ziele verfolgen können. So dienen Pilotprojekte dem *Gewinn von neuem Knowhow*, das in einem übersichtlichen und möglichst kontrollierbaren Rahmen entwickelt werden soll. Dabei besteht ja grundsätzlich die Gefahr (wenngleich sie in der Praxis zumeist ausgeblendet wird), dass solche Pilotmaßnahmen scheitern. Doch gerade durch eine Reflexion auf die tatsächlich wirkmächtigen Problemfelder kann neues Wissen, nicht nur „wie man es nicht macht", gewonnen werden. Sodann lassen sich *neue Verfahren entwickeln*, die sich angesichts bestimmter Herausforderungen, in der Sozialplanung beispielsweise die Inklusion, eruieren, welche Vorgehensweisen besonders geeignet sind, um der jeweiligen Planungsaufgabe gerecht zu werden. Ein „planerischer Dauerbrenner" ist dabei sicher die partizipative Planung, die durch unterschiedliche Formate und Strukturen von Planung versucht, BürgerInnen entweder möglichst viel Mitsprache zu ermöglichen, ihnen angesichts rechtlicher Regelungen zumindest an den möglichen Planungsachsen Teilhabe einzuräumen oder aber, die Betroffenen so in die Planungsabläufe zu integrieren, dass ein möglichst effizientes Planen aufrecht erhalten werden kann. Dass darüber hinaus unterschiedliche Intensitäten der Mitbestimmung möglich sind, wurde bereist oben (vgl. 3.5.3) mit Hinweis auf Arnstein (1969) ausgeführt.

Projekte dienen somit nicht allein dem Erzielen neuen Wissens, sondern auch der Erprobung neuer Praktiken. Diese münden in die *Entwicklung neuer* oder zumindest die *Weiterentwicklung bereits bestehender Produkte*. Innerhalb der Projektarbeit nämlich zeigen sich neue Ergebnisse, die somit als Änderung des Bestehenden oder tatsächlich innovative Güter und Dienstleistungen aus dem veränderten Produktionsweg hervorgehen. Um hierbei die erforderlichen Ressourcen und Kompetenzen versammeln zu können, die üblicherweise im Organisationsalltag nicht oder zumindest nicht so geballt zur Verfügung stehen, bieten sich die Strukturen und Prozesse von Projektteams und -mitteln an. Sie bringen für den begrenzten Projektzeitraum die Menschen und jene Mittel zusammen, die Innovationen leichter verwirklichen könnten. Führt ein solches Vorgehen tatsächlich zum Erfolg, kann sodann auf die Möglichkeiten reflektiert werden, die bisher temporären Formate zu verstetigen.

Somit wird auch nachvollziehbar, inwieweit eine *Neugestaltung von Organisationen* durch Projektarbeit möglich wird. Haben sich nämlich bestimmte Konzepte im Rahmen von Projekten bewährt und konnten sie in einer Ausweitung dieser Arbeit deutlich machen, dass sie der bisherigen Aufbau- und Ablauforganisation zumindest in Teilen überlegen sind, können sie dazu dienen, den Regelbetrieb einer Organisation weiter zu entwickeln. Auch die zusätzliche *Errichtung von Gebäuden* oder deren *Umbau* lassen sich mit Hilfe der Projektarbeit auf ihre Plausibilität hin überprüfen und auf diese Weise realisieren.

Mit Blick auf die Funktionen von Projektorientierung für die Raumordnung allgemein definiert Knieling (vgl. hier und im Folgenden ARL 2005, S. 815) zunächst diejenige der *Gestaltung*, um durch das jeweilige Projekt gegebene Entwicklungen beeinflussen zu können. Dabei werden entweder eigene Projekte durch die Planung entwickelt oder aber bestehende durch die Beteiligung von PlanerInnen weiter ausgestaltet. Jeweils geht es darum, den strategischen Zielvorgaben von Planung durch die Projekte eine Gestalt zu verleihen resp. an einer solchen Ausgestaltung mittelbar wie unmittelbar mit beteiligt zu sein. So kann in Engelsberg eine Umgestaltung der Versorgungslandschaft für von Wohnungslosigkeit bedrohte Menschen dadurch erfolgen, dass die Sozialplanung dafür zweckdienliche Projekte definiert und umsetzt oder aber sich in die Projektarbeit der freien Träger „mit einklinkt". Dies kann gerade dann auf sinnvolle Weise geschehen, wenn kommunale Stellen und freie Träger bereits in entsprechenden Kooperationsstrukturen miteinander verbunden sind, wie sie etwa das sozialrechtliche Dreiecksverhältnis (Leistungsberechtigte – Kostenträger – Leistungserbringer) ermöglicht. Des Weiteren wird die *Innovationsfunktion* benannt, die sich in der Entwicklung oder Durchführung von Neuerungen mit Projektcharakter ergibt. Zudem können aus den Projekten und ihren Ergebnissen („best practice") neue Standards für die praktische Arbeit gewonnen werden. Solche Zwe-

3.5 Zirkuläre und dialogische Prozesse der Sozialplanung

cke verfolgen die des Öfteren durchgeführten Modellprojekte in der Sozialplanung, die beispielsweise durch die Erprobung neuer Versorgungsformen und -strategien im Wohnungslosenbereich für Engelsberg belastbares Wissen um die bestmögliche Versorgung des Personenkreises gewinnen und für andere kommunale Träger nutzbar machen wollen. Schließlich macht Knieling auch noch auf die *Mobilisierungsfunktion* von Projekten in der Planung aufmerksam, da sie weitere Entwicklungen mitziehen und somit die Akteure, Konzepte und Perspektiven in einem Projektumfeld im günstigen Fall für den Aufbruch in eine fruchtbare Richtung motivieren können. So kann sich aus dem bereits erwähnten Projekt in der Wohnungslosenhilfe insgesamt ein Aufbruch für die Versorgung verschiedener marginalisierter Personengruppen (Menschen in Wohnungsnot, aber auch psychisch Kranke, Langzeitarbeitslose o. a.) ergeben, der deutlich macht, dass deren Versorgung keineswegs nur als Ausstattung mit den durch öffentlich-rechtliche Definitionen belegten Transferleistungen zu sehen ist, sondern deren alltägliche Lebensführung darüber hinaus weiterer politischer sowie kommunaler und zivilgesellschaftlicher Antworten bedarf, die durch die zuständigen sozialrechtlichen Leistungsträger ebenfalls eingeplant werden müssen (vgl. die Hinweise zur hybriden Versorgungsstruktur in 2.2.4).

Für die praktische Umsetzung der Projektarbeit werden verschiedene Rollen definiert (vgl. Schreckeneder 2013), die unter sozialplanerischer Hinsicht konkretisiert und – mit Blick auf die NutzerInnen sozialer Dienstleistungen – erweitert werden sollen. Der *AuftraggeberIn* kommt die Aufgabe zu, Aufträge zu Planung sowie dem konkreten Projekt zu erteilen, die Projektleitung zu ernennen und die Leitung des noch zu beschreibenden Lenkungsausschusses innezuhaben. Idealerweise wird damit die Funktion des Kommunalparlaments bzw. seiner einschlägigen Ausschüsse (beispielsweise Sozialausschuss oder Jugendhilfeausschuss) umschrieben. Zugleich zeigt aber die Praxis (vgl. Adam et al. 2010), dass nicht selten politische Gremien oder MandatsträgerInnen zurückhaltend mit den steuernden Möglichkeiten der Sozialplanung verfahren. In solchen Fällen sind es oft Spitzen oder einschlägige Stellen innerhalb der Verwaltung, die solche Aufträge faktisch ausgestalten, wenngleich sie durch die Kommunalpolitik genehmigt werden.

Die *Projektleitung* richtet ihr Team gemäß den Vorgaben der AuftraggeberIn ein. Sie plant den konkreten Projektverlauf, steuert Ressourcen und Aktivitäten und kontrolliert Prozesse und (Teil-)Produkte. Zu diesem Zweck leitet sie auch die Teamsitzungen und ist ihrerseits Mitglied des Lenkungsausschusses, um auf diese Weise die Verzahnung von operativer und strategischer Steuerung (vgl. 3.3.1) zu gewährleisten.

Eine nicht zu unterschätzende Bedeutung haben die einzelnen *Mitglieder des Projektteams*. Sie bearbeiten die vorab definierten Arbeitspakete und drücken – bei aller Planung und Steuerung durch die Leitungsebenen – damit dem Projekt ihren

„Stempel" auf. Nicht zuletzt aus diesem Grund wurden auch entsprechende ExpertInnen aus den Regelstrukturen der betreffenden Organisation in das Projektteam integriert. Sie berichten über den jeweiligen Sachstand ihrer Umsetzungen und ermöglichen auf diese Weise die Gesamtsteuerung des Projektes, z. B. über den sog. Meilensteinplan[9]. Zudem nehmen sie an Teamsitzungen teil und dokumentieren ihre Arbeitsschritte samt -ergebnissen.

Der eigens zu etablierende *Lenkungsausschuss* nimmt die Arbeitsergebnisse entgegen und beurteilt sie, insbesondere mit Blick auf die Gesamtsteuerung des Projektes. Dass dies alles andere als trivial ist, haben beispielsweise die davon galoppierenden Kosten einiger Großprojekte in der jüngeren Vergangenheit gezeigt. Insofern ist weiter von Bedeutung, dass der Ausschuss Entscheidungen herbeiführt. In solchen Bezügen dürfte es sinnvoll sein, Führungskräfte aus dem Feld der Sozialplanung in diesen Ausschuss aufzunehmen, um sich deren Steuerungs- und Prognose-Kompetenzen auch auf der Steuerungsebene des Projektes versichern zu können.

Gerade in größeren Unternehmen oder Verwaltungen bietet es sich an, eine eigene *Servicestelle* einzurichten, der sehr unterschiedliche Servicetätigkeiten zukommen können. So bearbeitet sie beispielsweise Projektanträge, bereitet verschiedene Projekte vor und koordiniert sie. Mitunter berät sie auch die AuftraggeberIn hinsichtlich der extern wie intern relevanten Aspekte im Hinblick auf sozialpolitische Rahmenbedingungen, Struktur des Projektteams, effiziente Arbeitsformen innerhalb des Teams o. a. m. Teilweise unterstützt sie die Projektleitung auch durch die Zulieferung von Daten und Auswertungen, so dass innerhalb des Projektteams viele praktische Aufgaben von Controlling oder auch Qualitätsmanagement nicht selbst erledigt werden müssen. Auch in diesem Zusammenhang kann – nun die operative – Sozialplanung eine Vielzahl von Zusatzleistungen bieten, die der ebenfalls operativen Arbeit des Projektteams wichtige Beiträge liefert. Dies können Projekt-bezogene Monitoring-Daten sein, prozessbegleitende eigene Erhebungen oder schlicht der kontinuierlich geleistete Rückbezug auf vergleichbare Projekte und die dort gesammelten positiven wie negativen Erfahrungen. Dass die dabei auftretenden Schnittstellen zwischen Projektteam, Lenkungsausschuss und Servicestelle ihrerseits besonders neuralgische Punkte sein können, die sich

---

[9] Der Meilensteinplan ist ein gängiges Instrument der Projektarbeit, der die verschiedenen Arbeitspakete in eine logische und chronologische Ordnung bringt und somit deutlich werden lässt, welche Arbeitspakete von welchen anderen abhängig sind und welche parallel umgesetzt werden können. Verzögern sich daher die fundierenden Pakete, kommt es zu Verzögerungen im weiteren Ablauf; ein Phänomen, das mitunter hohe Management-Kompetenz bei der Projektleitung voraussetzt. Für die Steuerung solcher Projekt-spezifischer Prozesse liegen sehr brauchbare Software-Tools vor.

3.5 Zirkuläre und dialogische Prozesse der Sozialplanung

rein organisatorisch auf Erfolg oder Misserfolg eines Projektes auswirken können, muss wohl kaum eigens angeführt werden.

Wesentliche Bedeutung kommt gerade im Hinblick auf die Projektierung neuer sozialer Dienstleistungen den KoproduzentInnen resp. NutzerInnen zu. Sie nämlich tragen ihre Fall- und Feldkenntnis ebenso wie ihre Motivation oder ihren Widerwillen bei und beeinflussen auf diese Weise die Frage nach dem passgenauen Produkt und dessen Erfolg. Des Weiteren fungieren sie damit als Instanz für „Basis-Qualität", die deutlich macht, wie die Grundlage in der Bevölkerung oder den spezifischen NutzerInnengruppen zu verstehen ist und wieweit sie mit den zu entwickelnden Produkten in Einklang steht. Gerade in der Dienstleistungsproduktion ist der „externe Faktor" sicherlich von besonderer Bedeutung, da er unmittelbar an der Produktion von individuellen Resultaten beteiligt ist. Die Ergebnisse einer Sozialberatung, einer Suchttherapie oder auch einer sozialen Gruppenarbeit sind stets nur so qualifiziert, wie die NutzerInnen dies zulassen und mitmachen bzw. inwieweit sie ihre Expertise für das Gelingen ihres eigenen Falles beizusteuern bereit und in der Lage sind.

Somit dient die praktische Umsetzung von Projektarbeit dazu, innerhalb des Planungskreislaufes Maßnahmen zu erproben sowie inhaltlich definierte Dienstleistungen allererst zu entwickeln. Nicht allein für die inkrementelle Planungspraxis ist die Projektarbeit somit von Bedeutung, sondern ihr kommt innerhalb des Planungsgeschehens aus Gründen der vorübergehenden (Erprobung) oder langfristig angelegten Realisierung (Maßnahmenentwicklung) große Bedeutung zu.

Perspektiven und Reflexionen
In diesem Abschnitt wurden die Gesichtspunkte der Kommunikation in der Sozialplanung vorgestellt im Hinblick auf kommunikative Strukturen oder solche, die Kommunikation dadurch erleichtern, dass sie abgesicherte Informationen für den Austausch oder die Praxis der Sozialplanung liefern. Auf diese Weise sollte deutlich geworden sein, dass Sozialplanung kein „einsames Geschäft" ist, das man „am grünen Tisch" fernab von NutzerInnen und politischen Interessenlagen betreiben kann. Vielmehr muss sich Sozialplanung dem Dialog mit den – hochgradig verschiedenen – Interessengruppen und ihren zuweilen disparaten Blickwinkeln auf die kommunalpolitischen Sachverhalte sozialer Systeme stellen. Dass dies zumeist in ebenso komplexen wie langwierigen Prozessen erfolgt, dürfte ebenfalls ersichtlich geworden sein.

Vor diesem Hintergrund reflektieren Sie bitte:

- Welche Formen des Dialogs kennen Sie aus der Sozialen Arbeit im Fallbezug – und welche aus der Sozialen Arbeit im planerischen Systembezug? Wo sehen Sie Gemeinsamkeiten, wo Unterschiede?

- Der Anspruch einer kontinuierlichen Verbesserung von Planung führt zu zirkulären Abläufen (KVP). Welche Chancen bietet dieses Vorgehen? Welche Bedeutung kommt hier dem Dialog zwischen Planenden und anderen Interessengruppen zu?
- Wo sehen Sie die Grenzen des zirkulären Planens? Bitte zeigen Sie dies an einem Beispiel aus der Sozialplanung für Engelsberg.
- Welche Gütekriterien gelten für die Indikatoren der Sozialplanung? Welche Beziehung sehen Sie zwischen der räumlichen Planung und den sozialwissenschaftlich aufgeklärten Kennzahlen der Sozialplanung?
- Bitte beschreiben Sie Aufgaben und praktische Umsetzung von Netzdiagrammen in der Sozialplanung.
- Welche Chance bietet die Projektarbeit als Praxis dialogischer Sozialplanung?
- Welchen Nutzen hat der Meilensteinplan? Wie kann er für die Sozialplanung genutzt werden, wie für die Projekte der Sozialplanung?

3.6 Integrierte Sozialplanung

▶ Sozialplanung ist eingewoben in ein umfangreiches Netz weiterer Fachplanungen, Interessenlagen und Zuständigkeiten. In diesem Abschnitt erfahren Sie, wie integrierte Planung angesichts dieser Lage versucht, möglichst integrativ mit den verschiedenen Ansprüchen umzugehen, dabei effizient zu arbeiten und zugleich einen Mehrwert aus der Zusammenarbeit zu ziehen.

3.6.1 Wozu integriert planen?

Planung erhebt schon seit geraumer Zeit nicht mehr den Anspruch, sämtliche Felder der kommunalen Daseinsvorsorge langfristig und vollumfänglich zu entwerfen und somit zur Steuerung der Konkretisierung dieser Entwürfe beizutragen. Folgerichtig kann sich Planung auch nicht verstehen als Akteur, der in sämtliche kommunale Politikfelder allein und allgewaltig hinein wirkt. Andererseits jedoch ist ein solches kommunales Handlungsfeld wie das der Planung von einiger Bedeutung, nun nicht mehr unter dem Anspruch, alle Politikfelder der Kommune im vorgenannten Sinn umfassen oder gar dirigieren zu können, sehr wohl aber im *Zusammen*wirken mit weiteren Verwaltungs- und Praxis(teil)systemen ein möglichst weitreichendes Konzept kommunaler Politik arrangieren und realisieren zu können. Insofern hat sich der frühere, weitreichende Anspruch Integrierter Stadtplanung gewandelt. Gründe sind (nach Adam 2010, S. I) einerseits die Konjunktur

3.6 Integrierte Sozialplanung

der Gebietskörperschaft, die insbesondere seit der Kommunalisierung[10] im Feld der Sozialpolitik auch für die Sozialplanung von hoher Bedeutung ist.

Hinzu kommt „die Hervorhebung des ‚Städtischen' als Lebensform." (Adam 2010, S. I) Damit wird der Trend bezeichnet, urbane Lebensräume durch die *Unterstellung von Distinktionen* insgesamt aufzuwerten. Insofern ist der aktuelle Trend der „habituellen Verstädterung" nicht nur einer, der den Notwendigkeiten wachsender Bevölkerungszahlen oder spezifischer Produktionsformen und -verhältnisse geschuldet ist, sondern auch derjenige, der zugleich einen Zugewinn an sozialer Zuschreibung von Bedeutung darstellt. Wer StädterIn ist, sei zugleich auf eine bestimmte Weise von einem modernen Lebensstil geprägt, so könnte man diese Zuschreibung komprimiert charakterisieren.

In der Sozialen Arbeit wird zudem die *hegemoniale Relevanz „sozialer Nahräume"* (Kessl und Otto 2007) problematisiert. Denn wenn soziale Ungleichheiten vornehmlich gesamtgesellschaftlich und -staatlich generiert werden, wie dies etwa für die Ursachen der Ungleichverteilung von ökonomischem Kapital beschrieben wird, nützt es überaus wenig, in kommunalen Handlungsfeldern – oder gar „Quartieren mit besonderem Entwicklungsbedarf" – diesen Entwicklungen entgegentreten zu wollen. Insofern kann eine integrierte Form von Sozialplanung nun so weiterentwickelt werden, dass sie diesen kommunalisierten Verschiebungen der Problemverortung dadurch begegnet, dass sie auch über-kommunale Planungsebenen wie Land und Bund – etwa über Diskussionsforen in den betreffenden Ministerien oder über Fachtagungen mit entsprechender Zuordnung – einbeziehbt. Dies scheint jedoch gegenwärtig kaum strukturiert zu geschehen.

Des Weiteren ist für Planung allgemein und für Sozialplanung im Besonderen das Handeln in von *Governance*-Prozessen geprägten *Strukturen* anzusetzen (vgl. 2.2.4). Daraus erwächst einerseits ein hohes Maß an Komplexität der Zuständigkeiten, Logiken, Maßstäbe und Interessen, so dass Sozialplanung auf diese Ansprüche mit angemessenen, somit beispielsweise moderierenden, informierenden und partizipativ ausgelegten sowie von Leitbild-bezogenen Rahmungen geprägten Handlungsformen reagieren kann. Zum anderen aber kommt auf diese Weise eine hybride Steuerungskonzeption in Gänze in den Blick, welche die bisherige Drei- oder Vierteilung der Sektoren nicht mehr hinreichend auseinander halten kann. Von dorther steht integrierte Sozialplanung vor der Herausforderung, auf neue strukturelle Zusammenhänge öffentlicher Planung und Steuerung eine ebenso neue Antwort zu formulieren. Als konzeptioneller Vorschlag steht hierfür die Differenz-bezogene Ausgestaltung des intermediären Sektors (siehe Abb. 3.11) bei gleich-

---

[10] Unter Kommunalisierung wird die Aufgabenübertragung von Bundes- oder Landesebene auf die der Kommune übertragen; vgl. dazu allgemein Kuhlmann und Bogumil 2010.

Abb. 3.11 Intermediärer Raum. (Quelle: Eigene Darstellung © A. Böhmer)

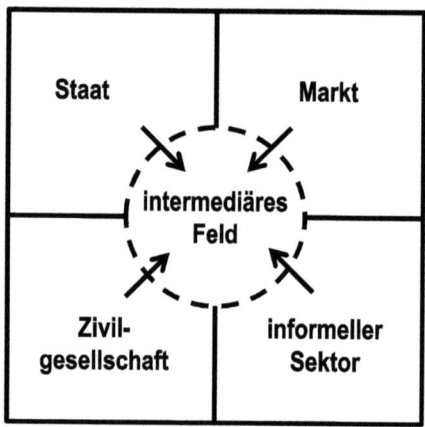

zeitiger (faktischer) Dominanz des zweiten Sektors zur Diskussion (vgl. Böhmer 2014d). Auch hier ist die qualifizierte Integration verschiedener Sektoren und ihrer jeweiligen Zugänge zum Planungsfeld eine besondere Herausforderung.

Sodann kommen den *lokalen Nahräumen* tatsächlich veränderte Bedeutungen zu, insofern durch gesellschaftliche Megatrends lokale Zusammenhänge hochgradig verschieden konkretisiert sein können. Der demografische Wandel etwa führt nicht überall zu einem Bevölkerungsschwund oder zum Anstieg des Durchschnittsalters, sondern kann je nach Kommune und dem Zuzug von Familien dorthin gerade gegenteilig aussehen. Die Kommunen, die von einem deutlichen Zuwachs an MigrantInnen aus Südosteuropa geprägt sind, lassen sich ebenfalls nicht generell in allen Regionen der Bundesrepublik in vergleichbarer Dichte finden. Und der Zuzug von leistungsstarken Bevölkerungsgruppen mit ihren Familien läuft mitunter in Trends, die nicht immer exakt rekonstruierbar sind. Diese und viele weitere Faktoren tragen jedoch dazu bei, dass lokale Prozesse hochgradig unterschiedliche Ausgangsvoraussetzungen und somit Verläufe kennzeichnen. Was in der einen Kommune gilt, kann in der anderen gänzlich anders aussehen. Somit muss Sozialplanung die verschiedenen lokalen Gegebenheiten und die damit verbundenen Akteure integrieren, um den lokalen Entwicklungen entsprechen zu können.

Zusammenfassend lässt sich sagen, dass in Anlehnung an § 80 Abs. 4 SGB VIII ‚die Sozialplanung und andere örtliche und überörtliche Planungen aufeinander abgestimmt werden und die Planungen insgesamt den Bedürfnissen und Interessen der Menschen Rechnung tragen' sollen. Da sich nun die verschiedenen Planungsebenen in ihrer Ordnung und Zuordnung einem Wandel ausgesetzt sehen und zudem die Bedürfnisse und Interessen der Menschen angesichts gesamtgesell-

3.6 Integrierte Sozialplanung

schaftlicher Transformationen ebenfalls dem Wandel unterworfen sind, muss sich Sozialplanung auf die Integration dieser Faktoren, Lebenslagen und Kontexte einstellen, um eine den betroffenen BürgerInnen gemäße Planung vollziehen zu können. Dies gilt umso mehr für den Fall, dass eine solche Planung einem dialogischen Grundverständnis folgt (vgl. 3.5) und dieses in die differenziert auszugestaltenden Dialogforen der verschiedenen Sektoren, Akteure und Ebenen überführen möchte. Somit nimmt eine auf Integration zielende Sozialplanung auch in den Blick „die Bau- und Verkehrsplanung, die Schulentwicklungs- und Jugendhilfeplanung, die Stadt-, Kreis- und Gemeindeentwicklungsplanung, die Pflege-, Altenhilfe- und Sozialplanung der Kommunen" (Deutscher Verein 2012, S. 4), die darin jeweils vorfindlichen Akteure mit ihren sektoriellen Logiken und auch die Planungen auf Bundes- und Landesebene.

3.6.2 Wie integriert planen?

Wenn also die Ziele und Zusammenhänge einer auf Integration des Verschiedenen angelegten Sozialplanung so offenkundig und so vielfältig sind, ist die Frage zu klären, in welcher Form Integrierte Sozialplanung gestaltet werden soll. Dabei können als wesentliche Kennzeichen festgehalten werden, dass fachliche, politische und verwaltungsspezifische Nahtstellen der Sozialplanung, die wiederum über die Lebenslagen der jeweiligen BürgerInnen und deren gesamtgesellschaftlichen Rahmenfaktoren definiert werden, maßgeblich sind. Insofern erfolgt Integration auch nicht als Selbstzweck, sondern dient der Vermeidung von Kompetenzproblemen und daraus resultierenden Reibungs- und Ressourcenverlusten.

Um eine solche abgestimmte und die unterschiedlichen Akteure, Ebenen und Gremien integrierende Planungspraxis zu verwirklichen, kann ein *Rahmenplan* inhaltliche und strukturelle Orientierung bieten (vgl. 3.3.2). Darüber hinaus prägt der Integrationsanspruch den gesamten Planungskreislauf. Denn bereits die *Zieldefinition* des Planungsprozesses kann mit Integration der Perspektiven von BewohnerInnen, weiteren Fachplanungen und anderen *stakeholdern* erfolgen. Dabei ist es die Aufgabe der SozialplanerInnen, den je nach sozialem Milieu unterschiedlichen Mitwirkungsformen und -möglichkeiten der Akteure Rechnung zu tragen, indem sie zumindest so moderieren, dass auch tatsächlich alle, die ein Mitwirkungsinteresse haben, faktisch in einem Mindestmaß mitwirken können. Auch die Versammlungsorte, -zeiten und -formen sollten deshalb unterschiedlich gestaltet werden, um ein Mitwirken der unterschiedlichen Akteure und ihrer Herkunftsmilieus zu begünstigen. Ferner werden die unterschiedlichen Verwaltungs-bezogenen, politisch vorgegebenen und fachlich entwickelten Standards so zu definieren und kommunizieren sein, dass auch planerische Laien die grundlegenden Zusammenhänge erfassen, kritisch reflektieren und daraus ihre eigenen Zielvorstellungen ableiten können. Nur so nämlich können sie kompetent an den Arbeitsschritten der Planungsprofis teilhaben. Umgekehrt müssen PlanerInnen mit integrativem Anspruch ein hohes Maß an sozialwissenschaftlicher und -praktischer Detailkenntnis mitbringen, um ihre AuftraggeberInnen – die BürgerInnen – auch angemessen und strukturiert bei deren Mitwirken unterstützen zu können. Gerade am Beispiel Integrierter Sozialplanung wird deutlich, dass planerische Partizipation kein „anmutiges" Anhängsel an das „harte" Planungsgeschäft angesichts der zivilgesellschaftlich aktiver werdenden Menschen in unserer Gesellschaft bedeutet, sondern sehr viel mehr ernst macht mit dem freiheitlich-demokratischen Grundverständnis von kommunaler Politik und Planung.

Der *räumlichen Analyse und Planung* ist es aufgetragen, die Integration der lokalen wie der überörtlichen Positionen so zu verwirklichen, dass die Einschätzungen von Bedarfen und Beständen aus unterschiedlicher Sicht erfolgen können. Dabei sind den Äußerungen der NutzerInnen und den Maßgaben des kommunalen Leitbildes besonders Rechnung zu tragen, um Partizipation und wertorientiertes Kommunalmanagement tatsächlich in die Praxis umzusetzen. Zudem können Daten für Bedarfsermittlung und Bestandsbewertung zum Teil aus anderen Verwaltungsbereichen gewonnen oder aber an diese weitergereicht werden, um somit die unterschiedlichen Planungsressorts über eine gemeinsame Datengrundlage in einen gemeinsamen Planungsablauf integrieren zu können. Da sich nationale und regionale Trends, Politiken und Prozesse auch auf die kommunalen Räume und deren Planung auswirken können, wie sich beispielsweise bei der rechtverbindlichen Maßgabe, die Kinderbetreuung U3 auszubauen, im Jahr 2013 gezeigt hat, müssen hier auch Kommunikations- und Planungsbezüge zwischen den verschiedenen Ebenen des föderalen Systems in der Bundesrepublik Deutschland hergestellt werden. Es können häufig von dorther Entscheidungs- und dann im folgenden Schritt auch Umsetzungshilfen für die lokalen Prozesse hinsichtlich der Entwicklung und Prüfung alternativer Maßnahmen gewonnen werden (etwa über die kommunalen Spitzenverbände, die Landes- oder Bundesregierung mit ihren jeweiligen Förderprogrammen u. v. m.).

Bei der *Planung von Programmen/Produkten und Prozessen* ist die Integration der Perspektiven von BewohnerInnen, zusätzlichen Fachplanungen und weiteren Interessegruppen, etwa Dienstleistern, aber auch „Schule, Polizei, Arbeitsagentur etc." (Jordan und Schone 2010, S. 117), zu berücksichtigen. Damit wird zum einen die „KundInnenorientierung" verwirklicht, die darauf bedacht ist, dass die künftigen NutzerInnen auch die Programme und Produkte annehmen bzw. – als „externe Faktoren" in der Produktion sozialer Dienstleistungen – auch faktisch tatkräftig mittragen. Sodann haben andere *stakeholder* mitunter eigene Umsetzungsinteressen (die somit nicht nur der Integration bedürftig sind, sondern zugleich auch kritisch reflektiert werden müssen, um den Maßgaben von Selbstbestimmung der NutzerInnen und politischen Definitionen hinreichend entsprechen zu können). Die Erfahrung lehrt, dass sich gerade in dieser Phase das Gelingen der Integrativen Sozialplanung in hohem Maß an den „Köpfen" der Beteiligten und deren Dialogfähigkeit entscheidet. Dort also, wo die planenden Individuen tatsächlich in ein persönlich tragfähiges Arbeitsverhältnis finden, ist gemeinhin weitaus mehr und weniger aufwändig zu realisieren, als wenn die Individuen nicht in kooperative Umgangsformen finden oder sich gar noch auf ihre (vermeintlichen) institutionellen Standpunkte festlegen zu müssen meinen. Dies belegen nicht zuletzt Untersuchungen zu den Konflikten um die Nutzung öffentlicher Räume.

Schließlich ist Integrierte Sozialplanung auch im Feld von *Evaluationen der Umsetzung* und *deren Bewertung* einerseits auf die Integration der Einschätzungen der NutzerInnen in die Sozialplanung und andererseits auf die Richtwerte auch weiterer Fachplanungen angewiesen. So ist eine Planung erst dann als geglückt anzusehen, wenn sie den fachliche Standards, ökonomischen Vorgaben, aber eben besonders der Akzeptanz der NutzerInnen genügt. Denn Letztere stellen die maßgebliche Zielgröße dar, auf deren Mitwirken im „Produktionsprozess" es zudem in bedeutendem Maße ankommt. Des Weiteren ist, aus Gründen der Einheitlichkeit kommunaler Planungen, aber mehr noch aufgrund der Integration von nachgerade sozialplanerisch wertvollen Perspektiven, die Einschätzung der weiteren Fachplanungen von besonderer Bedeutung. Dass es zur Ermöglichung dessen derselben Datengrundlagen bedarf, wurde bereits erwähnt. Darüber hinaus sind gemeinsame Foren und Diskurse vonnöten, um die Daten auch in eine gesamte Einschätzungsmatrix überführen zu können. Eine solche Matrix sollte letztlich nicht allein sozialpolitische Zielgrößen beinhalten, sondern – beispielsweise durch den schon mehrfach erwähnten Rahmenplan koordiniert – die Gesamtplanung innerhalb des kommunalen Politikprozesses mit ihren Einzelplanungen und deren Querverbindungen nachzeichnen. Integrierte Sozialplanung bietet in einem solchen Konzept die Chance, das Handeln von Politik und Verwaltung umfänglich abbilden und auch in nichtfachliche Kreise angemessen, weil ebenso detailliert wie arm an Fachterminologien, kommunizieren zu können.

3.6.3 Herausforderungen Integrierter Sozialplanung

Sollen verschiedene Akteure, Fachplanungen, Planungsebenen und letztlich Planungsinteressen in einen gemeinsamen Prozess integriert werden, so liegt auf der

Hand, dass planerische Pluralität allgemein und die Interessen der Verschiedenen im (mehr oder minder) Gemeinsamen nicht einfachhin „gleichgeschaltet" werden können. Vielmehr kommen verschiedene Herausforderungen auf die Integrierte Sozialplanung zu, denen sie sich aus Gründen der Zusammenführung und -handlung der Unterschiedlichen stellen muss.

Eine solche Herausforderung stellt ohne Zweifel die *Sozialraumorientierung* dar. Denn „Sozialraumorientierung verändert traditionelle Verfahrensabläufe in der Verwaltung sowie das Verhältnis der verschiedenen Planungsebenen zueinander. Dezentralisierung und Stakeholderbeteiligung sind ebenso grundlegend für sozialräumliche Konzepte wie die Initiierung und Sicherung von Zusammenarbeit über Ressorts- und Einrichtungsgrenzen hinweg (integrierte Planung). Vernetzung von und mit Akteuren, die unterschiedliche Perspektiven einnehmen und u. U. divergierende Interessen verfolgen, gehört zu den Grundlagen sozialräumlichen Handelns." (Burmester 2011, S. 314) Insofern ist es Aufgabe der integriert handelnden PlanerIn, eigene Fachplanungsziele, -maßstäbe und -verfahren zu beachten, dabei aber gleichzeitig eine vornehmlich moderierende und ihrerseits integrierende Rolle im Planungsgeschehen einzunehmen. Hinzu kommen die Besonderheiten der sozialräumlichen Handlungszusammenhänge, die (auch dies wurde bereits angemerkt) keineswegs mit den Planungsräumen deckungsgleich sind. Insofern sind die im Sozialraum vorhandenen und dort in unterschiedlicher Ausprägung souverän agierenden Akteure und deren Interessen wahrzunehmen, im Hinblick auf das eigene Planungsverständnis und -projekt in ihrer Bedeutung auszuloten sowie für den schlussendlich möglichst gemeinsamen Planungsprozess zu gewinnen. Dieser ist sodann integriert umzusetzen. Hinzu kommt, dass auch die SozialplanerIn sozialräumliche Expertise mitbringen muss – konzeptionell im Hinblick auf aktuelle Theoriebestände ebenso wie territorial im Hinblick auf die Besonderheiten der sozialräumlichen Netzwerke und der Infrastrukturen im Planungsraum. Nur auf diese Weise nämlich kann sie den Planungsprozess sozialräumlich kompetent und informiert moderieren und gestalten.

Eine weitere Herausforderung stellt der aktuelle *Welfare-Mix* dar. Der nämlich „macht es notwendig, Betroffene ebenso wie ehrenamtlich Engagierte neben Professionellen in den verschiedenen Institutionen an der Planung des zu Gestaltenden zu beteiligen." (Burmester 2011, S. 314) Damit werden wiederum diejenigen Aspekte Integrierter Planung angesprochen, die eine Integration von (sehr) Verschiedenem gestalten sollen. Der *Welfare*-Mix ist gerade aus der Altenhilfe – als Pflege-Mix der stationären Einrichtungen etwa – seit vielen Jahren bekannt und hat mittlerweile in zahlreiche weitere Felder der Sozialen Arbeit Einzug gehalten. Auch sind die Erfahrungen mit solchen „vermischten Akteurskonstellationen" bereits umfänglich vorhanden und machen z. B. deutlich, dass die Beteiligung

3.6 Integrierte Sozialplanung

von Professionellen und die von Freiwilligen sowie von Angehörigen erhebliche Unterschiede aufweisen, was bereits im organisatorischen Bereich sichtbar wird. Was etwa die möglichen Zeitpunkte für Treffen anbelangt, so muss auf die freien Zeiträume der Gruppen Rücksicht genommen werden. Freiwillige haben häufig keine Zeit, Treffen am Vormittag wahrzunehmen, Fachkräfte hingegen schon eher. Auch Orte oder Kulturen von Zusammenkünften der unterschiedlichen Akteursgruppierungen sind durchaus differenziert, was sich an den Möglichkeiten festmacht, bestimmte Orte auch zu früheren Gelegenheiten aufgesucht zu haben und deswegen mögliche „Zutrittsbarrieren" nicht – oder eben gerade – wahrzunehmen. Ferner ist die Sitzungskultur deutlich davon abhängig, ob die Teilnehmenden ausnahmslos mit solchen Arbeitsformen vertraut sind und insofern einen „Kaltstart" gut mitmachen können oder ob es erst längerer Maßnahmen bedarf, um einander und den Sinn des Treffens in den Blick zu bekommen. Aus allen diesen Gründen können zeitlich, strukturell, personell und nicht zuletzt organisational (vgl. Jordan und Schone 2010, S. 155) aufwändige Prozesse resultieren.

Die wohl umfänglichste Herausforderung für Integrierte Sozialplanung ist die Moderation im Kontext von Governance-geprägten Prozessen. In diesem Zusammenhang nämlich werden nicht nur unterschiedliche Expertisen (als sozialräumlicher Akteur, aus der Kommunalverwaltung, als Fachkraft, FreiwilligeR, AngehörigeR) versammelt, sondern zugleich vier verschiedene Steuerungslogiken (von Staat, Markt, Zivilgesellschaft, informellen Netzwerken; vgl. ausführlich 2.2). Die für Sozialplanung allgemein beschriebenen Herausforderungen sektorieller Mischungen stellen sich für ihre integrierte Form im Besonderen. Sozialplanerisch geht es nunmehr nicht allein darum, eigene Fachkonzepte zu transportieren und sich zugleich auf eine vornehmlich moderierende Tätigkeit zu konzentrieren. Vielmehr ist nun, mehr noch als auch in anderen Zusammenhängen, eine eigene fach- und sozialpolitische Positionierung notwendig, um im vielstimmigen „Chor" der an Planungs-, Steuerungs- und Regierungszusammenhängen Beteiligten eine eigene Intonation einbringen, zugleich den Dialog mit den unterschiedlichen Beteiligten in deren Eigenlogik aufnehmen sowie mit deren Unterstützung Sozialplanung im Interesse der kommunalen Planungsobliegenheit (zunächst: Daseinsvorsorge) gestalten zu können. So muss etwa hinsichtlich der Ausgestaltung der kommunalen Wohnraumversorgung in Engelsberg von sehr unterschiedlichen Zielperspektiven ausgegangen werden. Gerade diejenigen zwischen erstem und zweitem Sektor dürften häufiger konfliktträchtig sein können, sofern sie der Frage nachgehen, ob das Ziel der lokalen Wohnraumversorgung insbesondere jene für Haushalte in finanziellen Notlagen ist (kommunale Daseinsvorsorge) – oder aber die skalenabhängige Gewinnoptimierung von Produkten am allgemeinen Wohnungsmarkt, die sich vornehmlich durch die eventuelle Sanierung und preissteigernde Vermarktung dieser Wohneinheiten erzielen lässt (Profit). Diese insbesondere als Gentrification (vgl. 1.3.1) bekannt gewordene *Differenzierung* von erstem und zweitem Sektor wird keineswegs allenthalben geteilt, wie entsprechende Strategien der Ent- und mitunter mühsam kommunalpolitisch erstrittenen Rekommunalisierung unterschiedlicher Felder der Daseinsvorsorge zeigen (vgl. Wollmann 2014). In solchen – und etlichen weiteren – Zusammenhängen kann eine SozialplanerIn ohne eigenen „fach- und kommunalpolitischen Kompass" wohl schwerlich kompetente Moderations- und Klärungsprozesse gestalten. Denn gerade in solchen vielschichtigen Zusammenhängen sind Überblick, aber v. a. auch vernetztes Denken und Verstehen von Wechselwirkungs- oder auch Ausschlusszusammenhängen von Bedeutung. Andernfalls wäre die SozialplanerIn – und mit ihr letztlich die kommunale Planung über zumindest weite Strecken – bloßer Spielball des Aushandlungsprozesses im intermediären Feld. Wer aber dort in welcher Weise hegemoniale oder subalterne Positionen bekleidet, ist vor einem solchen Prozess keineswegs stets hinlänglich geklärt. Integrierte Sozialplanung bedarf insofern einer vollumfänglichen Position *innerhalb* der Arena von Governance-spezifischen Aushandlungen, möchte sie nicht den Zufälligkeiten des Prozesses auch noch Vorschub leisten, sondern ihre eigenen Zielvorgaben als fachliche Grundlage der Planung berücksichtigt sehen.

3.6.4 Perspektiven Integrierter Sozialplanung

Unter den bislang beschriebenen Voraussetzungen gestalten sich die Perspektiven Integrierter Sozialplanung recht unterschiedlich, da diese auf Zukunft bezogenen Ansatzpunkten von einer Vielzahl fachlicher, politischer und sozialer Bedingungen bestimmt werden. Insofern ist es sinnvoll, in Anlehnung an die St. Galler Management-Konzeption (vgl. 3.3.1) auch hier zwischen strategischem und operativem Vorgehen zu unterscheiden, um auf diese Weise das Handeln von fachlich ausgestalteten Schrittfolgen leiten zu lassen.

Zu den strategischen Perspektiven integrierter Sozialplanung (vgl. auch VSOP 2008, S. 10 f.) zählt somit einerseits die Herstellung von *Synergien mit weiteren Fachplanungen*, um auf diesem Weg Gemeinsamkeiten (hinsichtlich der normativen Vorgaben etwa des Leibildes, ferner der Datenerhebung u. a.) abklären und nutzen zu können. Des Weiteren ist die Berücksichtigung möglichst vieler *BewohnerInnen-Gruppen* von Bedeutung, da in diesem Zusammenhang die Integration sehr unterschiedlicher Personenkreise unter der Maßgabe der zumindest territorial definierten Zugehörigkeit gewährleistet werden kann. Dass damit andere Zugehörigkeiten wie etwa sozialräumliche keineswegs ausgeschlossen sind, wurde bereits mehrfach betont. Von Relevanz scheint in diesem Zusammenhang insbesondere zu

3.6 Integrierte Sozialplanung

sein, eine möglichst klare Beschreibung derjenigen Gruppierungen leisten zu können, die als mögliche NutzerInnen und somit ExpertInnen in eigener Sache in Frage kommen. Die Einbindung *weiterer Stakeholder* wie etwa der freien Wohlfahrtspflege ermöglicht, die vielfältigen Akteure im Wohlfahrts-Mix wie auch im Governance-Modus gezielt einzubeziehen und somit die Integration ganz unterschiedlicher lokaler Wirkmächte zu bewerkstelligen. Darüber hinaus können hiermit auch gerade diejenigen Institutionen und Personen gewonnen werden, deren Mitwirken in Planungsprozessen eine möglichst breite Palette von Wahrnehmungen, Kenntnissen, Einschätzungen und Feldzugängen verspricht. Dass der Beachtung der weiteren, für das *Wohlergehen von Menschen bedeutenden Bereiche* wie Bildung, Kultur, Wirtschaft u. a. m. für die strategische Ausrichtung einer Integrierten Sozialplanung Bedeutung zukommt, wird insofern nicht mehr verwundern, als diese Bereiche mittelbar oder auch unmittelbar für die sozialen Verhältnisse und die alltägliche Lebensführung der betroffenen Menschen vielfältige Konsequenzen haben. Schließlich ist die *Nutzung von sozialräumlich vorhandenen Ressourcen* eine Strategie, um Effizienz ebenso wie Breitenwirkung innerhalb des Planungsraumes mit zumindest höherer Wahrscheinlichkeit erzielen zu können. Denn bereits für freie Träger bewilligte Mittel und deren Güter nicht abermals selbst bereit- und erstellen zu müssen, sondern sie für die Planungsziele nutzen zu können, spart eigene Mittel der Kommune. Zum anderen aber können auf diese Weise diejenigen Akteure des Sozialraumes teilhaben, die ohnehin diesen Raum mitprägen und -gestalten. Die Einschränkung dieser Auffassung wiederum ergibt sich aus der Wahrnehmung, dass eine Vielzahl von Teilhabenden auch eine Vielzahl von Interessen und Perspektiven beizusteuern vermag – und auf diese Weise den Planungsverlauf mitunter merklich verkompliziert. Dies wiederum wird in aller Regel auch mit einem größeren finanziellen wie planerischen Aufwand verbunden sein. Dennoch sollten die bislang ausgewiesenen Vorteile der Integrierten Sozialplanung die partizipativen Aspekte hinreichend durchleuchtet haben, um deren Unverzichtbarkeit unter demokratie-, öffentlichkeits- sowie planungstheoretischer Hinsicht darlegen zu können.

Aus alle dem leiten sich für die *Operationen* Integrierter Sozialplanung ebenfalls verschiedene Perspektiven ab. So sind zunächst *partizipative Analysen von Rahmenbedingungen und Bestand* zu realisieren, um auf diese Weise in die Analyseverfahren NutzerInnen und zusätzliche *stakeholder* einbeziehen zu können. Auch kann die *Diskursgestaltung über Zielvorgaben* der Leistungen unter möglichst breiter Beteiligung der Betroffenen und deren Interessierten erfolgen, um so möglichst einen breiteren Konsens in der Bevölkerung herzustellen. Dabei werden die *Finanzen* wohl auszunehmen sein, da hier einerseits eine Vielzahl von Vorgaben in die Handlungsräume hineinwirken und andererseits diese Domäne der Parlamente kaum umfänglich aufgegeben werden dürfte (vgl. etwa § 24 Abs. 1 GemO BW). Auch die *partizipative Beschreibung* der sozialräumlichen und/oder lebenslagenbezogenen *Produkte* und deren *Qualitätsprofile* integriert lebensweltliche Kontexte und deren Expertisen in das Handlungsgeschehen der Sozialplanung. Gerade bezüglich der anzustrebenden Qualität von Versorgung mit öffentlichen Gütern sind mitunter weite Spielräume (und damit verbunden: Kostenspreizungen) gegeben, so dass es naheliegend ist, das erforderliche Mindestmaß an Ausstattung mit den NutzerInnen abzustimmen. Keineswegs muss dabei die Befürchtung mancher kommunaler Führungskraft geteilt werden, dass jene stets den „Goldstandard" wählten. Vielmehr sind sie in weitem Maße in der Lage, bei entsprechender Vorabinformation zumeist sehr kompetent die potentiellen Beschränkungen oder aber auch notwendigen Mehrausstattungen aus ihrer Wahrnehmung begründen zu können.

Eine *gemeinsame Umschreibung möglicher Indikatoren* erweist sich besonders dann als sinnvoll, wenn sehr vielschichtige, alltagsnahe und spezifische Produkte kommunaler Daseinsvorsorge entwickelt werden sollen. Hierbei kommt es nämlich in beträchtlichem Ausmaß darauf an, die Passgenauigkeit für die potentiellen NutzerInnen möglichst frühzeitig beschreiben und nach der Realisierung auch aus deren Warte bewerten zu können. Insofern ist die Integration ihrer Einschätzungen für die Bestimmung der Kennzahlen von besonderer Bedeutung.

Bereits mit Blick auf die Wirkungsorientierung allgemein (vgl. 3.2.2) wurde deutlich, dass dieser Anspruch an die Erbringung sozialer Dienstleistungen alles andere als trivial ist. Umso mehr gilt dies für die *Diskussion der Wirkung von Programmen/Produkten und Prozessen*, die als kommunale Wirksamkeitsdialoge im Rahmen dieser Fachdebatte etabliert wurden (vgl. Deinet et al. 2008). Hierbei werden fachliche Gesichtspunkte nicht durch diejenige der NutzerInnen ersetzt, sondern vielmehr um diese ergänzt. Insofern kommt die Professionalität Sozialer Arbeit im Zuge einer reflexiven Praxis besonders zum Ausdruck:

> **Professionalität Sozialer Arbeit als reflexive Praxis**
> „Moderne Dienstleistungsprofessionen bilden eine *Institutionalisierungspraxis* der Relationierung von Urteilsformen, in der professionelle Deutungen praktisch-kommunikativ in die alltägliche Organisation des Handelns (und hier auftretender Handlungs- und Entscheidungsprobleme) fallbezogen kontextualisiert werden." (Dewe und Otto 2011, S. 1149)

Im Blick sind hier insbesondere die Urteilsformen „reflexives Wissensverständnis und situative/sozialkontextbezogene Angemessenheit" (Dewe und Otto 2011, S. 1149). Damit sind die „alltägliche Organisation des Handelns" und die Frage nach der „situative[n]/sozialkontextbezogene[n] Angemessenheit" insbesondere für die Einschätzung der Wirkungen von Programmen/Produkten und Prozessen

3.6 Integrierte Sozialplanung

öffentlicher Daseinsvorsorge wesentlich für die Sozialplanung als Entwicklungsinstanz für alltagsnahe Assistenzdienstleistungen einerseits und die Einschätzung der Wirkungen durch Professionelle und alltagsbezogene NutzerInnen andererseits. Schließlich kann die *öffentliche Reflexion von Programmen/Produkten und Prozessen* in Räten, Ausschüssen und Versammlungen erfolgen, um somit Rückkopplungen für weitere Planungen zu erzielen. Generell sind Äußerungen von Unzufriedenheit ebenso wie solche zustimmender Art von besonderer Bedeutung für die Fortführung der Integrierten Sozialplanung in einem erneuten Planungszyklus. Letztlich ergibt sich somit eine Verweisstruktur der Integrierten Planungspraxis von Beauftragung und Legitimation nicht allein gegenüber dem Kommunalparlament und der Amtsspitze, sondern nunmehr auch gegenüber einer zivilgesellschaftlich zu verstehenden Öffentlichkeit. Hier nämlich werden die BürgerInnen eher erreicht und können in die weiteren Planungsanliegen integriert werden. BürgerInnenstatus als mit „strukturellen Teilhaberechten" (Dewe und Otto 2011, S. 1149; verweisen auf die KlientInnen Sozialer Arbeit) ausgestattet wird somit in einer Integrierten Sozialplanung dann ernst genommen, wenn Teilhabe in einer Form verwirklicht wird, dass die interessierte Öffentlichkeit die Planung, Entwicklung und Bewertung sozialer Aspekte der kommunalen Daseinsvorsorge mit verfolgen und gestalten kann. Dass die Praxis vieler Städte und Gemeinden davon noch entfernt ist, sei nicht verschwiegen.

In Folge der bislang entfalteten strategischen und operativen Perspektiven Integrierter Sozialplanung lässt sich eine idealtypische Struktur (in Anlehnung an Lutz 2007) entwickeln (siehe Abb. 3.12).

Perspektiven und Reflexionen
Integrierte Sozialplanung führt die allgemeinen dialogischen Ansätze von Sozialplanung weiter und konzentriert sie unter partizipationstheoretischen Hinsichten in der Planungspraxis. Bitte reflektieren Sie daher:

- Welche Gemeinsamkeiten haben dialogische und Integrierte Sozialplanung? Wo sehen Sie Unterschiede?
- Wie bewerten Sie diesen Befund?
- Welche Probleme erwarten Sie für die Praxis Integrierter Sozialplanung in Engelsberg hinsichtlich
  - kommunaler Ressourcen,
  - hegemonialer Ansprüche im intermediären Feld,
  - fachlicher Blickwinkel auf die Transformation des Sozialstaates?
- Welche Qualifikationen benötigt eine integriert agierende SozialplanerIn, welche die integriert planende Kommunalverwaltung?
- Wie gestaltet sich die Zusammenarbeit der SozialplanerIn und des Kommunalparlamentes angesichts der Erfordernisse Integrierter Sozialplanung?

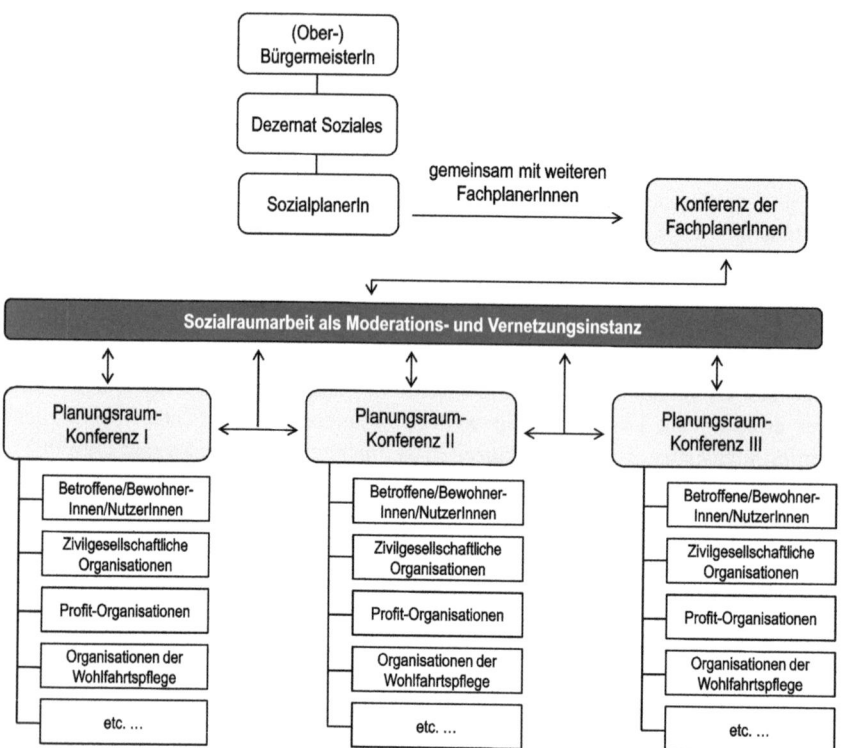

Abb. 3.12 Integrierte Sozialplanung. (Quelle: Eigene Darstellung © A. Böhmer)

3.7 Inklusive Sozialplanung

▶ Inklusion ist eines der noch recht jungen Leitthemen in Sozialplanung und Sozialer Arbeit. Im folgenden Abschnitt finden Sie daher Hinweise, wie die Kerngedanken des Inklusionsansatzes planerisch berücksichtigt und verwirklicht werden können.

3.7.1 Inklusion als Programmatik von Sozialplanung

Das Thema Inklusion – nachgerade von Menschen mit Behinderung – wird gegenwärtig im nationalen Diskurs intensiv behandelt. Hintergrund ist die Ratifizierung der UN-Konvention für die Rechte der Menschen mit Behinderung (UN-BRK) durch die Bundesrepublik Deutschland zum 26. März 2009. Durch die Annahme der UN-Behindertenrechtskonvention hat sich die Bundesregierung dazu ver-

3.7 Inklusive Sozialplanung

pflichtet, bestehende Maßstäbe, Strukturen und Ausgestaltungsformen der Gesellschaft inklusiv umzugestalten.

Daraus resultiert die Notwendigkeit, ein „universelles Design" (Art. 2 UN-BRK) in den erwähnten Gesellschaftsformationen zu realisieren, so dass Teilhabe für die Menschen in ihrer Verschiedenheit möglich wird. Inklusion ist dabei nicht allein eine Frage der Eingliederungshilfe für Menschen mit Behinderung. Vielmehr ist sie allen Menschen mit unterschiedlichen individuellen Eigenschaften sowie gesellschaftlichen Zuschreibungen und Zutrittsbarrieren verpflichtet. In einer Gesellschaft wie der deutschen, die zunehmend stärker von Migration, demografischem Wandel, atypischen Beschäftigungen und vielen weiteren strukturellen Veränderungen geprägt und somit zunehmend vielgestaltiger wird, ist Inklusion somit der Versuch einer Antwort auf diese Herausforderungen und die mit ihnen einhergehenden gesellschaftlichen Transformationen. Inklusion ist folgerichtig gesamtgesellschaftlich zu verstehen, bezieht sich dabei auf die strukturellen Gesichtspunkte, die eine Gesellschaft prägen, und kann jeweils nur als Prozess verstanden werden mit dem Bemühen, sich zunehmend weiter dem *Ideal* eines für alle und alles angemessenen Designs anzunähern.

Analytischer wie strategischer Ansatzpunkt ist diesbezüglich also die Umgestaltung objektiver Vorgaben, nicht subjektiver Dispositionen. Vor diesem Hintergrund ist auch die Frage nach den Strukturen und Organisationsformen der Versorgungssysteme, insbesondere auf kommunaler Ebene, und deren Bedeutung für die Sozialplanung zu verstehen. Umgekehrt ist danach zu fragen, wie Sozialplanung Inklusion im gesamtgesellschaftlichen Sinne als kommunales und strukturelles Diversity-Management voran bringen kann.

Prinzipiell bekommt Inklusion programmatischen Charakter für die gesamte Sozialplanung, die nunmehr verstärkt den Teilhabe-Möglichkeiten aller Menschen verpflichtet ist und somit ihre Einzel-Programme mitsamt deren Produkten und Prozessen unter diese Maßgabe zu stellen hat.

3.7.2 Ansatzpunkte inklusiver Sozialplanung

Wie bereits erwähnt, verfolgt das Konzept der Inklusion eine *strukturelle* Ermöglichung von Teilhabe möglichst vieler unterschiedlicher Menschen. Insofern setzt Inklusion nicht an Individuen an (wie der mitunter gebrauchte Ausdruck von „Menschen mit Inklusionsbedarf" suggeriert) und verlangt von ihnen zunächst keinerlei Sonderleistungen. Inklusive Sozialplanung bekommt von dorther den Auftrag, Teilhabe strukturell zu ermöglichen. Ob und wie diese durch die betroffenen Menschen verwirklicht wird, ist eine gänzlich andere Frage, deren Beantwortung nicht durch Politik oder Verwaltung formuliert werden, sondern einzig von den BürgerInnen als politischem Souverän sowie allen Menschen innerhalb eines Planungsraumes als mit unveräußerlichen Rechten Ausgestattete.

Demgemäß ist Inklusion als grundsätzliche Maxime von Sozialplanung anzusehen. Dabei gilt: „Die zentralen Prinzipien einer Sozialplanung, die sich am Leitbild Inklusion ausrichtet, sind: Selbstbestimmung, Teilhabe und Beteiligung, sozialer Zusammenhalt, Barrierefreiheit und ‚Design for all', Sozialraumorientierung und transparente Kommunikation." (VSOP 2012, S. 4) Um diese wohlklingenden Begriffe auch im kommunalpolitischen Alltag Wirklichkeit werden zu lassen, hat Sozialplanung ein nicht zu unterschätzendes Instrument zur Verfügung: die Indikatoren. Mit deren Hilfe nämlich lassen sich die großen Konzepte der Inklusion im kommunalen und Organisationsalltag „kleinrechnen", um auf diesem Weg aber schlussendlich ermitteln und belegen zu können, ob, wie und inwieweit sich Inklusion tatsächlich verwirklichen ließ – und an welchen Stellen für den erneuten Planungskreislauf welche neue Herausforderungen warten. Unter Ausweisung der einschlägigen Indikatoren lässt sich dabei auch sicherstellen, dass die neuerlichen Ansätze und Planungsprozesse tatsächlich in die vorab festgelegte Richtung der möglichst universellen Teilhabemöglichkeiten zielen.

Dabei sind die Ansatzpunkte inklusiver Sozialplanung (vgl. Deutscher Verein 2012, S. 5)

- die öffentliche Infrastruktur und ihre Zugänglichkeit,
- die Struktur, Barrierefreiheit und Effizienz in Assistenz-Dienstleistungen der Versorgungssysteme,
- die Akzeptanz und Solidarität in der Bevölkerung.

Während der letztgenannte Aspekt kaum sozialplanerisch abgedeckt werden, sondern kaum anders denn als Thema einer öffentlichen Debatte Realität werden kann, sind die ersten beiden Faktoren durchaus der strategischen und operativen Sozialplanung angetragen. Somit sind etliche Gesichtspunkte der Integrierten Sozialplanung auch für die inklusive zu nutzen, um insbesondere auf dem Weg der *NutzerInnen-Beteiligung* von den ExpertInnen in eigener Sache Barrieren und deren Reduktionsmöglichkeiten aufgezeigt zu bekommen. Darüber hinaus werden *Zutritt für möglichst viele* und *universelles Design* strukturbildende Richtgrößen für die Sozialplanung, die letztlich alle vier Planungsfelder, nämlich das Planungskonzept, die räumliche Analyse und Planung, die Realisierung von Programmen/Produkten und ihren Prozessen und selbstverständlich deren Evaluation sowie politische Bewertung umfassen muss. Schwerpunkte sind in diesem Zusammenhang „die Bedarfsanalyse, Bestandsaufnahme, Koordination, Planung, Steuerung und Wirkungskontrolle" (VSOP 2012, S. 2), wenngleich sich inklusive Sozialplanung, wie gezeigt, nicht in diesen Feldern erschöpft.

3.7 Inklusive Sozialplanung

Um die Ansatzpunkte inklusiven Planens näher bestimmen zu können, lohnt ein weiterer Blick in die UN-Konvention über die Rechte von Menschen mit Behinderungen. Dort nämlich „bedeutet ‚universelles Design' ein Design von Produkten, Umfeldern, Programmen und Dienstleistungen in der Weise, dass sie von allen Menschen möglichst weitgehend ohne eine Anpassung oder ein spezielles Design genutzt werden können. ‚Universelles Design' schließt Hilfsmittel für bestimmte Gruppen von Menschen mit Behinderungen, soweit sie benötigt werden, nicht aus." (Art. 2 UN-BRK) Insofern dürfte es analytisch gewinnbringend sein, inklusive Sozialplanung von der Exklusion her zu entwickeln. Damit ist gemeint, dass zunächst die Designs der bestehenden ‚Umfelder, Programme, Produkte und Dienstleistungen' darauf hin befragt werden, wo und wie sie verschiedene Gruppen von Menschen gegenwärtig ausschließen.

Dabei wird man in aller Regel kaum vordergründig leicht zu identifizierende Exklusionsmechanismen aufspüren können, wie die seit Jahr und Tag veröffentlichten Schulleistungsstudien mit ihren Daten zur Exklusion durch das Bildungssystem deutlich machen. Demzufolge werden solche Analysen auch kaum den kommunalen SozialplanerInnen abverlangt werden können, sondern bleiben Aufgabe einer sozialplanerisch integrierenden Sozialforschung. Dennoch sind sie von beachtlicher Bedeutung, um inklusive Sozialplanung auf kommunaler Ebene nicht an den großen, weil mindestens national fundierten sozialen Exklusionsmechanismen der sozialen Versorgungsstrukturen scheitern zu lassen.

In kürzeren Zeiträumen lassen sich jedoch zumindest einige der Exklusionspraktiken im kommunalen Zusammenhang aufspüren, indem integrierte Planungskonzepte danach Ausschau halten und zu diesem Zweck eine verlässliche Struktur von Fachkonferenzen – unter qualifizierter Beteiligung der NutzerInnen – ansetzen. Dabei dürften die gemeinsame Entwicklung der bereits erwähnten Inklusionsindikatoren und der ebenfalls gemeinsame Dialog über die Wirkungen einschlägiger Maßnahmen, die sich aus den entsprechend strukturierten Evaluationen ablesen lassen, zentrale Themen der Planungskonferenzen darstellen.

Perspektiven und Reflexionen
Inklusion ist ein „Megatrend" kommunaler Sozialpolitik.

- Bitte skizzieren Sie die wichtigsten Gesichtspunkte dieses Trends.
- Zeigen Sie auf, wie sich Sozialplanung wandelt, wenn Inklusion zur Grundlage der Planungspraxis wird.
- Beschreiben Sie mögliche Ansatzpunkte zur Verwirklichung eines „universellen Designs" in Engelsberg für das Bildungs-, das Gesundheits- und das politische System.
- Wie müssen Versorgungssysteme ihr Schnittstellen-Management wandeln, wenn sie den Aufgaben der Inklusion gerecht werden wollen?

Literatur zur Vertiefung

Albus, S., Micheel, H.-G., & Polutta, A. (2011). Der Wirkungsdiskurs in der Sozialen Arbeit und seine Implikationen für die empirische Sozialforschung. In G. Oelerich & H.-U. Otto (Hrsg.), *Empirische Forschung und Soziale Arbeit* (S. 243–251). Wiesbaden: Springer.
In diesem Essay skizzieren die AutorInnen unterschiedliche Strömungen des Wirkungsdiskurses, zeigen deren Absichten auf und skizzieren Perspektiven für die Profession Sozialer Arbeit.

Heineberg, H. (2014). *Stadtgeographie* (4. Aufl., S. 126–150). Paderborn: UTB.
„Strukturmodelle, Konzepte und Leitbilder des Städtebaus" werden zum Thema gemacht und bieten so die Chance, Sozialplanung und ihre räumlichen Ansprüche in übergeordnete Zusammenhänge einzuordnen.

Mardorf, S. (2010). Raum – Daten – Kommunikation. In V. Hammer, R. Lutz, S. Mardorf, & M. Rund (Hrsg.), *Gemeinsam leben – gemeinsam gestalten. Zugänge und Perspektiven integrierter Sozialplanung* (S. 73–93). Frankfurt a. M.: Campus.
Die Bedeutung der Kommunikation und der zu diesem Zweck erhobenen Daten ordnet die Autorin ein in den Zusammenhang von Sozialberichterstattung und Sozialplanung. Damit gelingt es ihr, Integrierte Sozialplanung als datenbasierte Aufgabe und zugleich kommunikative Herausforderung zu präzisieren.

Munsch, C. (2005). *Die Effektivitätsfalle. Gemeinwesenarbeit und bürgerschaftliches Engagement zwischen Ergebnisorientierung und Lebensbewältigung.* Baltmannsweiler: Schneider-Verlag Hohengehren.
Die Autorin belegt mit ihrer schon etwas älteren Studie eindrücklich, wie Exklusion durch Bürgerschaftliches Engagement praktiziert wird. Im Umkehrschluss bietet dieser Text die Möglichkeit, exkludierende Teilhabe-Ansätze umzugestalten. Eine Kernaufgabe Integrierter sowie inklusiver Sozialplanung.

Nüsken, D. (2010). Wirkungsorientierung und Jugendhilfeplanung. In S. Maykus & R. Schone (Hrsg.), *Handbuch Jugendhilfeplanung. Grundlagen, Anforderungen und Perspektiven* (3. Aufl., S. 257–267). Wiesbaden: Springer.
Jugendhilfe war und ist eines der Hauptfelder, in denen sich der deutsche Wirkungsdiskurs verortet. Der Autor ordnet hier besonders die Praxis in diese Debatten ein und zeigt so, wie sich Wirkungsorientierung sinnvoller Weise in der Praxis der Sozialplanung auswirken kann.

Polutta, A. (2011). Wirkungsorientierte Steuerung sozialer Dienste. In H.-J. Dahme & N. Wohlfahrt (Hrsg.), *Handbuch Kommunale Sozialpolitik* (S. 372–382). Wiesbaden: Springer.
Dieser Aufsatz stellt die Wechselbeziehung von Evidence-based Practice und New Public Management in internationalen wie nationalen Zusammenhang dar und macht so die spezifisch deutschen Herausforderungen besonders deutlich.

4 Perspektiven: Soziale Arbeit als Akteurin in kommunalpolitischen Räumen

▶ Die vorhergehenden Kapitel haben die verschiedenen Konzepte von Sozialplanung dargestellt und deren praktische Umsetzung in den Gesamtzusammenhang kommunalen Managements eingeordnet. Im folgenden, abschließenden Kapitel erfahren Sie nun, welche Horizonte sich für die Sozialplanung angesichts dieser Konzepte auftun – wohin sich also Sozialplanung entwickeln kann und auf welche Stolpersteine sie dabei besonders achten sollte.

4.1 Scalar turn

▶ Sozialplanung ist in wichtigen Abschnitten räumliche Planung. Forschungsergebnisse etwa der Humangeografie zeigen, welche Bedeutung die Darstellung von Räumen und insbesondere deren Maßstäbe (= engl. scalars) dabei haben.

Der vorliegende Band versucht, Sozialplanung als Reflexionsgegenstand Sozialer Arbeit zu konzeptualisieren und zu nutzen. Dabei greift er auch auf die Entwicklungen innerhalb der Wissenschaft Soziale Arbeit zurück, die – ganz ähnlich wie viele weitere Wissenschaften, etwa auch die Kulturwissenschaften – eine Wende hin zu Raumfragen vollzogen haben. Der damit beschriebene „*spatial turn*" greift also sozialarbeiterische Herausforderungen unter der Hinsicht auf Räumlichkeit auf. Damit bietet sich die Chance, soziale Aspekte in ihren Bezügen zum Raum zu verstehen, von dorther zusätzliche Anhaltspunkte zur Bearbeitung sozialer Probleme zu gewinnen und zugleich die Analyse dieser sozialen Schwierigkeiten nicht allein subjektiv oder gesellschaftlich, sondern gewissermaßen in einem dritten Feld auch territorial einzuordnen.

Mit dem „*spatial turn*" verbunden sind insofern alle jene Gesichtspunkte, die Räumlichkeit zum Thema sozialer Reflexionen machen (vgl. auch Belina 2013). In jüngerer Zeit wurde verschiedentlich auf den damit einhergehenden „*scalar turn*" hingewiesen, eine Wende also zu den unterschiedlichsten Maßstäben, in denen sich Räume geografisch abbilden lassen (vgl. etwa Bauriedl 2012; Wissen et al. 2008 sowie die Übersicht zur Scaleforschung Kessl und Reutlinger 2009). Unter diesen Maßstäben lassen sich globale, nationalstaatliche, regionale, lokale, körperliche und manche Skalierungen mehr thematisieren (vgl. Bauriedl 2012, S. 227).

Insofern ist für die Sozialplanung jeweils von Interesse, zu klären, von welchem Maßstab denn nun die Rede ist. In der hier vorliegenden Schrift ist dies der Maßstab kommunaler Territorien, von Räumen lokaler und zugleich politischer Prägung also. Dies ist alles andere als selbstverständlich, werden doch viele Gesetze auf nationaler oder zu Teilen auf der Ebene des Bundeslandes erlassen, wirken sich aber auf die kommunalen Prozesse merklich aus. Dass also der Maßstab der Kommune dem der Nation oder des Bundelandes vorgezogen wurde, ist eine Entscheidung, die auch anders hätte erfolgen können. Angesichts der sog. Kommunalisierung (vgl. Kuhlmann und Bogumil 2010) aber, die in den letzten Jahren sozialpolitische Zusammenhänge in der Form umgestaltet hat, dass sie Zuständigkeiten für die soziale Versorgung verstärkt auf die kommunale Ebene verlagerte, ist dieser Entscheidung durchaus Einiges abzugewinnen.

Zugleich wird mit einer solchen Maßstabsverschiebung – von der nationalen oder Länder-Ebene auf die der Kommunen – durchaus „Politik gemacht". So muss sich eine Bundes- oder Landesregierung weit weniger um die Kleinteiligkeit der Daseinsvorsorge kümmern, wenn mittlerweile stärker als zuvor gilt, dass „die Musik nun vor Ort spielt". Andererseits kann durch die Territorialisierung sozialer Probleme eine Regierungsform verwirklicht werden, die Ursachen und Wirkungen sozialer Schieflagen austauscht und damit von Verantwortungen und Zuständigkeiten für deren Behebung ablenkt. So sind „Quartiere mit besonderem Entwicklungsbedarf" zwar eine Zielgröße (und insofern skalar neu definiert) für politische Maßnahmen der Problemzuweisung und -bearbeitungsstrategien. Dass Integrations-, Bildungs- oder Erwerbsprobleme aber nunmehr vornehmlich in Quartieren bearbeitet werden sollen und kaum auf nationaler oder gar globaler Ebene, wo nach Einschätzung mancher AutorInnen die Ursachen sehr viel eher zu suchen sind, ist insofern nicht selbstverständlich.

Daraus ergibt sich für die Sozialplanung einerseits, was in den Überlegungen zur inklusiven Sozialplanung bereits hinsichtlich sozialpolitischer Analysen ausgeführt wurde (vgl. 3.7.2). Es bedarf nämlich einer sehr differenzierten Problemanalyse, um die angemessenen Ansatzpunkte für die Sozialplanung zu finden. So kann ein Konflikt um die Nutzung des öffentlichen Raumes in Engelsberg, der sich beispielsweise zwischen marginalisierten Bevölkerungsgruppen und Geschäftsleuten ereignet, kaum auf lokaler Ebene allein geklärt werden. Vielmehr sehen sich die Bundesländer teilweise gefordert, länderspezifische Regelungen für solche Nutzungsdebatten zu entwickeln. Zugleich muss auf nationaler Ebene danach gefragt werden, wer für die Marginalisierung von verschiedenen subkulturellen Gruppen verantwortlich ist, ob der gesamte Komplex einzig politisch (und nicht etwa auch gesellschaftlich, kulturell und anderweitig) definiert wurde und insofern auch lediglich politisch bearbeitet werden muss. Würde Sozialplanung also für den öffentlichen Raum von Engelsberg die Problembearbeitung einzig kommunal definieren, wäre sie mit ihrem Ansatz bereits im planerischen wie politischen Off gelandet, noch bevor sie ihre Dialoge und Maßnahmen auf den Weg gebracht hätte.

Das Wissen um die Bedeutung der Maßstäblichkeit kann Sozialplanung vielmehr dazu führen, *multiskalare Perspektiven* (vgl. Bauriedl 2012, S. 226) einzunehmen, um somit *lokal* das zu leisten, was an Entschärfung des Konfliktes geboten werden kann (etwa klare Nutzungsabsprachen zwischen den verschiedenen Konfliktparteien durch kommunal wirksame Stellen herbeizuführen), *regional* nach best-practice-Modellen Ausschau zu halten, um von dortigen lokalen Lösungen zu lernen und eventuell auf regionaler Ebene gemeinsame Antworten zu entwickeln. Auf *Landesebene* wiederum sollten die unterschiedlichen Initiativen zum Erlass von Reglementierungen u. a. m. fachlich und politisch begleitet werden. Und schließlich wäre an die *nationale Ebene*, etwa über die Interessenvertretungen der kommunalen Spitzenverbände, die Anfrage an die Arbeitsmarkt- der auch Gesundheitspolitik und deren Auswirkungen im sozialen Nahraum zu richten.

Insofern kann der *scalar turn* sicher nicht dazu herhalten, soziale Probleme allein lokal anzugehen, sondern muss eine fachlich versierte kommunale Sozialplanung dazu befähigen, ihren Anteil an der Problembearbeitung und ihren Ort in der Gesamtbearbeitung reflektiert und durchaus kritisch positioniert einzunehmen.

4.2 Hegemoniale Projekte

▶ Demokratietheoretische, sozialphilosophische u. a. Entwürfe der jüngeren Vergangenheit haben das Streben gesellschaftlicher Gruppen nach Vorherrschaft verstärkt untersucht. Deren Erträge sollen Ihnen im folgenden Teil den Blick weiten für die Fragen von Interessenvertretungen und -ausgrenzungen innerhalb sozialplanerischer Prozesse.

Soziale Arbeit bekommt, zum Teil aus ihren eigenen Reihen (vgl. Mecheril und Melter 2010), den Vorwurf gemacht, sie definiere „Non-Konforme" und „Nicht-Normale", um durch diese Ausgrenzungslogik KlientInnen für ihr Tun identifizieren zu können. Ein solcher Vorwurf verknüpft offenkundig die Fremdzuschreibung, die Soziale Arbeit mit der Normalisierung von Menschen betrauen möchte, und die reflexive Selbstanalyse, die sich um ihre dilemmatische Herangehensweise an Personengruppen bewusst ist (vgl. Kessl und Reutlinger 2010a, S. 125 ff.) und dabei eine professionelle Selbstpositionierung, -beauftragung oder auch -verweigerung aus fachlichen Begründungsmustern heraus zum Ziel hat.

Eine Zurückweisung normalisierender Auftragsdefinition aber ist nicht nur für die Profession Sozialer Arbeit von entscheidender Bedeutung, um angesichts der bereits mehrfach erwähnten Transformationen des Sozialen und des Sozialstaates nicht zur bloßen Erfüllungsgehilfin der diesen Prozessen zugrunde liegenden Politiken zu werden. Zugleich ist eine solche Selbstaufklärung von gesellschaftlicher Bedeutung, um die Erträge einer Modernisierung von Hilfe, Teilhabe und Selbstbestimmung der Menschen nicht unter der Hand einem „roll back" (vgl. Crouch 2013) sozialer und sozialpolitischer Entwicklungen zu opfern. Eine solche gesellschafts(transformations)kritische Positionierung wird für Soziale Arbeit im Kontext der Sozialplanung umso wichtiger, als sie damit eingewoben ist in das Netzwerk kommunalpolitischer Ausgestaltung des Sozialen und seiner Strukturen.

Insofern kommt es für Sozialplanung unter der Perspektive der Selbstvergewisserung Sozialer Arbeit entscheidend darauf an, „die hegemonialen Deutungsmuster, das heißt die dominierenden Räumlichkeitsmuster und Raumordnungen" (Kessl und Reutlinger 2010b, S. 250) für die räumliche Planung zu analysieren. Dabei ist zu klären, inwiefern Dominanzmuster und -ordnungen Räume zu definieren vermögen. Dies kann etwa im Hinblick auf den öffentlichen Raum geschehen, der als staatlicher, als für alle zugänglicher, als politisch geordneter, als diskursiver Raum für die Begegnung von zunächst Fremden (vgl. Glasze 2011, S. 887) sowie als Raum des öffentlichen Diskurses verstanden werden kann. Hierbei wird es in aller Regel dominierende Muster geben, die eine bestimmte „Lesart" dieses Raumes präferiert und andere als „falsch" zurückweisen. Insofern werden Räume nicht allein *produziert* (vgl. Lefebvre 1991; Belina 2013; Kessl und Reutlinger 2010a), sondern auch *bezeichnet* und mittels dominierender Zeichensysteme sozial gestaltet (vgl. Barthes 2011). Soziale semiotischen Verfahren legen also fest, wie der öffentliche Raum zu lesen sei, wer insofern die berechtigte Lesart, Nutzungsform und Produktionsweise zeige – und wer nicht.

Hegemoniale Raum-Projekte erfordern für eine Sozialplanung, die der Sozialen Arbeit unter konzeptioneller Hinsicht durchaus nahe ist, dass sie sich dieser Prozesse bewusst wird und darin ihre eigene fachliche „Lektüre" (nach Barthes) zu finden versteht. Dies ist eine keinesfalls einfache und bereits vorab festgelegte

Positionierung, muss sich doch Sozialplanung einerseits ihrer fachlichen Zugänge je nach Planungsraum, -zeit und -situation neu vergewissern. Des Weiteren findet Sozialplanung zumindest im hier zumeist eingenommenen Fokus eingeordnet in die Hierarchie der Kommunalverwaltung und deren politische AuftraggeberInnen statt, kann sich somit auch nicht deren Anordnungen und Bedingungen schlichtweg entziehen. Sodann sind in einer so hochkomplexen Gesellschaft wie der deutschen auch keinesfalls alle sozialen Fragestellungen schlicht und einfach zu klären; Sozialplanung ebenso wie „Sozialraumarbeit ist nicht per se gut oder auf der richtigen Seite. Ihre Position hat sie zu legitimieren – kommunalpolitisch, fachlich und gegenüber den Nutzerinnen und Nutzern." (Kessl und Reutlinger 2010a, S. 132)

Zugleich aber gibt es eine Vielzahl von Punkten im Planungskreislauf, die einer Reflexion auf hegemoniale Ansprüche und mögliche fachlich motivierte Gegenentwürfe offen stehen. Dies mögen Aspekte der Entwicklung des Planungskonzeptes sein, in dem eine verstärkte NutzerInnen-Beteiligung deren – womöglich subalterne – Einschätzungen zu Tage fördern kann. Die Sozialstrukturanalyse bietet diesbezüglich ebenfalls etliche Ansatzpunkte, um divergierende Ansprüche an den Planungsraum zur Sprache bringen zu können. In der Phase räumlicher Analyse und Planung lassen sich nicht allein in der Bedarfsermittlung hegemoniale Projekte durch darüber hinaus reichende Fragestellungen einhegen. Auch bei der Entwicklung und Prüfung alternativer Projekte bieten fachliche Einschätzungen eine brauchbare Grundlage für den Interessenausgleich unterschiedlichster Nutzungsansprüche. Diese sowie weitere Ansatzpunkte, auch im Rahmen der Evaluationen, können den häufig umkämpften Deute- und Gebrauchsansprüchen ein qualifiziertes Gegengewicht bieten.

4.3 Empowerment in kommunalpolitischen Räumen

▶ Empowerment, also die Ermächtigung von bisher mindestens teilweise machtlosen Individuen und Gruppen, ist eines der zentralen Anliegen Sozialer Arbeit. Zugleich hat auch dieser Ansatz eine neosoziale Umdeutung erfahren, insofern mit Empowerment nun mitunter die Ermächtigung zur Selbstdisziplinierung gemeint wird (SGB II: „Fördern und Fordern"). Der Schlussteil dieses Buches stellt Ihnen ein spezifisches Verständnis von Empowerment vor, mit dessen Hilfe die Qualität von Sozialplanung aus der Sicht Sozialer Arbeit eingeschätzt werden kann.

Im Rückblick auf den zurückgelegten Argumentationsweg lässt sich sagen, dass Sozialplanung nun nicht mehr *modern* zu denken ist (vgl. MAIS NRW 2011), sondern *postmodern* – näherhin poststrukturalistisch und reflexiv. Damit ergibt sich nämlich einerseits, dass weit weniger festgelegte Strukturen von Planung, aber auch von Politik, Kommune oder alltäglicher Lebensführung als „Normalfall" definiert werden können, an dem sich dann der Einzelfall zu messen habe. Vielmehr können die gesellschaftlichen Bedingungen für menschliches Handeln in ihren historischen, materiellen und dispositiven Voraussetzungen mitbedacht werden, um Sozialplanung als Projekt kommunaler Organisation, Regulierung und Realisierung der Daseinsvorsorge zu verstehen. Insofern sind politische Maßgaben genauso wenig selbstverständlich und unhinterfragbar wie gesellschaftliche oder individuelle Entwürfe von Subjektivität, Macht und Freiheit.

Konkret bedeutet dies, dass Sozialplanung als eine Praxis Sozialer Arbeit nach den Bedingungen der Möglichkeit fragt, als Individuum Subjekt der eigenen Lebensführung sein zu können. Diese Frage, durchaus etwas sperrig-philosophisch konstruiert, um ihren grundlegenden Charakter zum Ausdruck zu bringen, wird nun Sozialplanung kaum in ihren alltäglichen Erhebungen und Analysen umtreiben können, bildet aber dennoch deren hermeneutischen Rahmen, um auf diese Weise das Ziel ihres Handelns ausweisen zu können. Werden also subjektive Beschränkungen durch Machtansprüche anderer und demgegenüber subjektive Freiheitsgrade durch die Möglichkeit der Ausgestaltung individueller Ausdrucksformen (vgl. Böhmer 2012) zum Maß sozialplanerischen Handelns zumindest *im Großen und Ganzen*, so sind damit gesellschaftliche und sozialphilosophische Maximen definiert, die sozialplanerisches Handeln auch über den konkreten Planungsprozess hinaus qualifizieren.

Im Rückgriff auf die Professionsgeschichte Sozialer Arbeit soll die Bedingung der Möglichkeit, Subjekt der eigenen Lebensführung sein zu können, mit dem Begriff des Empowerment umschrieben werden, wohl wissend, dass dieser – etwa im Rahmen der workfare-Konzepte (vgl. Böhmer 2013b, c) – zur Subjektivierung gesellschaftlicher Disziplinarregime umgenutzt wurde. Hier aber wird darunter trotz der offenkundigen Ideologieanfälligkeit weiterhin verstanden der Respekt vor der Selbstbestimmung von Menschen, deren demokratisch ausgestaltete Partizipation sowie Verteilungsgerechtigkeit (vgl. Theunissen und Kulig 2011).

Daraus wiederum können einige fachliche Perspektiven für die Sozialplanung gewonnen werden. So ist die *Integration sowie Inklusion von Menschen* eine grundlegende Handlungsoption, die sich deren Selbstbestimmung ebenso verpflichtet weiß wie ihrer Beteiligung und der Frage nach fairer Verteilung von Ressourcen und Lasten. Ferner hat die *Berücksichtigung langfristiger Trends* das Ziel, Planung über den konkreten Planungskreislauf oder auch die gegebene Amtsperiode der MandatsträgerInnen hinaus transparent und verlässlich zu gestalten.

Im Hinblick auf die *Governance*-Logiken ist zudem die Frage aufzuwerfen, ob und inwieweit ein *Ausgleich* der jeweils hegemonialen Kombinationen oder Kolonialisierungen (vgl. Böhmer 2014a, e) vorzunehmen ist. Hintergrund dieser Überlegungen ist die Notwendigkeit, dass Menschen letztlich ihre politische

4.3 Empowerment in kommunalpolitischen Räumen

Selbstbestimmung im Rahmen demokratischer Verfahren sicherstellen können. Diese Ordnung politischer Ermächtigung wird aber im Governance-Konzept angesichts der ungleichen Machtverteilungen im intermediären Raum und den dortigen mehr oder minder zufälligen Akteurskonstellationen zumindest fraglich. In diesem Zusammenhang ist weiter die *sozialpolitisch reflektierte Erarbeitung von Indikatoren* von Relevanz, weil mit ihrer Hilfe die sozialpolitische Ausgestaltung von Empowerment-Ansprüchen in der planerischen Praxis eingeschätzt werden kann.

Bereits im vorhergehenden Abschnitt zur Frage hegemonialer Planungsprojekte wurde deutlich, dass das *Verständnis eigener Rollen in neosozialen Transformationen* (vgl. Lessenich 2013) nicht zu unterschätzen ist. Damit nämlich kann der eigene Gestaltungsspielraum planerisch umgesetzter Fachlichkeit genutzt – oder eben auch verspielt werden. Auf diese Weise wird ersichtlich, dass Sozialplanung ein hochkomplexes Aufgabenfeld im Kontext kommunaler Steuerung sozialpolitischer Umgestaltungsprozesse ist. Erforderlich dazu ist neben einem hohen Maß an Professionalität der Personen, Strukturen und Organisationen auch ein umfängliches *Methodenrepertoire für den Umgang mit den Pluralitäten der Postmoderne*. Insofern müssen nicht nur verschiedene Handlungsfelder der Sozialplanung fachlich erfasst werden, sondern die Verfahren der Sozialplanung beherrscht und ihren jeweiligen Anwendungskontexten angepasst werden. Damit wird Sozialplanung zu einem der entscheidenden Handlungsfelder im Prozess der Weiterentwicklung und Bewährung von Sozialer Arbeit in den Wandlungen wohlfahrtsstaatlicher Kontexte.

Perspektiven und Reflexionen
Sozialplanung ist von den Umgestaltungen des wohlfahrtsstaatlichen Systems in besonders intensiver Weise betroffen. Bitte reflektieren Sie daher:

- Welche Wandlungsprozesse des Wohlfahrtsstaates nehmen Sie wahr?
- Welche Konsequenzen haben diese Umgestaltungen für die
    - Ziele,
    - Formen,
    - Instrumente und
    - Ergebnisformate von Sozialplanung?
- Wie muss in Engelsberg Sozialplanung gestaltet werden, wenn Ihre Einschätzungen zur Transformation des Sozialen und der Versorgungssysteme berücksichtigt werden?
- Welche Kompetenzen braucht eine SozialplanerIn daher aus Ihrer Sicht unbedingt?
- Wie muss somit Sozialplanung in die Kommunalverwaltung integriert sein, um ihre Aufgaben angesichts der Transformation des Wohlfahrtsstaates angemessen erfüllen zu können?

Literatur

Adam, B. (2010). Integrierte Stadtentwicklung – politische Forderung und Praxis. Einführung. *Informationen zur Raumentwicklung, 4/2010*, I–III.
Adam, T., Kemmerling, S., & Maykus, S. (2010). Stand der Planungspraxis in Deutschland – Ergebnisse einer Erhebung bei den öffentlichen Trägern der Jugendhilfe. In S. Maykus & R. Schone (Hrsg.), *Handbuch Jugendhilfeplanung. Grundlagen, Anforderungen und Perspektiven* (3. Aufl., S. 15–43). Wiesbaden: Springer.
Akademie für Raumforschung und Landesplanung (ARL). (2005). *Handwörterbuch der Raumordnung* (4. Aufl.). Hannover: Eigenverlag.
Akademie für Raumforschung und Landesplanung (ARL). (2006). *Empfehlungen zur Novellierung des Raumordnungsgesetzes* (Positionspapier aus der ARL Nr. 70). Hannover: Eigenverlag.
Akademie für Raumforschung und Landesplanung (ARL). (2008). *Aus der Kostenfalle hin zu mehr Kostenwahrheit: Kosten und Folgekosten von Siedlungen und Infrastrukturen* (Positionspapier aus der ARL Nr. 76). Hannover: Eigenverlag.
Albus, S., Greschke, H., Klingler, B., Messmer, H., Micheel, H.-G., Otto, H.-U., & Polutta, A. (2010). *Wirkungsorientierte Jugendhilfe. Abschlussbericht der Evaluation des Bundesmodellprogramms „Qualifizierung der Hilfen zur Erziehung durch wirkungsorientierte Ausgestaltung der Leistungs-, Entgelt- und Qualitätsvereinbarungen nach §§ 78a ff. SGB VIII"*. Münster: Eigenverlag.
Albus, S., Micheel, H.-G., & Polutta, A. (2011). Der Wirkungsdiskurs in der Sozialen Arbeit und seine Implikationen für die empirische Sozialforschung. In G. Oelerich & H.-U. Otto (Hrsg.), *Empirische Forschung und Soziale Arbeit* (S. 243–251). Wiesbaden: Springer.
Alisch, M. (2007). Empowerment und Governance: Interdisziplinäre Gestaltung in der sozialen Stadtentwicklung. In D. Baum (Hrsg.), *Die Stadt in der Sozialen Arbeit. Ein Handbuch für soziale und planende Berufe* (S. 305–315). Wiesbaden: Springer.
Atkinson, R., & Bridge, G. (Hrsg.). (2005). *Gentrification in a global context. The new urban colonialism*. Abingdon: Routledge.
Auernheimer, G. (2011). Vom Verschwinden des Dorfes und den Chancen der Integration. *Migration und Soziale Arbeit, 33*(4), 292–294.

Bahn, C., Potz, P., & Rudolph, H. (2003). *Urbane Regime – Möglichkeiten und Grenzen des Ansatzes* (Discussion paper SP III 2003–201, Wissenschaftszentrum Berlin für Sozialforschung). Berlin: Eigenverlag.

Banner, G. (2008). Logik des Scheiterns oder Scheitern an der Logik? (Kommentar zu Lars Holtkamp „Das Scheitern des Neuen Steuerungsmodells"). *der moderne staat, 2/2008,* 447–455.

Barthes, R. (2011). Semiotik und Urbanismus (1967). In S. Hauser, C. Kamleithner, & R. Meyer (Hrsg.), *Architekturwissen. Grundlagentexte aus den Kulturwissenschaften. Bd. 1: Zur Ästhetik des sozialen Raumes* (S. 287–294). Bielefeld: transcript.

Bauman, Z. (2011). *Collateral damage. Social inequalities in a Global Age.* Cambridge: Polity Press.

Bauriedl, A. (2012). Impulse der geographischen Raumtheorie für eine raum- und maßstabskritische Diskursforschung. In G. Glasze & A. Mattissek (Hrsg.), *Handbuch Diskurs und Raum. Theorien und Methoden für die Humangeographie sowie die sozial- und kulturwissenschaftliche Raumforschung* (2. Aufl., S. 219–230). Bielefeld: transcript.

Beck, U. (2007). Die offene Stadt. Architektur in der reflexiven Moderne. In D. Baum (Hrsg.), *Die Stadt in der Sozialen Arbeit. Ein Handbuch für soziale und planende Berufe* (S. 46–51). Wiesbaden: Springer.

Belina, B. (2009). Kriminalitätskartierung – Produkt und Mittel neoliberalen Regierens, oder: Wenn falsche Abstraktionen durch die Macht der Karte praktisch wahr gemacht werden. *Geographische Zeitschrift, 97*(4), 192–212.

Belina, B. (2013). *Raum. Zu den Grundlagen eines historisch-geographischen Materialismus.* Münster: Westfälisches Dampfboot.

Benz, A., Lütz, S., Schimank, U., & Simonis, G. (Hrsg.). (2007). *Handbuch Governance. Theoretische Grundlagen und empirische Anwendungsfelder.* Wiesbaden: Springer.

Berking, H. (2013). StadtGesellschaft. Zur Kontroverse um die Eigenlogik der Städte. *Leviathan, 41*(2), 224–237.

Bertelsmann Stiftung. (Hrsg.). (2010). *Wer, wo, wie viele? Bevölkerung in Deutschland 2025* (2. Aufl.). Gütersloh: Eigenverlag.

Bieker, R. (2006). *Kommunale Sozialverwaltung. Grundriss für das Studium der angewandten Sozialwissenschaften.* München: Oldenbourg.

Bleicher, K. (2011). *Das Konzept Integriertes Management. Visionen – Missionen – Programme* (8. Aufl.). Frankfurt a. M.: Campus.

Bogumil, J. (2004). Zehn Jahre „Public Management" – Lehren für die Reformfähigkeit öffentlicher Verwaltungen. In J. Beyer & P. Stykow (Hrsg.), *Gesellschaft mit beschränkter Hoffnung* (FS H. Wiesenthal) (S. 312–336). Wiesbaden: Springer.

Bogumil, J., Grohs, S., & Kuhlmann, S. (2006). Ergebnisse und Wirkungen kommunaler Verwaltungsmodernisierung in Deutschland – Eine Evaluation nach zehn Jahren Praxiserfahrungen. In J. Bogumil, W. Jann, & F. Nullmeier (Hrsg.), *Politik und Verwaltung* (PVS Sonderheft 37, S. 151–184). Wiesbaden: Springer.

Bogumil, J., Holtkamp, L., & Kißler, L. (2007). Kundenorientierung – Eine Erfolgsgeschichte fortsetzen! In J. Bogumil, L. Holtkamp, L. Kißler, S. Kuhlmann, C. Reichard, K. Schneider, & H. Wollmann (Hrsg.), *Perspektiven kommunaler Verwaltungsmodernisierung. Praxiskonsequenzen aus dem Neuen Steuerungsmodell* (S. 11–16). Berlin: edition sigma.

Bogumil, J., & Holtkamp, L. (2010). Die kommunale Ebene. In T. Olk, A. Klein, & B. Hartnuß (Hrsg.), *Engagementpolitik. Die Entwicklung der Zivilgesellschaft als politische Aufgabe* (S. 382–403). Wiesbaden: Springer.

Böhmer, A. (2012). Ästhetik der Bildung. Zur Kritik von Subjektivität im Bildungsbegriff. *Zeitschrift für Pädagogik, 58*(3), 389–406.

Böhmer, A. (2013a). Die Funktion der Anderen. Migrationstheoretische Überlegungen zur Diskursfigur der dritten Person. *Migration und Soziale Arbeit, 35*(3), 210–216.

Böhmer, A. (2013b). Das Fördern des Forderns. Eine subjekttheoretische Kritik transformierter Sozialpolitik. In B. Benz, G. Rieger, W. Schönig, & M. Többe-Schukalla (Hrsg.), *Politik Sozialer Arbeit. Theoretische und disziplinäre Perspektiven* (Bd. I, S. 247–264). Weinheim: Beltz Juventa.

Böhmer, A. (2013c). Flexibel arbeiten – effizient leben? Die arbeitsgesellschaftliche Herausforderung komplexer Freiheiten. In C. Spatschek & S. Wagenblass (Hrsg.), *Bildung, Teilhabe und Gerechtigkeit. Gesellschaftliche Herausforderungen und Zugänge Sozialer Arbeit* (FS F. J. Krafeld, S. 125–138). Weinheim: Beltz Juventa.

Böhmer, A. (2014a). Choreographie der Sozialplanung. Hybride Steuerungsmodi im Wohlfahrtsmix. In A. Tabatt-Hirschfeldt (Hrsg.), *Öffentliche und Soziale Steuerung. Public Management und Sozialmanagement im Diskurs* (S. 65–83). Baden-Baden: Nomos.

Böhmer, A. (2014b). *Diskrete Differenzen. Experimente zur asubjektiven Bildungstheorie in einer selbstkritischen Moderne*. Bielefeld: transcript.

Böhmer, A. (2014c). Fremde Subjektivierungen. Strukturelle Prozesse subjektiver Marginalisierung in modernen Arbeitsgesellschaften. In T. Geisen & M. Ottersbach (Hrsg.), *Arbeit, Migration und Soziale Arbeit. Prozesse der Marginalisierung in modernen Arbeitsgesellschaften*. Wiesbaden: Springer. (Im Erscheinen).

Böhmer, A. (2014d). Intermediäre Steuerung von Versorgung. Anmerkungen zu hybriden Modi der Sozialplanung. In A. Fritze, B. Wüthrich, & J. Amstutz (Hrsg.), *Soziale Versorgung zukunftsfähig gestalten*. Wiesbaden: Springer. (Im Erscheinen).

Böhmer, A. (2014e). Der soziale Fetisch des öffentlichen Raums. Raumkonflikte als Dispositive von Ordnung und Kontrolle. *Soziale Arbeit, 63*, 8. (Im Erscheinen).

Böhnisch, L. (2012). *Sozialpädagogik der Lebensalter. Eine Einführung* (6. Aufl.). Weinheim: Beltz Juventa.

Böhnisch, L., & Lösch, H. (1973). Das Handlungsverständnis des Sozialarbeiters und seine institutionelle Determination. In H.-U. Otto & S. Schneider (Hrsg.), *Gesellschaftliche Perspektiven der Sozialarbeit* (Bd. 2, S. 21–40). Neuwied: Luchterhand.

Böhnisch, L., & Schröer, W. (2011). *Blindflüge. Versuch über die Zukunft der Sozialen Arbeit*. Weinheim: Beltz Juventa.

Bossong, H. (2010). *Sozialverwaltung. Ein Grundkurs für soziale Berufe* (2. Aufl.). Weinheim: Beltz Juventa.

Bourdieu, P. (1997). Ortseffekte. In P. Bourdieu, et al. (Hrsg.), *Das Elend der Welt. Zeugnisse und Diagnosen alltäglichen Leidens an der Gesellschaft* (S. 159–167). Konstanz: UVK.

Bourdieu, P. (1983). Ökonomisches Kapital, kulturelles Kapital, soziales Kapital. In R. Kreckel (Hrsg.), *Soziale Ungleichheiten*. (Soziale Welt Sonderband 2, S. 183–198). Göttingen: Schwartz.

Bridge, G., Butler, T., & Lees, L. (Hrsg.). (2012). *Mixed communities. Gentrification by stealth?* Bristol: Policy Press.

Broß, S., & Engartner, T. (2013). Vom Wasser bis zur Müllabfuhr: Die Renaissance der Kommune. *Blätter für deutsche und internationale Politik, 58*(1), 90–96.

Bundesministerium des Inneren (BMI). (2008). *Praxisleitfaden. Projektmanagement für die öffentliche Verwaltung*. Berlin: Eigenverlag.

Bürger, U., & Schone, R. (2006). Demografiebasierte Jugendhilfeplanung. Planungsmethodische Überlegungen und Einschätzungen zur Relevanz des demografischen Faktors in der Kinder- und Jugendhilfe. In S. Maykus (Hrsg.), *Herausforderung Jugendhilfeplanung. Standortbestimmung, Entwicklungsoptionen und Gestaltungsperspektiven in der Praxis* (S. 73–92). Weinheim: Beltz Juventa.

Bundesagentur für Arbeit. (2011). *Arbeitsmarktberichterstattung. Gesundheits- und Pflegeberufe in Deutschland*. Nürnberg: Eigenverlag.

Bundesinstitut für Bau-, Stadt-und Raumforschung (BBSR) im Bundesamt für Bauwesen und Raumordnung. (2011a). *Klimawandelgerechte Stadtentwicklung. Ursachen und Folgen des Klimawandels durch urbane Konzepte begegnen* (Forschungen Heft 149). Bonn: Eigenverlag.

Bundesinstitut für Bau-, Stadt-und Raumforschung (BBSR) im Bundesamt für Bauwesen und Raumordnung. (2011b). *Regionalentwicklung auf dem Weg zu mehr Nachhaltigkeit. Aktuelle Ergebnisse des BBSR-Indikatorenkonzepts* (BBSR-Berichte KOMPAKT 4/2011). Bonn: Eigenverlag.

Bundesinstitut für Bau-, Stadt-und Raumforschung (BBSR) im Bundesamt für Bauwesen und Raumordnung. (2013). *Ziele nachhaltiger Stadtquartiersentwicklung. Querauswertung städtebaulicher Forschungsfelder für die Ableitung übergreifender Ziele nachhaltiger Stadtquartiere*. Bonn: Eigenverlag.

Bundesinstitut für Bau-, Stadt- und Raumforschung (BBSR), & Initiativkreis Europäische Metropolregionen in Deutschland (IKM). (2010). *Regionales Monitoring 2010. Daten und Karten zu den Europäischen Metropolregionen in Deutschland*. Bonn: Eigenverlag.

Bundesministerium für Arbeit und Soziales (BMAS). (Hrsg.). (2013). *Lebenslagen in Deutschland. Armuts- und Reichtumsberichterstattung der Bundesregierung. Der vierte Armuts- und Reichtumsbericht der Bundesregierung*. Bonn: Eigenverlag.

Bundesministerium für Verkehr, Bau und Stadtentwicklung (BMVBS). (2009). *Bürgermitwirkung im Stadtumbau* (Forschungen Heft 140). Berlin: Eigenverlag.

Bundesministerium für Verkehr, Bau und Stadtentwicklung (BMVBS). (2011). *Städtebauförderung und Doppik*. Bonn: Eigenverlag.

Bundesministerium für Verkehr, Bau und Stadtentwicklung (BMVBS). (2012a). *Mobilität, Erreichbarkeit und soziale Exklusion. Fähigkeiten und Ressourcen einer ländlichen Bevölkerung für eine angemessene Versorgung und Teilhabe am öffentlichen Leben* (BMVBS-Online-Publikation 27/2012). Berlin: Eigenverlag.

Bundesministerium für Verkehr, Bau und Stadtentwicklung (BMVBS). (2012b). *Offene Räume in der Stadtentwicklung Leerstand – Zwischennutzung – Umnutzung. stadt:pilot spezial*. Berlin: Eigenverlag.

Burmester, M. (2011). Sozialraumbezogene Sozialplanung und Sozialberichterstattung. In H.-J. Dahme & N. Wohlfahrt (Hrsg.), *Handbuch Kommunale Sozialpolitik* (S. 306–317). Wiesbaden: Springer.

Crouch, C. (2013). *Postdemokratie* (10. Aufl.). Frankfurt a. M.: Suhrkamp.

Dahme, H.-J., & Wohlfahrt, N. (2007). Aporien staatlicher Aktivierungsstrategien. Engagementpolitik im Kontext von Wettbewerb, Sozialinvestition und instrumenteller Governance. *Forschungsjournal NSB, 20*, 27–39.

Dahme, H.-J., & Wohlfahrt, N. (2009). Zivilgesellschaft und „managerieller" Staat. Bürgerschaftliche Sozialpolitik als Teil instrumenteller Governance. In I. Bode, A. Evers, & A. Klein (Hrsg.), *Bürgergesellschaft als Projekt. Eine Bestandsaufnahme zu Entwicklung und Förderung zivilgesellschaftlicher Potentiale in Deutschland* (S. 240–264). Wiesbaden: Springer.

Dahme, H.-J., & Wohlfahrt, N. (2012). Forschung als Sozialtechnologie. Betriebswirtschaftliche Instrumente und Managementwissenschaftliche Leitbilder als Programm einer affirmativen Sozialpolitik- und Sozialarbeitsforschung. In E. Schimpf & J. Stehr (Hrsg.), *Kritisches Forschen in der Sozialen Arbeit. Gegenstandsbereiche – Kontextbedingungen – Positionierungen – Perspektiven* (S. 79–92). Wiesbaden: Springer.

Dahme, H.-J., & Wohlfahrt, N. (2013). *Lehrbuch Kommunale Sozialverwaltung und Soziale Dienste. Grundlagen, aktuelle Praxis und Entwicklungsperspektiven* (2. Aufl.). Weinheim: Beltz Juventa.

Dangschat, J. S., & Hamedinger, A. (Hrsg.). (2007). *Lebensstile, soziale Lagen und Siedlungsstrukturen. Forschungs- und Sitzungsberichte der ARL*. Hannover: Eigenverlag.

Deinet, U., Witte, W., & Szlapka, M. (2008). *Qualität durch Dialog. Bausteine kommunaler Qualitäts- und Wirksamkeitsdialoge*. Wiesbaden: Springer.

Demleitner, K. (2009). *Projekt-Controlling. Die kaufmännische Sicht der Projekte* (2. Aufl.). Renningen: expert verlag.

Der Oberbürgermeister der Stadt Köln (Köln). (2003). *Leitbild Köln 2020. Das Leitbild für Kölns Weg in die Zukunft*. Köln: Eigenverlag.

Deutscher Verein für öffentliche und private Fürsorge (Deutscher Verein). (2012). *Empfehlungen zur örtlichen Teilhabeplanung für ein inklusives Gemeinwesen*. Berlin: Eigenverlag.

Dewe, B., & Otto, H.-U. (2011). Professionalität. In H.-U. Otto & H. Thiersch (Hrsg.), *Handbuch Soziale Arbeit* (4. Aufl., S. 1143–1153). München: reinhardt.

Döbert, H. (2007). *Indikatorenkonzept und Beschreibung von Beispielindikatoren für eine regionale Bildungsberichterstattung. Ein Beitrag zur Entwicklung von Indikatoren für einen regionalen Bildungsbericht*. Gütersloh: Bertelsmann.

Dörfler, T. (2010). *Gentrification in Prenzlauer Berg? Milieuwandel eines Berliner Sozialraums seit 1989*. Bielefeld: transcript.

Drilling, M., & Schnur, O. (Hrsg.). (2009). *Governance der Quartiersentwicklung: Theoretische und praktische Zugänge zu neuen Steuerungsformen*. Wiesbaden: Springer.

Einig, K., Kawka, R., Lutter, H., Pick, D., Pütz, T., & Spangenberg, M. (2006). Analytische Grundlagen der Leitbilder. *Informationen zur Raumentwicklung, 11/12*, 621–636.

Farwick, A. (2009). *Segregation und Eingliederung. Zum Einfluss der räumlichen Konzentration von Zuwanderern auf den Eingliederungsprozess*. Wiesbaden: Springer.

Fischer, J., Huth, C., Lebwohl, V., & Römer, R. (2012). *Kommunale Berichterstattung in Thüringen. Das Sozial-, Bildungs- und Gesundheitsberichtswesen im landesweiten Vergleich. Studie im Auftrag des Thüringer Ministeriums für Soziales, Familie und Gesundheit (TMSFG)*. Erfurt: Eigenverlag.

Florida, R. (2012). *The rise of the creative class. Revisited*. New York: Basic Books.

Franzen, N., Hahne, U., Hartz, A., Kühne, O., Schafranski, F., Spellerberg, A., & Zeck, H. (2008). *Herausforderung Vielfalt – Ländliche Räume im Struktur- und Politikwandel* (E-Paper der ARL Nr. 4). Hannover: Eigenverlag.

Friedrichs, J., & Triemer, S. (2009). *Gespaltene Städte? Soziale und ethnische Segregation in deutschen Großstädten* (2. Aufl.). Wiesbaden: Springer.

Galuske, M. (2013). *Methoden der Sozialen Arbeit. Eine Einführung* (10. Aufl.). Weinheim: Beltz Juventa.

Ganser, K. (1991). Instrumente von gestern für die Städte von morgen? In K. Ganser, J. Hesse, & C. Zöpel (Hrsg.), *Die Zukunft der Städte* (Forum Zukunft Bd. 6, S. 54–66). Baden-Baden: Nomos.

Geschäftsstelle der Ministerkonferenz im Bundesministerium für Verkehr, Bau und Stadtentwicklung (Ministerkonferenz im BMVBS). (2006). *Leitbilder und Handlungsstrategien für die Raumentwicklung in Deutschland* (Verabschiedet von der Ministerkonferenz für Raumordnung am 30.06.2006). Berlin: Eigenverlag.

Glasauer, H. (2008). Das Phantom der ‚Kreativen Klasse'. In N. Gestring, H. Glasauer, C. Hannemann, W. Petrowsky, & J. Pohlan (Hrsg.), *Arme reiche Stadt* (Jahrbuch StadtRegion 2007/08) (S. 109–114). Opladen: Barbara Budrich.

Glasze, G. (2011). (Un-)Sicherheit und städtische Räume. In H. Gebhardt, R. Glaser, U. Radtke, & P. Reuber (Hrsg.), *Geographie. Physische Geographie und Humangeographie* (2. Aufl., S. 885–893). Heidelberg: Spektrum Akademischer Verlag.

Glasze, G., Pütz, R., & Rolfes, M. (2005a). Die Verräumlichung von (Un-)sicherheit. Kriminalität und Sicherheitspolitiken – Herausforderungen einer Kritischen Kriminalgeographie. In G. Glasze, R. Pütz, & M. Rolfes (Hrsg.), *Diskurs – Stadt – Kriminalität. Städtische (Un-)Sicherheiten aus der Perspektive von Stadtforschung und Kritischer Kriminalgeographie* (S. 13–58). Bielefeld: transcript.

Glasze, G., Pütz, R., & Schreiber, V. (2005b). (Un-)Sicherheitsdiskurse: Grenzziehungen in Gesellschaft und Stadt. *Berichte zur deutschen Landeskunde, 79*(2/3), 329–340.

Grabka, M. M., Goebel, J., & Schupp, J. (2012). Höhepunkt der Einkommensungleichheit in Deutschland überschritten? *DIW Wochenbericht, Nr. 43.2012*, 3–15.

Growe, A., & Lamker, C. (2012). Polyzentrale Stadtregionen – die Region als planerischer Handlungsraum. In A. Growe, K. Heider, C. Lamker, S. Paßlick, & T. Terfrüchte (Hrsg.), *Polyzentrale Stadtregionen – Die Region als planerischer Handlungsraum* (Arbeitsberichte der ARL 3, S. 1–9). Hannover: Eigenverlag.

Grunwald, K., & Roß, P.-S. (2014). „Governance Sozialer Arbeit". Versuch einer theoriebasierten Handlungsorientierung für die Sozialwirtschaft. In A. Tabatt-Hirschfeld (Hrsg.), *Öffentliche und Soziale Steuerung. Public Management und Sozialmanagement im Diskurs* (S. 17–64). Baden-Baden: Nomos.

Halfar, B. (2009). Controlling in sozialwirtschaftlichen Organisationen. In U. Arnold & B. Maelicke (Hrsg.), *Lehrbuch der Sozialwirtschaft* (3. Aufl., S. 664–681). Baden-Baden: Nomos.

Hanesch, W. (2011). Kommunale Armutspolitik. In H.-J. Dahme & N. Wohlfahrt (Hrsg.), *Handbuch Kommunale Sozialpolitik* (S. 227–242). Wiesbaden: Springer.

Hanhörster, H., & Weck, S. (2011). Räumliche Nähe und soziale Distanz? Interkulturelle Vergesellschaftung im ländlichen Raum durch Vereine und Initiativen. *Migration und Soziale Arbeit, 33*(4), 303–310.

Hannemann, C. (2010). Heimischsein, Übernachten und Residieren – wie das Wohnen die Stadt verändert. *Aus Politik und Zeitgeschichte, 17*, 15–20.

Hartmann, M. (2013). *Soziale Ungleichheit. Kein Thema für die Eliten?* München: Campus.

Hasenfeld, Y. (1983). *Human service organizations*. Englewood Cliffs: Prentice-Hall.

Hauser, P., & Brauchlin, E. (2004). *Integriertes Management in der Praxis. Die Umsetzung des St. Galler Erfolgskonzepts*. Frankfurt a. M.: Campus.

Häußermann, H. (2006). Desintegration durch Stadtpolitik? *Aus Politik und Zeitgeschichte, 40/41*, 14–22.

Häußermann, H. (2009). Die soziale Dimension unserer Städte – von der ‚Integrationsmaschine' zu neuen Ungleichheiten. In K. Biedenkopf, H. Betram, & E. Niejahr (Hrsg.), *Starke Familie – Solidarität, Subsidiarität und kleine Lebenskreise* (Bericht der Kommission ‚Familie und demografischer Wandel', S. 148–156). Stuttgart: Bosch-Stiftung.

Häußermann, H., & Siebel, W. (2001). Integration und Segregation. Überlegungen zu einer alten Debatte. *Deutsche Zeitschrift für Kommunalwissenschaften, I/2001*, 68–79.

Heineberg, H. (2014). *Stadtgeographie* (4. Aufl.). Paderborn: UTB.

Herrmann, F. (2011). Planung und Planungstheorie. In H.-U. Otto & H. Thiersch (Hrsg.), *Handbuch Soziale Arbeit* (4. Aufl., S. 1089–1101). München: reinhardt.

Holm, A. (2008). Privatisierung des kommunalen Wohnungsbestandes. In N. Gestring, H. Glasauer, C. Hannemann, W. Petrowsky, & J. Pohlan (Hrsg.), *Arme reiche Stadt* (Jahrbuch StadtRegion 2007/08, S. 101–108). Opladen: Barbara Budrich.

Holtkamp, L. (2007). Local Governance. In A. Benz, S. Lütz, U. Schimank, & G. Simonis (Hrsg.), *Handbuch Governance. Theoretische Grundlagen und empirische Anwendungsfelder* (S. 366–377). Wiesbaden: Springer.

Holtkamp, L. (2008). Das Scheitern des Neuen Steuerungsmodells. *der moderne staat, 2/2008*, 423–446.

Holtkamp, L., & Bogumil, J. (2007). Bürgerkommune und Local Governance. In L. Schwalb & H. Walk (Hrsg.), *Local Governance – mehr Transparenz und Bürgernähe?* (S. 231–251). Wiesbaden: Springer.

Hradil, S. (2001). *Soziale Ungleichheit in Deutschland* (8. Aufl.). Wiesbaden: Springer.

International Group of Controlling (IGC). (Hrsg.). (2010). *Wirkungsorientiertes NPO-Controlling: Leitlinien zur Zielfindung, Planung und Steuerung in gemeinnützigen Organisationen*. Freiburg: Haufe.

Jessen, J. (2010). Leitbilder der Stadtentwicklung und des Städtebaus. In Städtebau-Institut (Hrsg.), *Lehrbausteine Städtebau. Basiswissen für Entwurf und Planung* (6. Aufl., S. 121–128). Stuttgart: Eigenverlag.

Jordan, E., & Schone, R. (2010). Jugendhilfeplanung als Prozess. Zur Organisation von Planungsprozessen. In S. Maykus & R. Schone (Hrsg.), *Handbuch Jugendhilfeplanung. Grundlagen, Anforderungen und Perspektiven* (3. Aufl., S. 115–156). Wiesbaden: Springer.

Kaplan, R. S., & Norton, D. P. (1996). *The balanced scorecard. Translating strategy into action*. Boston: Harvard Business School Press.

Kessl, F., & Otto, H.-U. (Hrsg.). (2007). *Territorialisierung des Sozialen. Regieren über soziale Nahräume*. Opladen: Barbara Budrich.

Kessl, F., & Reutlinger, C. (2009). Formate des Räumlichen und Raumpolitiken: Vernachlässigte Dimensionen in der Raumforschung. In M. Drilling & O. Schnur (Hrsg.), *Governance der Quartiersentwicklung: Theoretische und praktische Zugänge zu neuen Steuerungsformen* (S. 89–98). Wiesbaden: Springer.

Kessl, F., & Reutlinger, C. (2010a). Sozialraum. *Eine Einführung* (2. Aufl.). Wiesbaden: Springer.

Kessl, F., & Reutlinger, C. (2010b). Sozialraum. In C. Reutlinger, C. Fritsche, & E. Lingg (Hrsg.), *Raumwissenschaftliche Basics. Eine Einführung für die Soziale Arbeit* (S. 247–255). Wiesbaden: Springer.

Klemme, M., & Selle, K. (2008). *Alltag der Stadtplanung. Der kommunale Beitrag zur Entwicklung der Siedlungsflächen. Ein aufgaben- und akteursbezogener Forschungsansatz* (PT_Materialen 15). Aachen: Eigenverlag.

Kreditanstalt für Wiederaufbau (KfW). (2014). *KfW-Kommunalpanel 2014*. Frankfurt a. M.: Eigenverlag.

Kilb, R. (2000). *Arbeitsbuch Jugendhilfeplanung. Zur Operationalisierung eines flexiblen und situationsorientierten Prozessmusters am Beispiel von Jugendarbeit und Jugendsozialarbeit*. Frankfurt a. M.: ISS-Eigenverlag.

Kronauer, M. (2007). Quartiere der Armen: Hilfe gegen soziale Ausgrenzung oder zusätzliche Benachteiligung? In J. S. Dangschat & A. Hamedinger (Hrsg.), *Lebensstile, soziale Lagen und Siedlungsstrukturen* (Forschungs- und Sitzungsberichte der ARL, S. 72–90). Hannover: Eigenverlag.

Kuhlmann, S., & Bogumil, J. (Hrsg.). (2010). *Kommunale Aufgabenwahrnehmung im Wandel: Kommunalisierung, Regionalisierung und Territorialreform in Deutschland und Europa*. Wiesbaden: Springer.

Kulke, D. (2006). Behindertenhilfeplanung auf Kreisebene in Baden-Württemberg. *Landkreisnachrichten, 45*(2), 125–131.

Landkreis Görlitz. (2010). *Rahmenplan Integrierte Sozialplanung im Landkreis Görlitz*. Görlitz: Eigenverlag.

Lefebvre, H. (1991). *The production of space*. Oxford: Blackwell Publishers.

Lenz, M. (2011). Armutsberichterstattung. Kommunale Sozialpolitik, Sozialplanung und Soziale Arbeit in Karlsruhe. *Soziale Arbeit, 60*(10/11), 405–413.

Lessenich, S. (2013). *Die Neuerfindung des Sozialen. Der Sozialstaat im flexiblen Kapitalismus* (3. Aufl.). Bielefeld: transcript.

Lindblom, C. (1959). The science of „Muddling Through". *Public Administration Review, 19*(2), 79–88.

Lindblom, C., & Braybrooke, D. (1963). *A strategy of decision. Policy evaluation as a social process*. New York: Free Press.

Manderscheid, K. (2007). Urbanität im 21. Jahrhundert – Verfall oder Chance einer Lebensform? Eine soziologische Kontextualisierung. In D. Baum (Hrsg.), *Die Stadt in der Sozialen Arbeit. Ein Handbuch für soziale und planende Berufe* (S. 52–70). Wiesbaden: Springer.

Mardorf, S. (2006). *Konzepte und Methoden von Sozialberichterstattung. Eine Empirische Analyse kommunaler Armuts- und Sozialberichte*. Wiesbaden: Springer.

Mardorf, S. (2010). Raum – Daten – Kommunikation. In V. Hammer, R. Lutz, S. Mardorf, & M. Rund (Hrsg.), *Gemeinsam leben – gemeinsam gestalten. Zugänge und Perspektiven integrierter Sozialplanung* (S. 73–93). Frankfurt a. M.: Campus.

Marquard, P. (2011). Kommunale Sozialarbeit. In H.-U. Otto & H. Thiersch (Hrsg.), *Handbuch Soziale Arbeit* (4. Aufl., S. 803–815). München: reinhardt.

Markert, A., & Wieseler, S. (2011). Sozialberichterstattung und Sozialplanung. In H.-U. Otto & H. Thiersch (Hrsg.), *Handbuch Soziale Arbeit* (4. Aufl., S. 1285–1293). München: reinhardt.

Mayntz, R. (1997). *Soziale Dynamik und politische Steuerung. Theoretische und methodologische Überlegungen* (Schriften des Max-Plank-Instituts für Gesellschaftsforschung Köln Bd. 29). Frankfurt a. M.: Campus.

Mayntz, R. (2008). Von der Steuerungstheorie zu Global Governance. In G. F. Schuppert & M. Zürn (Hrsg.), *Governance in einer sich wandelnden Welt* (Politische Vierteljahresschrift. Sonderheft 41, S. 43–61). Wiesbaden: Springer.

Mecheril, P., & Melter, C. (2010). Differenz und Soziale Arbeit. Historische Schlaglichter und systematische Zusammenhänge. In F. Kessl & M. Plößer (Hrsg.), *Differenzierung, Normalisierung, Andersheit. Soziale Arbeit als Arbeit mit den Anderen* (S. 117–131). Wiesbaden: Springer.

Meffert, H., & Bruhn, M. (2012). *Dienstleistungsmarketing. Grundlagen – Konzepte – Methoden* (7. Aufl.). Wiesbaden: Springer.

Merchel, J. (2013). *Qualitätsmanagement in der Sozialen Arbeit. Eine Einführung* (4. Aufl.). Weinheim: Beltz Juventa.

Ministerium für Arbeit, Integration und Soziales des Landes Nordrhein-Westfalen (MAIS NRW). (2011). *Moderne Sozialplanung. Ein Handbuch für Kommunen*. Düsseldorf: Eigenverlag.

Moos, G., Konrad, M., & Reichenbach, R. (2011). *Controlling in der Sozialwirtschaft. Ausbaustand und Perspektiven*. Bochum: contec-Eigenverlag.

Müller, M. (2011). *Kommunalrecht Baden-Württemberg* (2. Aufl.). Heidelberg: C. F. Müller.

Munsch, C. (2005). *Die Effektivitätsfalle. Gemeinwesenarbeit und bürgerschaftliches Engagement zwischen Ergebnisorientierung und Lebensbewältigung*. Baltmannsweiler: Schneider-Verlag Hohengehren.

Munsch, C. (2011). Engagement und Ausgrenzung – theoretische Zugänge zur Klärung eines ambivalenten Verhältnisses. *Forschungsjournal soziale Bewegungen, 24*(3), 48–55.

Nightingale, C. H. (2012). *Segregation. A global history of divided cities*. Chicago: University of Chicago Press.

Nüsken, D. (2010). Wirkungsorientierung und Jugendhilfeplanung. In S. Maykus & R. Schone (Hrsg.), *Handbuch Jugendhilfeplanung. Grundlagen, Anforderungen und Perspektiven* (3. Aufl., S. 257–267). Wiesbaden: Springer.

Nussbaum, M. C. (2007). *Gerechtigkeit oder Das gute Leben*. Frankfurt a. M.: Suhrkamp.

Otto, H.-U., & Rauschenbach, T. (2008). *Die andere Seite der Bildung. Zum Verhältnis von formellen und informellen Bildungsprozessen* (2. Aufl.). Wiesbaden: Springer.

Otto, H.-U., & Ziegler, H. (2006). Managerielle Wirkungsorientierung und der demokratische Nutzwert professioneller Sozialer Arbeit. In T. Badawia, H. Luckas, & H. Müller (Hrsg.), *Das Soziale gestalten. Über Mögliches und Unmögliches der Sozialpädagogik* (S. 95–112). Wiesbaden: Springer.

Otto, H.-U., & Ziegler, H. (Hrsg.). (2010a). Capabilities. *Handlungsbefähigung und Verwirklichungschancen in der Erziehungswissenschaft* (2. Aufl.). Wiesbaden: Springer.

Otto, H.-U., & Ziegler, H. (Hrsg.). (2010b). *Education, welfare and the capabilities approach European perspectives. An European perspective*. Opladen: Barbara Budrich.

Peters, D. (2004). Zum Stand der deutschsprachigen Planungstheorie. In U. Altrock, G. Simon, S. Huning, & D. Peters (Hrsg.), *Perspektiven der Planungstheorie* (S. 5–18). Berlin: Leue Verlag.

Plamper, H. (2000). *Bürgerkommune: Was ist sie? Was soll sie sein? Was ist zu tun?* (Hg. v. d. Hans-Böckler-Stiftung, Arbeitspapier 32). Düsseldorf: Eigenverlag.

Polutta, A. (2011). Wirkungsorientierte Steuerung sozialer Dienste. In H.-J. Dahme & N. Wohlfahrt (Hrsg.), *Handbuch Kommunale Sozialpolitik* (S. 372–382). Wiesbaden: Springer.

Pongratz, H. J., & Voß, G. G. (2001). Erwerbstätige als „Arbeitskraftunternehmer". Unternehmer ihrer eigenen Arbeitskraft? *SOWI–Sozialwissenschaftliche Informationen, 30*(4), 42–52.

Rehling, B., Stallmann, L., & Klein, L. (2011). Kommunale Planung und Entwicklung in der alternden Gesellschaft. Der demografische Wandel als Herausforderung und Chance. *Theorie und Praxis der Sozialen Arbeit, 4/2011*, 268–277.

Reutlinger, C. (2011). Sozialraumbezogene Soziale Arbeit. *Enzyklopädie Erziehungswissenschaft Online*. doi:10.3262/EEO14110155.

Riedel, B. (2009). *Local Governance. Ressource für den Ausbau der Kindertagesbetreuung für Kinder unter drei Jahren. Explorative Studie in drei Kommunen und einem Landkreis.* (Hrsg. v. DJI.) München: Eigenverlag.

Roß, P.-S. (2012). *Demokratie weiter denken. Reflexionen zur Förderung bürgerschaftlichen Engagements in der Bürgerkommune.* Baden-Baden: Nomos.

Schäfers, B. (2010). *Stadtsoziologie. Stadtentwicklung und Theorien – Grundlagen und Praxisfelder* (2. Aufl.). Wiesbaden: Springer.

Schellberg, K. (2010). Sozialen Nutzen belegen. *Sozialwirtschaft, 6/2010,* 19–22.

Schnurmann, C. (2006). Superlative und Schicksalsschläge. Reiseimpressionen vom Chicago des 19. Jahrhunderts. In C. Schnurmann & I. Wigger (Hrsg.), *Tales of two cities/Stadtgeschichten.* Hamburg & Chicago (2. Aufl., S. 23–43). Berlin: LIT.

Schnurr, S., Jordan, E., & Schone, R. (2010). Gegenstand, Ziele und Handlungsmaximen von Jugendhilfeplanung. In S. Maykus & R. Schone (Hrsg.), *Handbuch Jugendhilfeplanung. Grundlagen, Anforderungen und Perspektiven* (3. Aufl., S. 91–113). Wiesbaden: Springer.

Schreckeneder, B. C. (2013). *Projektcontrolling. Projekte überwachen, steuern, präsentieren* (4. Aufl.). Freiburg: Haufe.

Schröder, R. W., Schmidt, R. C., & Wall, F. (2007). Customer Value Added – Wertschöpfung bei Dienstleistungen durch und für den Kunden. In B. Stauss & M. Bruhn (Hrsg.), *Wertschöpfungsprozesse bei Dienstleistungen* (S. 300–317). Wiesbaden: Springer.

Schubert, H. (2014). *Sozialplanung als Instrument der Kommunalverwaltung in Nordrhein-Westfalen. Eine Strukturanalyse in den Städten und Kreisen* (Arbeitspapier 47 des Forschungsschwerpunkts Sozial – Raum – Management). Düsseldorf: Eigenverlag.

Seils, E., & Meyer, D. (2012). *Die Armut steigt und konzentriert sich in den Metropolen* (WSI-Report 8/2012). Düsseldorf: Eigenverlag.

Selle, K. (2005). *Planen. Steuern. Entwickeln. Über den Beitrag öffentlicher Akteure zur Entwicklung von Stadt und Land.* Detmold: Dorothea Rohn.

Selle, K. (2010). *Gemeinschaftswerk? Teilhabe der Bürgerinnen und Bürger an der Stadtentwicklung. Begriffe, Entwicklungen, Wirklichkeiten, Folgerungen. Kurzgutachten für das Nationale Forum für Engagement und Partizipation* (PT_Materialien Bd. 26). Aachen: Eigenverlag.

Selle, K. (2013). Stadtentwicklungsplanung 2.0 – bleibt alles anders? Sechs Thesen zu Entwicklung und Stand der Kunst. *pnd|online 1/2013.*

Sen, A. (2011). *Ökonomie für den Menschen. Wege zu Gerechtigkeit und Solidarität in der Marktwirtschaft* (übers. v. C. Goldmann, 5. Aufl.). München: Deutscher Taschenbuch Verlag.

Senatsverwaltung für Inneres und Sport Berlin. (2007). *Anlage zum Projektmanagementhandbuch. Detaillierung der Projektprozesse.* Berlin: Eigenverlag.

Siebel, W. (2007). Krise der Stadtentwicklung und die Spaltung der Städte. In D. Baum (Hrsg.), *Die Stadt in der Sozialen Arbeit. Ein Handbuch für soziale und planende Berufe* (S. 123–135). Wiesbaden: Springer.

Simon, T. (2010). *Kommunale Jugendhilfeplanung. Ein Arbeitshandbuch für Ausbildung und Praxis* (7. Aufl.). Wiesbaden: Kommunal- und Schul-Verlag.

Theunissen, G., & Kulig, W. (2011). Empowerment und Sozialraumorientierung in der professionellen Unterstützung von Menschen mit Behinderungen. In D. Lampke, A. Rohrmann, & J. Schädler (Hrsg.), *Örtliche Teilhabeplanung mit und für Menschen mit Behinderungen. Theorie und Praxis* (S. 269–284). Wiesbaden: Springer.

Literatur

Verein für Sozialplanung (VSOP). (2008). *Kompass Sozialplanung. Zwischen Gestaltung und Verwaltung im Reformprozess*. Speyer: Eigenverlag.

Verein für Sozialplanung (VSOP). (2012). *Positionspapier ‚Inklusive Sozialplanung'*. Speyer: Eigenverlag.

Volkmann, A. (2012). *Quartierseffekte in der Stadtforschung und in der sozialen Stadtpolitik. Die Rolle des Raumes bei der Reproduktion sozialer Ungleichheit*. Berlin: Eigenverlag.

Wacquant, L. (1999). Urban marginality in the coming millennium. *Urban Studies, 36*(10), 1639–1647.

Wacquant, L. (2007). Territoriale Stigmatisierung im Zeitalter fortgeschrittener Marginalität. *Das Argument, 271*, 399–409.

Wacquant, L. (2008). Relocating gentrification: The working class, science and the state in recent urban research. *International Journal of Urban and Regional Research, 32*(1), 198–205.

Walzer, K., & Knöpfel, C. (2007). *Auf dünnem Eis. Menschen in prekären Lebenslagen. Ein Diskussionspapier der Caritas Schweiz*. Zürich: Eigenverlag.

Walter, J., & Schellberg, K. (2010). Soziales rechnet sich. *Sozialwirtschaft aktuell, 3/2010*, 1–4.

Wasel, W. (2011). Sozialraumorientierung rechnet sich – Mehrwert ermitteln. In J. König, C. Oerthel, & H.-J. Puch (Hrsg.), *Sozial wirtschaften – nachhaltig handeln* (S. 201–210). München: Allitera.

Weber, M. (1980). *Wirtschaft und Gesellschaft. Grundriß der verstehenden Soziologie*. (Bes. v. J. Winckelmann.) Studienausgabe (5. Aufl.). Tübingen: Mohr Siebeck.

Wehler, H.-U. (2013). *Die neue Umverteilung. Soziale Ungleichheit in Deutschland* (3. Aufl.). München: C. H. Beck.

Wiechmann, T. (2008). *Planung und Adaption. Strategieentwicklung in Regionen, Organisationen und Netzwerken*. Dortmund: Dorothea Rohn.

Wingenfeld, W. (2013). Gentrification 2013 – nur ein déjà-vu? Ein Pamphlet. *pnd|online 4/2013*.

Wippermann, K., Wippermann, C., & Kirchner, A. (2013). *Eltern – Lehrer – Schulerfolg. Wahrnehmung und Erfahrungen im Schulalltag von Eltern und Lehrern*. Stuttgart: Lucius & Lucius.

Wissen, M., Röttger, B., & Heeg, S. (Hrsg.). (2008). *Politics of Scale. Räume der Globalisierung und Perspektiven emanzipatorischer Politik*. Münster: Westfälisches Dampfboot.

Wollmann, H. (2014). Public services in European countries: Between public/municipal and private sector provision – And reverse? In C. Nunes Silva & J. Bucek (Hrsg.), *Fiscal austerity and innovation in local governance in Europe* (S. 49–75). Farnham: Ashgate.

Ziegler, H. (2011). Gemeinwesenarbeit. In H.-J. Dahme & N. Wohlfahrt (Hrsg.), *Handbuch Kommunale Sozialpolitik* (S. 330–344). Wiesbaden: Springer.

Ziegler, H. (2012). Wirkungsforschung – Über Allianzen von Evaluation und Managerialismus und die Möglichkeit erklärender Kritik. In E. Schimpf & J. Stehr (Hrsg.), *Kritisches Forschen in der Sozialen Arbeit. Gegenstandsbereiche – Kontextbedingungen – Positionierungen – Perspektiven* (S. 93–106). Wiesbaden: Springer.

MIX
Papier aus verantwortungsvollen Quellen
Paper from responsible sources
FSC® C105338

If you have any concerns about our products,
you can contact us on
ProductSafety@springernature.com

In case Publisher is established outside the EU,
the EU authorized representative is:
**Springer Nature Customer Service Center GmbH
Europaplatz 3, 69115 Heidelberg, Germany**

Printed by Libri Plureos GmbH
in Hamburg, Germany